个人完美与人类团结

罗蒂『诗性文化』的双重维度

李晓林 著

厦门大学哲学社会科学繁荣计划资助项目

中国社会科学出版社

图书在版编目（CIP）数据

个人完美与人类团结：罗蒂"诗性文化"的双重维度／李晓林著 . —北京：中国社会科学出版社，2017.5

ISBN 978 - 7 - 5203 - 0376 - 7

Ⅰ.①个… Ⅱ.①李… Ⅲ.①罗蒂（Rorty, Richard McKay 1931 - 2007）—美学思想—研究 Ⅳ.①B712.59

中国版本图书馆 CIP 数据核字（2017）第 100964 号

出 版 人	赵剑英	
责任编辑	姜阿平	
特约编辑	苑　杰	
责任校对	张宇晨	
责任印制	张雪娇	

出　　版	中国社会科学出版社
社　　址	北京鼓楼西大街甲 158 号
邮　　编	100720
网　　址	http://www.csspw.cn
发 行 部	010 - 84083685
门 市 部	010 - 84029450
经　　销	新华书店及其他书店

印刷装订	北京君升印刷有限公司
版　　次	2017 年 5 月第 1 版
印　　次	2017 年 5 月第 1 次印刷

开　　本	710 × 1000 1/16
印　　张	15.5
插　　页	2
字　　数	201 千字
定　　价	68.00 元

目　录

导　言

　　本书缘起于对罗蒂"不要残酷"（don't be cruel）的认同，进而延伸到对其新实用主义文学理论与"不要残酷"关系的认同。理查德·罗蒂（Richard Rorty，1931—2007），当代美国最有影响力的哲学家之一，新实用主义哲学代表人物。罗蒂于芝加哥大学获得哲学学士、哲学硕士学位，1956 年于耶鲁大学取得哲学博士学位并留校任教。1961 年至 1982 年，罗蒂任教于普林斯顿大学哲学系。由于普林斯顿大学哲学系是分析哲学的重镇，罗蒂早年也是研究分析哲学，后来罗蒂出于对分析哲学的不满而告别分析哲学，转向了后现代立场的新实用主义。1982 年起罗蒂担任弗吉尼亚大学人文讲座教授，主要为文学系和法学院上课，1997 年起罗蒂执教于斯坦福大学人文科学中心和比较文学系。从其任教经历，亦可看出罗蒂从哲学转向文学的倾向。

　　罗蒂作为后现代哲学阵营的一员，和法国的福柯、德里达一样对传统哲学进行了摧枯拉朽的解构。罗蒂不仅解构了本体论意义的形而上学，也解构了认识论意义的哲学，从语言的隐喻性质角度将哲学等同于文学，一切的哲学建构无异于文学叙事，这是对于传统哲学最为彻底的解构。罗蒂在《哲学和自然之镜》（1979）中解构了系统哲学的认识论，比如身心关系、心灵与自然（世界）的关系，并提出哲学的发展方向是以教化哲学的解释学替代认识论；在《后哲学文化》（1982）中提出"小写的哲学"以与"大写的哲学"对照，在此基础上提出了"后哲学文化"概念；在《偶然、反讽与团结》（1989）中，罗蒂转向了"诗性文化"建构，强调的是个人完美和人类团结问题。因此罗蒂不仅致力于形而上学的解构工作，也提供了建设性的主张，"诗性文化"就是他力图建构的文化乌托邦。罗蒂作为后现代哲学家，认同的是历史主义，主张一个时代有一个时代的问题，一个时代有一个时代的语汇。他认为在当今社会，宗教意义上"得救"与否已经不重要，柏拉图—康德式哲学语汇和神学语汇一样已经过时，重要的是对当下发生的事情予以关注回应。他解构了古希腊形而上学、基督教神学和启蒙运动的理性主义，求助于黑格尔历史主义、弗洛伊德精神分析和达尔文的进化论。罗蒂推崇的是黑格尔的名言，哲学是"思想中对它自己时代的把握"；哲学不再作为其他学科的基础，而是文化的一个部门；民主先于哲学，民主不需要以哲学作为基础，相反哲学应服务于民主政治。罗蒂的新实用主义并不将哲学、文学和伦理学进行严格的学科区分，文学有助于政治改革和道德教化。罗蒂的意义在于，立足于当下社会现状，将哲学服务于"一个乌托邦民主社会"的建构。这一建构没有宏大叙事的危险，不会制造"形而上学的恐怖"，因为其建构者作为反讽主义者能够自我反省、允许批评、倾听他人、不断自我纠正，因此能够规避可能的危险。

就"罗蒂研究现状"而言，国内外研究资料可谓浩瀚。罗蒂的思想不仅在美国同时代哲学家中激起巨大反响，也在世界范围内激起广泛回应。无论中西学界，对于罗蒂的研究已经是全方位的，从学科角度而言，有哲学、伦理学、政治学、美学、文学理论等。罗蒂在众多学科领域都有很大影响，本书将限定于文学理论角度，对于罗蒂其他领域的建树和启迪不多涉及。由于其新实用主义文学理论与其哲学观密不可分，本书将首先梳理罗蒂新实用主义文论的后现代特质及其对经典实用主义的继承，在此基础上梳理罗蒂"教化哲学""后哲学文化"及"诗性文化"概念的由来；本书将着重于《偶然、反讽与团结》一书，系统梳理罗蒂新实用主义文学理论的双重维度——"个人完美"和"人类团结"的来龙去脉；本书亦将观照罗蒂与其他现代思想家如海德格尔的对话，也将比较其与后现代思想家如福柯、德里达等思想的异同。

罗蒂作为后现代主义者消解了严格的学科界限，洞见到哲学的隐喻性质，解构了"诗与哲学之争"这一亘古之争，并未走向虚无主义和相对主义，而是以"诗性文化"建构恢复了艺术尤其是文学的"教化"功能，是为当代社会提供的文化乌托邦。从文论和美学角度而言，罗蒂不仅剖析哲学的隐喻性质、解构哲学和诗的对立，而且将哲学的功能界定为"文化政治"（philosophy as cultural politics），推崇诗的想象力对于自我完善和人类团结的作用，"诗性文化"就是他力图建构的文化乌托邦。相比从哲学和政治学角度的研究，西方学界对于罗蒂文学理论和美学角度的研究相对薄弱，甚至贬低其审美转向的意义，比如哈贝马斯和沃林都将罗蒂视为"审美主义者"加以批评，忽略其思想的时代内涵以及实践意义。罗蒂的"诗性文化"不仅是对时代精神的把握、对未来的乌托邦想象，也是对席勒以来审美教化思想的呼应。

从罗蒂自身理论发展而言，罗蒂对于"诗性文化"的论述较为零散，如何从他卷帙浩繁的著述中明确"诗性文化"的内涵、勾勒其思想从"教化哲学"向"后哲学文化"和"诗性文化"的发展脉络，是本书研究起点。按照罗蒂的梳理，西方主导性的文化形态从中世纪的"宗教文化"演变到启蒙运动之后的"理性文化"为主导，再到浪漫主义运动之后的"文学文化"为主导，而罗蒂的"诗性文化"属于"文学文化"大潮中的一脉。罗蒂"诗性文化"作为文化乌托邦，既与200多年来的"文学文化"合拍，又有自己的独特性，就其特质而言，是推崇个人创造的"审美主义"。罗蒂的审美主义作为后现代主义，与尼采、福柯的审美主义一样，是宗教失效、形而上学哲学被解构之后的主张，认为人生意义在于审美。罗蒂的审美主义也有与福柯不同的一面，即罗蒂作为实用主义者，区分了私人领域和公共领域，并将审美主义严格限定于私人领域，而福柯的审美主义并无私人—公共领域之分。笔者认为，罗蒂"诗性文化"在私人领域体现为审美主义，在公共领域的意义就是其实用主义文学理论主张，即文学有助于唤起同情心、达至人类团结。罗蒂作为哲学家，不只是书斋里的学者，并不囿于狭窄的专业领域，而是一个倡导"民主先于哲学"、致力于展望未来社会蓝图的思想家。他还是一个"文学理论家"，并不是立足于文本细读，而是强调文学的功能，即文学在审美和教化两方面的贡献。而且他对"文学"的界定也与传统文学理论不同，是一种扩大的文学，一种包容了新闻报道、民俗学等的广义的文学。罗蒂对于文学功能的看法，以通常文学理论的术语说，文学作品一是能够使读者获得审美愉悦，二是使读者进行自我教化，三是使自我教化的个体发挥社会影响进而整个社会得以教化。在当代，教化似乎是个保守僵化甚至过时的概念。然而社会的稳定、文明的进步需要教化，不是福柯意义上的规训和惩罚机制，而是培养内心的自由自律和自主。经由文学作品，读者能够被潜移默化地教化。

本书尽管从"文学理论"角度解读罗蒂，由于罗蒂作为后现代主义者解构了学科界限，使哲学文本成为文学类型，所以本书将无法严格局限于文学理论视域，而要兼及其整体思想的梳理；本书试图避免面面俱到、泛泛而谈的弊端，而是选取一个切入点从小处挖掘，力图有所创新。借用罗蒂的术语说，就是对罗蒂的相关思想进行"再描述"，以对当今时代的知识分子如何定位自己提供参考，并对文学的意义进行探讨。就文学理论而言，罗蒂似乎没有说出新的东西，仍在前人的概念框架内，不过是旧瓶装新酒，中西实用主义文学理论早已探讨过文学的社会效用，罗蒂的"教化""反讽""想象力""同情心"都不是独创的概念，而且他并未建构严谨的理论体系。果真如此的话，罗蒂的文学理论有何研究的必要？可以说，如果止于罗蒂对狭义文学功能的看法，那么确实无甚研究的价值。置于诗与哲学之争视域中，能够凸显罗蒂以"诗"取代"哲学"主宰地位的必然性；置于反讽主义和自由主义的张力关系中，罗蒂的主张具有了时代气息，确实实践着黑格尔的观点，即哲学是"思想对它自己时代的把握"；置于消费文化盛行的当代社会，罗蒂对文学教化功能的呼吁，也是"知其不可而为之"的英雄行为；罗蒂能够结合众多理论、加以融会贯通、自成一家之言，其理论对于每个个体如何定位自己、如何处理个人与社会的关系可资借鉴。

本书具体内容分为六个部分。

第一章是梳理罗蒂"诗性文化"建构的宏观理论背景。罗蒂作为后现代主义哲学家，在真理、理性、语言等概念的看法上确实体现了后现代的立场；如果说法国后现代诸家致力于解构，而罗蒂发展着杜威的实用主义思想，要以哲学服务于民主政治；罗蒂自己在哲学上的独特性，是对传统西方哲学的"心""语言"等概念进行了釜底抽薪，将传统西方哲学视为"系统哲学"，提出"教化哲学"与之针锋相对。

第二章是梳理罗蒂"诗性文化"的内在理路。首先，梳理罗蒂从"教化哲学"到"后哲学文化"再到"诗性文化"的思想脉络，在此基础上比较罗蒂的"诗性文化"建构与斯诺"人文文化"和布鲁姆"文学文化"的异同。其次，探讨罗蒂"诗性文化"的独特性，是推崇"想象力"的"自由主义乌托邦"的文化，剖析罗蒂"诗性文化"推崇"想象力"和"同情心"的原因。最后，从"诗与哲学之争"视域看罗蒂如何让"哲学"败给"诗"。从诗与哲学之争视域看，罗蒂的"诗性文化"主张是哲学领域的文学转向，它属于浪漫主义之后

"文学文化"脉络。罗蒂的"诗性文化"不仅是"后神学的"而且是"后哲学的"文化,与尼采、海德格尔理论相同之处是"诗性",不同之处是没有形而上学残余,也没有任何审美形而上学建构。

第三章是梳理罗蒂"个人完美"角度的诉求。罗蒂作为审美主义者,其"个人完美"的主张是审美主义的应有之义;作为语言学转向潮流中的哲学,罗蒂将个人完美理解为新语汇的创造;作为后现代主义者,新语汇的创造不是与实在相符合,而是对终极语汇的解构,也是想象力的自由发挥。罗蒂并不认同哈贝马斯对尼采、海德格尔、福柯和罗蒂自己"审美主义"一脉的批判,而是认可审美主义对私人领域的重要性,而且审美主义并不必然地对公共生活加以破坏。

第四章是梳理罗蒂"人类团结"角度的建构。罗蒂声称其"诗性文化"是推崇想象力(imagination)的"自由主义乌托邦的诗性文化"(the poeticized culture of my liberal utopia)。罗蒂将朱迪丝·史珂拉的"残酷为首恶"(putting cruelty first)认同为自由主义的底线。本章将首先探讨罗蒂这一认同的原因,进而探讨其"自由主义"和"反讽主义"的各自内涵以及兼容的可能性,亦将探讨其"反讽主义"与"个人完美"的关系。

第五章是梳理罗蒂"诗性文化"的理想人格建构。罗蒂放弃了"形而上学和神学"曾经的企图,即从理论上融合"自我创造或私人自律"和"社会的正义自由"两种倾向,他区分了公共领域和私人领域两个概念。然而人生实践上,罗蒂提出了融合两种倾向的理想人物"自由主义的反讽主义者","本书的目的之一,就是提出一个自由主义乌托邦的可能性:在这个乌托邦中,反讽主义在某种意义上具有普遍性"[①]。罗蒂终究没有摆脱在两种倾向之间寻求平衡的诱惑,"个人完美"和"人类团结"成为罗蒂的"终极语汇"。如同尼采的

---

① [美]罗蒂:《偶然、反讽与团结》,徐文瑞译,商务印书馆2003年版,第7页。

"超人"、海德格尔的"诗人哲学家",罗蒂"诗性文化"的行为主体即"自由主义的反讽主义者",代表人物是"文学批评家"。"自由主义的反讽主义者"这一概念是罗蒂对于当今时代理想人格的定位,也是他的理论贡献。

第六章是比较研究。拟梳理罗蒂对苏格拉底"反讽"概念的继承和发展、罗蒂的"同情"与叔本华的"同情"以及罗蒂的"个人完美"与福柯的"生存美学"作为"审美主义"的相通。关于罗蒂,可以比较的人物和概念有很多,比如学界对于罗蒂和伽达默尔教化思想的比较、罗蒂实用主义和中国儒家思想的比较、罗蒂与阿伦特文化观的比较等。鉴于笔者能力精力所限,书稿无法涉及,只能期望以后进一步思考。罗蒂是具有极强综合能力、能开新面的杰出学者,作为其思想体系组成部分的反讽主义思想也呈现出独特的风貌。关于罗蒂思想与苏格拉底反讽哲学的关联,本书只是抛砖引玉。专书探讨西方反讽概念的历史,笔者一直心向往之而力有不逮。笔者认为,反讽研究对于当今和谐社会建设有很强的现实意义。罗蒂的反讽主义体现出后现代的解构立场,不仅是对利奥塔德意义上"元叙事"(meta-nar-rative)的质疑,也是对自身"终极语汇"(final vocabulary)的质疑。对"元叙事"的质疑是容易的,困难的是对自身话语的质疑。因此本书力图挖掘罗蒂为"反讽主义"赋予的积极意义,认为反讽体现于个人,能够呈现谦逊、宽容、博大的人格魅力,能够不断自我纠正;反讽体现于人与他人的关系,能够避免语言暴力,与现代哲学中的主体间性思想不谋而合;反讽体现于政治和伦理,更是具有广阔的天地。

结语部分,拟在"乌托邦—反乌托邦"张力中探讨罗蒂"诗性乌托邦"的特质、与前人乌托邦建构的异同、意义与局限,力图在乌托邦精神式微的时代、在"反乌托邦"语境中借由罗蒂思想的研究以重塑社会希望。

本书的理论意义在于，从罗蒂文学功能观入手，考察他对"文学"的独特理解及"文学"在"个人完美"和"人类团结"两个方面的功能；本书并不局限于罗蒂相关思想的评述，还将从罗蒂的一些概念入手，探讨罗蒂与苏格拉底、叔本华、海德格尔、福柯进行深度对话的可能性。通过罗蒂与西方诗哲的深度对话，探讨罗蒂"诗性文化"建构在理论上的可能性、实践上的可行性，反观其理论的优势及局限。

本书的现实意义在于，经由罗蒂的文学观，反观中国当下的文学以及社会现状，以促进中国和谐社会建设；探讨罗蒂"自由主义的反讽主义者"对于中国当代知识阶层和普通民众自我定位的启示；借鉴罗蒂"铸就我们的国家"的民族自豪感，缓解当今知识阶层弥漫的绝望焦虑的情绪。本书认为，罗蒂夸大了文学的功能，而忽视道德教育和法律建设对于构建和谐社会的意义；罗蒂对于形而上学的解构，取消了终极关怀之需要和可能，使其理论显得不够博大精深。然而罗蒂以其深入浅出的理论，不仅为当代知识分子而且为普通读者提供了如何立身处世的智慧，从这个角度说，他是一位引导我们前行的智者。

相对于国内文论和美学界已有的研究，本书可能的创新之处在于：认为罗蒂解构的一面被重视，建构的一面被忽略，因而致力于探讨罗蒂"诗性文化"建构在罗蒂思想中的重要性；认为罗蒂"诗性文化"与斯诺"人文文化"和布鲁姆"文学文化"的差异未被重视，因而加以辨析梳理；认为罗蒂新实用主义文论并非从字面来看那么简单，侧重于文学的功利性、将文学与实用（功利）相关联似乎是保守甚至令人齿冷的思路，文学长久束缚于宗教、政治和道德，或则窒息于商业，何不还文学以审美之自由？罗蒂已然区分了两类文学，一类是以审美为主，一类是以社会关怀为主，分别对应于私人领域和公共领域，他也说明两类文学的区分是相对而非绝对的。

　　怀特海批评孔子和杜威"创造了一种逃避终极问题的经验主义，而终极问题是经验中简单事实的基础"。怀特海认识到儒家哲学的实用主义向度和缺乏终极问题的倾向，这一批评也适用于罗蒂。罗蒂的理论现实关怀有余、终极关怀不足，而"终极关怀"对于后现代哲人而言，终究不过是形而上学的诱惑。罗蒂式后现代哲学和美学不会希冀终极安慰，不会给读者提供终极慰藉，这是彻底终结形而上学之后的选择。笔者坦承，无法避免罗蒂所言的"诱惑"即对"形而上学"的向往。笔者亦不得不认可罗蒂的坦白，即如果我们暂且放下"神""真理"和"共同人性"之类概念，或许有更切实的事情可做？罗蒂给予我们的思想财富，与其说是后现代思想家的解构精神，不如说是胡适先生近百年前的告诫——多研究些问题，少谈些主义。

　　贺来教授悼念罗蒂的短文《个人自由与社会团结的守护者》中如此描述罗蒂，"对于人与社会的未来，罗蒂怀有一种深深的忧患甚至悲观的情感，与之交谈时，他多次表示：很有可能在不久的未来中的某一天，人类将整体毁灭于自己所制造出来的核弹的爆炸声中……罗蒂的'后形而上学希望'所表达的是一个哲学家在危机四伏的时代里所做出的自觉的理论选择，它呼唤人们去获得这样一种实践智慧和社会理性：如何在一个既无神、也无先知的现代世界有尊严地度过自己的人生，如何在残酷、不公和毁灭性的'恶'仍然强大的星球上保持对他人痛苦的敏感从而增进人们的团结，以避免人类的集体毁灭"。① 这段话是对罗蒂思想的中肯评价，亦指明了罗蒂的现实意义所在，即罗蒂启示我们每个人如何在个体生命的完美和社会的趋向完善方面发挥点滴作用。

―――――――――

① 贺来：《个人自由与社会团结的守护者》，《求是学刊》2007 年第 4 期。

第一章

罗蒂"诗性文化"的理论背景

罗蒂在《偶然、反讽与团结》中提出了"诗性文化"作为他理想中的乌托邦。这一概念与《哲学和自然之镜》中的"教化哲学"、《后哲学文化》中的"后哲学文化"一脉相承。本章拟从更为宏观的理论背景，探讨罗蒂思想的后现代维度、新实用主义维度及罗蒂"诗性文化"的"教化"底色。

第一节　后现代主义

罗蒂作为新实用主义者，隶属于后现代哲学阵营，与法国的福柯、德里达、利奥塔德有共同的哲学倾向。相比法国后现代诸家，罗蒂思想中建设性的维度更多，对于民主社会有信心；罗蒂不仅发展着福柯的"微观政治"，而且实践着伽达默尔的"对话哲学"。

后现代哲学以解构为特征，对于传统哲学所建构的"实在""真理""人""理性"等概念进行了解构，属于反形而上学、反基础主义、反本质主义、反理性主义、反人类中心论，但并不意味着相对主义和虚无主义。罗蒂反对将其称为"相对主义"，"相对主义——超越甲和乙而在他们之间保持中立——是一个不可能实现的计划"①。后现代哲学倾向于认为只有对真理的描述、只有对真理的信念而无绝对真理，因为绝对真理超越人类认识的界限。

美国学者霍依建议将后现代出现的时间定在 1889 年 11 月 3 日，即尼采精神崩溃那天，"通过给我们留下片段的、警句式的哲理性文字，尼采提供了一种哲学模式，这一哲学模式与康德的、与其他现代哲学家的哲学模式如此不同，我们不得不称它为后现代的"②。霍依将尼采作为后现代哲学的转折点，实在是一针见血。可以说，从尼采起，现代哲学模式一再被反思和挑战，理性信条被怀疑，道德、真理、主体的基础被动摇。霍依将区分现代—后现代的标准定为四条，前三条与对待"无思"的态度相关，"第四个也是后现代态度的最明显特征是它既超越'进步'（progress）的浮夸言辞，也超越'怀旧'（nostalgia）浮夸言辞的方式"。③ 因而霍依在"怀旧"意义上认为海德格尔并不是真正的后现代。笔者认为霍依的分类标准有待商榷，但是对于后现代没有在现代性困境面前回归传统（理性或宗教）、对于后现代不将自身当作唯一正确的选择，霍依是持肯定态度的，这种态度非常可贵。如果我们能像霍依一样，冷静地对待后现代的问题、方案，而非一味指责其"绝望""保守"和"虚无"，就能达到健康的、学术层面的讨论。下面梳理罗蒂哲学中的后现代因素的主要体现。

一　反形而上学

后现代哲学之前，西方哲学早已开始对形而上学的反叛。比如实

---

① ［美］罗蒂：《后哲学文化》，黄勇译，上海译文出版社 2009 年版，作者序第 3 页。

② David Couzens Hoy, "Foucault: Modern or Postmodern?" in *After Foucault: Humanistic Knowledge, Postmodern Challenges*, Rutgers University Press, 1988, p. 12.

③ Ibid., p. 14.

证哲学的"拒斥形而上学",最初由实证主义的创始人孔德开端,指出形而上学不能实证是其缺陷,是以形而上学的思辨虚构代替对世界的实证研究,因而不成熟;维特根斯坦认为形而上学问题不能表述清楚,因此没有意义;哈贝马斯指出传统形而上学大厦不稳,因而"后形而上学时代"哲学必须放弃本体之类"形而上学的言说",返回到"形而下的经验世界的言说"。罗蒂作为"反形而上学"的一员,更是提出"后哲学文化"即"后形而上学的文化"(post-metaphysical culture),放弃一系列二元对立的概念,比如"实在—表象""主体—客体""理性—非理性"等,"我们将摆脱自笛卡尔以来一直支配着哲学的主体—客体问题,摆脱自古希腊以来一直伴随着我们的表象—实在问题。我们将不再被吸引去践行认识论或本体论。"① 罗蒂反复地声称"反实在论"的立场,声称并无实在只有描述;而且由于没有实在作为标准,种种描述之间难以分清对错,"这世界并不具备任何判准"。

美国学者因瓦根对于形而上学的态度可以作为理解罗蒂思想的参照。因瓦根作为经历过分析哲学和后现代哲学洗礼的学者,指出"对于形而上学的怀疑,怀疑形而上学可能是一个幻觉,自从康德的时代以来,就一直是欧洲思想的一个特征"②。在逻辑实证主义、分析哲学尤其是后现代哲学对形而上学的解构之后,因瓦根不可能全盘接受传统形而上学的观点,但是他的可取之处在于,他的立场"是要尝试着表明形而上学并不是一项可疑的事业"。也就是说,他并不赞同逻辑实证主义将形而上学视为"不过是一串声音",而是认为今天对形而上学的探讨尽管不可能达到对"终极真理"的终极认识,却也并非无意义的呓语,而是可以采取视角主义式的立场,即认可

---

① [美]罗蒂:《哲学的场景》,王俊、陆月宏译,上海译文出版社2009年版,第1页。

② [美]因瓦根:《形而上学》,宫睿译,北京大学出版社2007年版,第13页。

"我所说的是我认为正确的,并且我将解释我为什么认为是这些事情,而不是别的什么事情是正确的"①。罗蒂解构了"真理",将"真理"理解为"共识",就是终结形而上学之后的选择。

二 反基础主义

罗蒂解构了以"心""语言"把握世界本质的企图,解构了哲学相对于其他学科的基础地位,也不再认为民主制度需要根基。作为反基础主义者,如果说罗蒂从哲学转向文学,也只是认为文学能够发挥更大的社会效应。在回答记者的提问,即生物学家是否比笛卡尔式哲学家提供对世界和人类更"科学"的描述时,罗蒂的回答是"如果说我所谈的那种反讽还有任何益处的话,那就是作为针对'自然科学、神学或者哲学有一天将能够提供对人类之本质的惟一正确和真实的描述'这一观念的一种诊疗[而发挥的作用]"②。罗蒂的回答基于其反基础主义的哲学观,即生物学作为自然科学并不提供客观的认识,也是新语汇不断取代旧语汇的过程,并不具有相对于哲学的特权;之所以在当今时代具有权威地位,只是由于恰好被信以为真。这种对于自然科学的质疑态度,是后现代哲学的特征之一,即认为自然科学和人文学科一样,也是新语汇不断取代旧语汇的过程,认为科学和谬误的区分是相对的:在一个时代被视为科学的,在另外的时代可能被视为谬误。

后现代的知识观通过库恩的"范式"(paradigm)、福柯的"知识型"(episteme,或译"认识型")得以阐发。美国哲学家库恩1962年在其《科学革命的结构》一书中提出"范式"理论,认为每一个科学发展阶段都有特殊的内在结构,而体现这种结构的模型即范

---

① [美]因瓦根:《形而上学》,宫睿译,北京大学出版社2007年版,第18页。
② [美]罗蒂:《实用主义哲学》,林南译,上海译文出版社2009年版,第333页。

式；一个范式如果不能提供解决问题的适当方式，就会出现范式转移（paradigm shift）；而新旧范式之间不可通约。福柯在《词与物》中运用考古学方法，考察了 16 世纪以来西方文化中的两次认识型的中断（rupture），即从文艺复兴知识型到古典知识型再到现代知识型的转变，而不同知识型也是不可通约的。如果按照福柯对于知识型的区分，那么福柯和罗蒂属于现代知识型之后的后现代知识型；如果说现代知识型围绕"人"建构，那么福柯和罗蒂之类后现代思想从"人"转向了"语言"，是福柯所谓"人之死"即解构人作为知识主体的身份，"语言"代替"人"成为探讨的中心。福柯通过对人的经验—先验、我思—无思、起源的回溯与回归的分析，指出 18 世纪末以来关于"人"的探讨和人文科学研究都陷入了误区。福柯将"根除人类学的第一次尝试"的殊荣给了尼采，甚至认为尼采的"上帝之死"已经暗示了"人之死"，"尼采重新发现了人和上帝相互属于的点，在此，上帝的死亡与人的消失同义，超人的出现表明人之死的紧迫性"。福柯指出人文科学由于陷入这一"人类学迷梦"（the anthropological sleep）而根本不能成为科学；"人"这一历史的暂时现象，会如沙滩上的足迹一般，被语言分析的浪头冲刷尽净。

罗蒂的实用主义同样主张，一种文化"它应该坚持认为，现实或者人类都没有某种'本性'或者'本质'。在一种实用主义的文化中，所有人都认为对同一种实体有许多种描述，而且不同的描述对于不同的目的而言都是有益的，但它们当中没有任何一种是唯一正确的描述"①。在《普遍主义的宏伟、浪漫主义的深奥及人文主义的界限》一文中，罗蒂将"普遍主义的宏伟"界定为"那种由数学和数学物理学实现的宏伟"②，在当代哲学领域，这是一种新柏拉图主义倾向，

---

① ［美］罗蒂：《实用主义哲学》，林南译，上海译文出版社 2009 年版，第 334 页。

② ［美］罗蒂：《哲学的场景》，王俊、陆月宏译，上海译文出版社 2009 年版，第 118 页。

认为自然科学能够把握"实在",而人类理性具备这一把握实在的能力,罗蒂以罗素和内格尔为例说明当代哲学界这一倾向,罗蒂则放弃了"实在""理性"之类概念,视之为形而上学的残余。他运用了哈贝马斯对"以主体为中心的理性"(subject-centered reason)和"交往理性"(communicative reason)的区分,前者是主体性哲学的体现,而"交往理性"只是现实生活中的"交流","它是把知识看成对一致同意的获取,而不是看成一种意见不具备的与实在关系更紧密的思想状态"①。哈贝马斯的"交往理性"以主体间性取代了主体性原则,罗蒂"人类团结"的主张同样是主体间性建构。罗蒂认可自己与后现代哲学在哲学上而非政治上的相似之处,"后现代主义在政治上是愚蠢的,在哲学上倒是正确的"②。因此罗蒂不为政治、道德寻找终极的本体论依据,也不诉诸事物的本质、人的本性,而是主张人们相互尊重和倾听以寻求共识。

三 反本质主义

首先,罗蒂解构了"世界本质"之类概念,视之为语言描述。罗蒂声称没有终极实在即"没有本体或本质的世界"。罗蒂指出语言学转折对于摆脱意识哲学的重要性,"通过把每一个事物全部思考为彼此处于关系之中的,实用主义者企图放弃在实在和表象之间的区分"③。由于没有终极实在,因此"没有与实在相符合的真理",真理不过是"共识"。

其次,解构了"人的本质"之类概念。罗蒂反本质主义体现于

---

① [美]罗蒂:《哲学的场景》,王俊、陆月宏译,上海译文出版社 2009 年版,第121 页。

② [美]罗蒂:《后形而上学希望》,张国清译,上海译文出版社 2009 年版,第374 页。

③ 同上书,第 55 页。

对人的理解，反对继续探讨"人的本质"，"因为没有事物具有内在的本质，所以人类也没有内在的本质"①。尽管罗蒂将语言能力作为人类区别于其他事物的特质，而语言能够"描述"事物，但是罗蒂诉诸"语言的偶然"，并不因此认为"人的本质"就是"语言的动物"，"实用主义者认为，反本质主义存在着两大好处，其一是，采用反本质主义使得提出许多传统哲学问题不再成为可能。其二是，采用反本质主义使得与达尔文达成协议变得更加容易"②。所谓"与达尔文达成协议"，从罗蒂下文的描述来看，是达尔文《人类的起源》论及的人类与动物的亲近关系，即人类是不断进化中的物种，使得康德式先验主体变得不再可能。罗蒂放弃了康德从先验方面把握人类认识能力的企图，而是倾向于将人类看作进化中的物种，不仅是生理学意义的进化，也包括精神意义的进步，"文化进化是生物进化的一部分，期间并不存在某个中断"③。他甚至认为在原始人语言的含混不清与文明人哲学著作之间不是质的飞跃，而只是简单与复杂的差异，这与海德格尔对于语言神秘来源的看法有根本的不同。罗蒂并非完全否定了康德哲学的意义，而是指出相对于康德的先验描述，达尔文的经验描述更为合理。

罗蒂解构了"人的本质"概念，与尼采、福柯一样推崇个人创造之于生命的意义。福柯"人之死"解构了现代哲学建构的"人"的形象，视为现代认识型的产物，随着新的认识型的到来，"人"也就随之消失，像海边沙地上的一张脸。所以福柯解构了知识主体，在后期致力于审美—伦理主体的自我重建。罗蒂主张"生命的偶然"，认为每个人的生命都有一张独特的装载单，人生意义是审美向度的自

---

① ［美］罗蒂：《后形而上学希望》，张国清译，上海译文出版社 2009 年版，第 44 页。

② 同上书，第 47 页。

③ 同上书，第 54 页。

我创造。罗蒂作为后现代哲学家，深切了解到个体难以摆脱他人语汇的制约，罗蒂借用了布鲁姆的观点，即从作家角度说，作家处于"影响的焦虑"状态，总是生活在前辈作家的阴影里；就普通人而言，更可能是在重复他人的道路而迷失自己。明白这点，不会自暴自弃，而是接受人生的有限性，尽可能地有所创新达至个人完美。

再次，解构了语言的本质，代之以语言的用法。罗蒂的语言观与法国后结构主义一样是"语言学转向"的产物。如果说法国后结构主义以"能指""文本""文本间性""延异"等一系列概念为特征，那么罗蒂的语言观则是以"偶然"为特征。正如法国后结构主义以文本间性概念取代了主体性和主体间性概念，罗蒂也主张，"人们不可能超越语言……如果不是在某种语言之中思考，人们就根本不可能进行任何思索"[1]。罗蒂将自己的真理观命名为"小写的真理"，是人们暂时达成的共识，是人类"制造"的结果，以与传统"大写的真理"区别。罗蒂也有自己的"终极语汇"，比如他所主张的个人完美和人类团结，是立足于当下语境做出的选择，他并不提供论证，否则只能是循环论证。笔者第三章第二节将梳理罗蒂"终极语汇"这一概念。一个时代有其时代的主导语汇，通过语汇可以判断学者是否逃脱了时代的话语机制，一个致力于摆脱时代语汇、不断开创新的语汇的人，得以脱离时代语汇的控制以获得相对自由。关于信念，罗蒂的主张也是无根基的，即一个人之所以有这样的信念，并没有符合了什么，而只是因为他偶然地倾向于这一信念。中国社科院著名学者王治河作为研究后现代哲学的专家，在《扑朔迷离的游戏——后现代哲学思潮研究》一书中从后现代哲学视域定位罗蒂，将罗蒂纳入后现代哲学的谱系中，该书增补本还将罗蒂和德里达并列为后现代主义的两个"掌旗人"。罗蒂哲学与其他后现代哲学也有差异，最为明显的

---

① ［美］理查德·鲁玛纳：《罗蒂》，刘清平译，中华书局 2003 年版，第 19 页。

差异是罗蒂思想的人类团结维度在其他后现代哲学家显得薄弱。

在《哲学和未来》一文中，罗蒂说："鉴于柏拉图和康德希望从某个外在的立足点，关于必然的和不变的真理的立足点，来审视他们生活于其中的社会和文化，晚近的哲学家已经逐渐地放弃了此类希望。……我们务必把哲学家曾经与牧师和圣人分享的那种角色转变成与工程师和律师有较多共同点的某个生活角色。"① 可见，罗蒂上述观点与福柯以专业型知识分子（specific intellectual）取代普遍型知识分子（universal intellectual）的主张相通。福柯关于"专业型知识分子"的看法对于理解罗蒂思想是个很好的参照，"专业型知识分子"并不意味着放弃知识分子的责任，并不意味着对公共事务的冷漠，而是意味着作为"知识分子"应该有自知之明，即不过是有"专业知识"的人。一般公民有良知、有自由主义的底线，却难以看清事件真相、难以提出正确的观点，公共知识分子盲目发声只能适得其反。这时需要的是有良知、勇气的"专业知识分子"，比如法律工作者、医务工作者、教育工作者对于各自领域的社会事件做出判断，而且勇敢地公布"真相"。这里"真相"一词不是后现代主义的"信以为真"，而是说专业型知识分子有说出自认为"真相"的责任。他们的判断理应更有专业水准，因而令人信服。然而遗憾的是，专业知识分子的声音会被网友和媒体的声音淹没，法律也往往被新闻媒体和汹涌的"民意"绑架，此时尤其需要新闻工作者揭示真相、推动社会的点滴改良。按照后现代道德观，知识与道德是两个概念，有知识的人不一定有道德，"专业型知识分子"作为有专业知识的人对于事情的解决或许更有益。以福柯的话表达就是"谁是知识分子？"当一个人自称为"知识分子"之际，是否把自己作为真理的化身、民众的启蒙者、道德的模范而拒绝质疑自身的"终极语汇"？

---

① ［美］罗蒂：《实用主义哲学》，林南译，上海译文出版社 2009 年版，第 263 页。

在《实用主义、相对主义和非理性主义》一文中，在澄清学界一些误解之时，罗蒂对于"实用主义"进行三条总结。第一是反本质主义；第二是对传统意义上的认识论、形而上学和方法论的解构；第三是强调对话，而且是人类之间的对话，而非人与上帝之间的对话，"接受出发点的偶然性，也就是把来自我们人类伙伴的遗产和与他们的对话看作是我们唯一的指导来源"①。因此，罗蒂式后现代主义，既非把"指导来源"理解为基督教的"上帝"，亦非当作笛卡尔主义者先验主体的"心"，而是"人类伙伴"。由于思想的交锋不断碰撞出火花，永远无法预料可以从对话中得到什么。可以说，罗蒂体现的是对于"对话"的希望和信任，认为人类能够从"对话"中创造出宝藏；放弃形而上安慰的结果是，可以形成"一种更新的共同体感"。人类不再内向审视反省自己，不再敬畏神灵和自然，只余所谓的"人类共同体"；然而从理论上说，放弃"心"和"上帝"，并不必然地导向"共同体"意识；从中国当下现实来看，网络上虚拟公共空间的对话充满戾气、粗鄙，难以发现"共同体感"建构；真正客观、公正、严肃、认真的探讨，真正的"共同体感"还是在知识分子阵营，所以至少就当下中国而言，思想启蒙远未完成，知识分子作为思想"启蒙者"的身份亦未过时。由于罗蒂的"共同体感"是缺乏基础的，目的是个人自由度的提高和社会福利制度的完善，来自于左右两派的批评可想而知。这样的"人类共同体"固然没有根基，却也不会导致暴力团体，因为坦承缺乏根基，坦承可能会说错话、做错事，所以允许批评和自我批评，从而不断自我修正。这是后现代的"共同体感"最大的价值所在吧！罗蒂所言的"共同体"不是某个团体、党派的团结，甚至不是国家意识，而是无限扩大的"我们"，是全人类的"共同体"。这就使得罗蒂的理论显出文学家的

---

① ［美］罗蒂：《后哲学文化》，黄勇译，上海译文出版社 2009 年版，第 235 页。

浪漫。笔者不愿采纳西方某些学者的评价比如"轻浮",宁愿评价为"浪漫"或"天真",因为罗蒂的确有雪莱式浪漫主义世界大同的想象。

第二节　新实用主义

实用主义(pragmatism)作为美国本土产生的第一个哲学流派,源头可以上溯到爱默生、洛克、詹姆士(除引文外,本书统一为"詹姆士"这一译法)、皮尔士和杜威,包括了沃林、考夫曼、戴维森、普特南、伯恩斯坦等人。新实用主义,包括了像奎因、戴维森、普特南这些理论家,尽管他们的观点有很多差异。本节并不比较罗蒂作为新实用主义者与实用主义的渊源或与其他新实用主义者的异同,只是梳理出罗蒂思想的"实用主义"因素,即他与詹姆士和杜威思想的一脉相承。

罗蒂在为《劳特利奇哲学百科全书》撰写的"实用主义"条目中介绍说"实用主义是由三位美国哲学家——查尔斯·桑德斯·皮尔士、威廉·詹姆斯和约翰·杜威奠立的一种哲学传统"[1]。罗蒂指出尽管三人哲学思想有很大差异,但是有重合之处,"这三位奠基性的实用主义者……希望将哲学从形而上学的唯心主义那里拯救出来,但也[希望]将道德和宗教理想从经验主义的或者实证主义的怀疑主义那里拯救出来"[2]。可以看到,皮尔士对"行动"的推崇、詹姆士对"真理"的颠覆、杜威将人类视为"社会实践产物"的诸多观点,都在罗蒂的思想中得以体现。本节不是对于"从实用主义到新实用主义"的谱系学研究,而是梳理詹姆士和杜威对罗蒂的影响;

---

① 　[美]罗蒂:《实用主义哲学》,林南译,上海译文出版社 2009 年版,第 1 页。
② 　同上书,第 2 页。

亦非全面梳理罗蒂受到的影响，只是从文学理论和美学角度入手；具体而言，从 "真理" 和 "经验" "方法" 几个关键词看罗蒂对杜威的继承，尤其是他对文学的实用主义理解。下面，笔者从 "真理" "方法" 两个方面梳理罗蒂新实用主义对詹姆士和杜威实用主义的继承及罗蒂的创新，并从 "从经验到语言" 角度探讨罗蒂与杜威的差异。

一 实用主义真理观：解释与共识

罗蒂在《哲学和自然之镜》"中文本作者再版序" 中指出，与其说他遵循着 "后现代相对主义" 的研究观点，不如说他延续了詹姆士和杜威的 "实用主义" 传统。关于自己的学术立场，该书亦申明，哲学将转向而非终结，"这是因为'哲学'不仅是一门学科的名称，而且也是一种想象性努力的名称，后者以不断思考社会实践为方向，以用新实践取代旧实践来增进社会福祉为方向"①。罗蒂理解的哲学，已经完全不同于西方传统哲学的本体论和认识论，而是转向教化。

杜威重视经验，包括艺术经验和自然经验。罗蒂放弃了杜威意义上自然经验的探讨，不再将人类文化视为自然的一部分、以自然为参照，而是放弃了将文化与自然比较。罗蒂之所以放弃了将自然与文化比较，源于后现代的知识观，即 "自然" 不过是 "知识" 的建构，无论是 "心" 还是 "语言" 都不能充当忠实的工具以抵达自然。以福柯 "知识型" 概念来说，由于不同的知识型，人类对于 "自然" 的知识建构都只能是相对的。社会的发展并不意味着对于自然认识的深化，只是意味着对于自然的认知模式发生了变化。

詹姆士《实用主义》一书收入了八篇演讲，第一讲《哲学是现存的两难选择》中有下述见解，"哲学史在很大程度上是人类的不同

---

① ［美］罗蒂：《哲学和自然之镜》，李幼蒸译，商务印书馆 2012 年版，第 5 页。

气质发生某种冲突的历史。……一个职业哲学家……他的气质实际上使他造成的偏向远比他的任何更严格的客观前提造成的大得多"①。他进而将哲学家区分为"理想主义者和经验主义者"两类。哲学史上的流派以及哲学家个人,确实符合詹姆士的上述看法,有迥异的思想建构和迥异的思想气质。如果接受了上述观点,下面的观点也就顺理成章了:哲学家对于人的本质、世界的本质,以及人与世界关系的论述不过是不同气质的结果,不过是哲学家倾心于这种描述而已。詹姆士的上述观点放在后现代哲学背景上并不突兀,"一种体系往往声称是对伟大上帝的宇宙的描述。其实它本来就是——而且是昭然若揭的——某一位老兄非常古怪的个人趣味的一种表露而已。……我们总是按照自己对宇宙的感觉来衡量宇宙的整个性质"②。确实,胡塞尔让哲学成为严格的科学只是一种美妙的设想,是向古希腊本体论传统和近代主体性哲学的回归。福柯表示过对于现象学哲学先验主体观的不满,罗蒂则称现象学是哲学的"倒退"。哲学与哲学家的个人气质有密切的关联,所以哲学史也是哲学家个人气质的历史。比如说罗素的《西方哲学史》对卢梭、尼采等哲学家诗人气质的评价,而且罗素的《西方哲学史》亦有浓厚的个人气质,罗素作为哲学家和数学家却获得 1950 年诺贝尔文学奖。哲学与文学并无截然的区分,并非哲学是理性的、文学是感性和虚构的。如果说艺术是通过艺术家的眼睛所看到的自然的一角,取决于艺术家的时代、个人气质等因素,那么哲学亦不例外。

关于实用主义,詹姆士界定的"实用主义的范围是这样的——实用主义首先是一种方法,其次是关于真理是什么的发生论"③。如果说按照古希腊哲学对于"知识"和"意见"的区分,可以说詹姆

① [美] 詹姆士:《实用主义》,李步楼译,商务印书馆 2012 年版,第 6 页。
② 同上书,第 23 页。
③ 同上书,第 36—37 页。

士的真理观恰好认为真理是"意见"而非"知识",而"知识"并无可能。罗蒂站在历史主义立场上,主张并不存在普遍永恒的标准,也不存在只能由理性把握的"知识"。

对于"真理",罗蒂主张区分"世界存在那里"和"真理存在那里"两个概念,前者是可以证实的,真理则是人类语言的产物、是人对世界的主观描述。罗蒂的真理观是将"真理"当作"解释",不同于传统哲学将"真理"作为"上帝"之后主宰人类的最高词汇。关于"真理",罗蒂区分了作为信念的"解释"和"救赎真理","如果所有时空事件间的因果关系的一种被统一的解释是真理所意指的一切,那么,甚至极端的后现代主义者也将没有怀疑真理存在的理由。只是在另一类真理受到怀疑时,真理的存在才变成了问题"①。所谓"另一类真理",罗蒂亦称为"救赎真理","相信救赎真理就是相信某种东西,它对于生活就像基本物理粒子之于四元素一样——某种东西是现象背后的实在,是对正在运行的东西的一种真实描述,是最后的秘密"②。可以看出,罗蒂与詹姆士的真理观是一脉相承的,罗蒂因此放弃了对救赎真理的探讨,转向对话以寻求共识。

在《后哲学文化》中,罗蒂依然坚持了"真理作为意见"的看法,"我们最好的真理标准是,真理是由自由研究获得的意见。在这种自由的研究中,任何东西,无论是终极的政治和宗教目的还是任何其他东西,都可以讨论,都可以得到苏格拉底式的责问"③。罗蒂在剖析了分析哲学发展到实用主义的语言观之后,指出实用主义与当代法国和德国哲学的关系。解构了"救赎真理"之后,罗蒂的思路是

---

① [美]罗蒂:《哲学的场景》,王俊、陆月宏译,上海译文出版社2009年版,第62页。

② 同上。

③ [美]罗蒂:《后哲学文化》,黄勇译,上海译文出版社2009年版,作者序第4页。

尼采式的，即认为海德格尔、福柯和罗蒂自己都是"后尼采主义"的代表人物，主张人的自我创造，而自我创造往往是语言的创造，经由语言建立与世界的关联，有个体独特的体验方式和表达方式。个体力图避免成为他人的复制品，而缺乏自己的思想、个性、风格，不仅是对于个体在"私人领域"里人生意义的探讨，也是后现代的"差异思考"，能够使得思想愈益多元。

当罗蒂将"真"之为"真"归结为"与我们的观点一致"，他想表明的是"真"的人为性质，至于"我们"是谁是次要的，说话者只是"信以为真"。这样对"真"的界定，使得"说话者"只是作为"话语"的拥有者而非掌握了"救赎真理"。可以看出罗蒂开放的心胸，已经暗含着反讽主义的立场，即对自身话语的质疑。现实生活中的事件却是有所谓"真相"的，不是话语的"描述"和"再描述"。比如，2016 年 5 月的中国，最受关注的新闻热点是雷洋事件，媒体和网友们坚持不懈地要求真相。按照罗蒂"世界存在那里"和"真理存在那里"的区分，可以说雷洋事件有唯一的"真相"，而非媒体和网友的"信以为真"。哲学理论不同于现实事件，哲学理论怎么建构都并无实在与其符合，现实事件却是"在那里"，然而公众获知"真相"障碍重重，所以客观的现实事件却成为话语建构，成为扑朔迷离众说纷纭的"罗生门"。与罗蒂语境有所不同的是，在此是权力的博弈，不是以对话达成共识。在罗蒂看来，传统意义上哲学家的宏大企图是"戏剧化自身"的方式，罗蒂放弃了柏拉图和康德的企图，但是并未放弃哲学，而是转向了文化政治。罗蒂作为一个新实用主义者，毕竟是遵循实用主义传统，信奉的不是一场革命改变一切、终结过去、迎接全新的未来，而是逐渐的、温和的甚至微末的改变。

罗蒂式后现代哲学的"真理"不过是特定时代、特定族群内、暂时的"共识"，"'真理'这个名称表示的是那种在哈贝马斯式的理想交往条件——这种条件是由一种自由的出版业、一种自由的司法和自由的大学来促进的——下为人所信奉的东西"①。可见，罗蒂的"真理"观既不是传统哲学符合论意义的真理，也不是海德格尔存在论意义上的真理，而是作为"共识"的真理。"共识"是特定时代、制度、语境下的共识，既非有普适价值，亦非有永恒价值，而是相对的。对于"如果我们照料好自由，真理将会照料好自身"，罗蒂这样对记者解释，"如果我们可以通过创造一种自由的出版业、一种自由的司法、自由的大学等等来照料好自由，那么，那些遭受过苦难的人，或者除此之外了解性别主义、种族主义和贫穷的后果的人，将能够使这些后果更广为人知"②。可见罗蒂的兴趣已然从抽象的理论思辨转向当下现实问题的解决。

二　方法论：从"科学方法"到"历史主义"

罗蒂论及自己与传统实用主义的区别，"按照我对实用主义历史的理解，在古典实用主义和新实用主义之间存在着两大差异。我已经提到了第一个差异：这是如詹姆斯和杜威那样谈论'经验'和如蒯因和戴维森那样谈论'语言'之间的差异。第二个差异是假定存在着所谓'科学方法'，对它的应用增进了某个人的信念为真的可能性，以及从策略上放弃这一假定之间的差异"③。关于第一点差异，即从"经验"到"语言"的转向，这点无须解释，20 世纪人文学科确实发生了语言学转向。关于第二点差异，即罗蒂认为皮尔士、杜威及其弟子还是坚持"科学方法"的寻求，而由于库恩著名的《科学革命的结构》一书，"科学方法"也就被慢慢放弃，库恩的"范式"概念和福柯的"知识型"概念一样都是对"科学方法"的消解。当被问到"美国实

---

① ［美］罗蒂：《实用主义哲学》，林南译，上海译文出版社 2009 年版，第 351 页。
② 同上。
③ ［美］罗蒂：《后形而上学希望》，张国清译，上海译文出版社 2009 年版，第 18 页。

用主义在今天能够提供的资源"时，罗蒂从理论和实践两方面做出了回答，即理论上能够摆脱实在论—反实在论之争，价值取向上"实用主义正是对理想主义的、勇往直前的爱默生和惠特曼传统的延续，它把美国民主看成曾经创造的最伟大事物，是所有好东西的源头"①。对于"美国民主"的推崇，是罗蒂作为一个美国当代哲学家的特征，是基于他的"解释学处境"而得出的结论，罗蒂没有对"美国民主"的弊端加以深入剖析，并不能说这是他理论的局限。应该说罗蒂"人类团结"的设想是暗含着"世界大同"的追求，或许我们无力界定"世界大同"的具体含义，但是能够做一些具体的事情，比如尽量地减少人间残酷，尽量地增加全人类的团结。

　　罗蒂很谦虚地表示自己吸取了杜威、维特根斯坦和海德格尔的思想而从未试图超越他们。罗蒂确实吸取了各方的思想，并非如他所言无所创新，相反在思想的密林里吸取精华之时，能够不为所围而大刀阔斧地开辟一条清晰的道路，一条新实用主义之路。与传统形而上学不同的是，杜威和罗蒂式实用主义不是追寻终极实在，而是寄希望于现实社会的改良。与传统哲学对"人的本质"的探讨不同，罗蒂主张人性的偶然和变化，"词语'人'命名了一个模糊的但有希望的计划，而不是命名了一个本质。所以，实用主义者把敬畏感和神秘感赋予人类的未来，而古希腊人曾经把它们给予了非人类的事物"②。可以说，历史上和现实中的人类可以让人敬畏，也足以让人绝望，20世纪人类历史上出现了纳粹势力和世界大战，今天还有极端组织。罗蒂何以敢于声称，"把敬畏感和神秘感赋予人类的未来"呢？无论如何，能够"让人敬畏"的，是罗蒂对于未来的信心、对于人性的信

---

① ［美］罗蒂：《哲学的场景》，王俊、陆月宏译，上海译文出版社2009年版，第246页。

② ［美］罗蒂：《后形而上学希望》，张国清译，上海译文出版社2009年版，第30页。

心、对于人类想象力的信心。

三 哲学的出发点：从经验到语言

杜威重视经验，从《艺术与经验》《经验与自然》书名可以看出这点。杜威的《经验与自然》原序自称为"一个真正的自然主义者"，运用了"经验的自然主义方法"，以及"一个经验的方法对自然界是保持忠实的"。杜威主张哲学求助于经验，试图建立连接主客体的一元论，主张生命是个有机体，要恢复身心之间的连续性。杜威强调人类"经验"在理解"自然"时的重要性，即"经验"不仅对于自然科学有用，而且对于哲学同样有用，自然对经验呈现自己，"假使科学的研究是合理的，那么经验就不是自然界的无限浅薄的一层或它的前景，而能透入自然，达到它的深处，以致还可以扩大对它的掌握"①；从杜威到罗蒂，体现为"从经验到语言"的转变。罗蒂主张放弃经验转向语言，"我认为，区分经典实用主义和新实用主义的另一个方式就是新实用主义割断了与经验主义之间的联系，经典实用主义仍然保留了关于直接的和感性的经验的观念"②。罗蒂不再寻求文化与自然的关联，"詹姆斯和杜威都想通过使人类对真和善的追求与低等动物的活动保持连贯，来调和哲学和达尔文——［调和］文化进展（cultural evolution）和生物进化（biological evolution）"。杜威受到达尔文进化论的影响，认为人是进化中的物种，没有固定不变的人性。在此问题上，罗蒂继承了杜威关于人性的自我教化观点，有所不同的是，罗蒂倾向于在不同文化之间进行比较，而非在文化和自然之间比较。

罗蒂认为，达尔文的自然主义"使得放弃当代哲学的许多问题

---

① ［美］杜威：《经验与自然》，傅统先译，商务印书馆2014年版，第3页。
② 衣俊卿、丁立群：《走进罗蒂——与罗蒂先生关于分析哲学、后现代主义和文化哲学的对话》，《求是学刊》2004年第5期。

方式成为必要"，原因是"从一种杜威式的观点来看，实用主义中的自然主义张力——与达尔文达成妥协的尝试——，主要是作为达成如下目标的一种进一步的策略才显得重要：将哲学家们的注意力从形而上学和认识论的问题转移到民主政治的需要问题上去"①。随着柏拉图哲学和柏拉图主义的式微，不仅对"永恒真理"的追寻行为成为虚妄的，而且将人生意义视为对知识的追求也是过时的概念。既然没有任何哲学可以一劳永逸地发现人的本质，也没有神灵或自然规定着人的本质，那么人的使命就只有一个存在主义式的目的：自我确立本质。只是，罗蒂式新实用主义毕竟不同于萨特式存在主义，作为后现代主义它是反本质主义，反对"本质"之类概念，不会有萨特式"存在先于本质"的主张，不会有"自我确立本质"的奢望。"实用主义者们将创造复杂的、富于想象力的共同体的能力置于他们的人类形象的中心，替代了认知的能力。杜威和普特南一致认为，探究的目的就是普特南所谓的'人类繁盛'——在自由、民主、宽容、平等主义的社会里［才］成为可能的那种人类生活。"②罗蒂一方面重视德法哲学之于个人完美角度的意义，一方面指出他们往往在人类团结维度缺乏建树，"在詹姆斯、杜威、普特南阵营和尼采、海德格尔、福柯阵营——20世纪反叛希腊的人类自身形象的两个最为杰出的部分——之间明显的差异是，那三个欧洲人没有分享这三个美国人对于自由民主社会的热情和乐观主义"③。笔者认为，罗蒂放弃了将文化进化和生物进化"调和"的实用主义传统，是令人遗憾的；更遗憾的是，他放弃了海德格尔意义上存在论的建构，试图终结形而上学，解构了人与存在的关联，使得其哲学建构显出实用有余浪漫不足。

---

① ［美］罗蒂：《实用主义哲学》，林南译，上海译文出版社2009年版，第14—15页。
② 同上书，第13页。
③ 同上书，第14页。

在 2004 年中国之行中,中国学者提问说,由于缺乏统一的真理标准,是否引发文化之间的冲突?罗蒂的回答是,"在柏拉图之后的两千五百年的历史中,哲学家们试图寻找这样的真理,但所有这些努力都失败了。我对哲学是否能找到这样的真理表示怀疑。我们现在只能接受这样的事实:你们认为你们是对的,我们认为我们是对的。非常不幸的是,在道德和政治领域我们没有理性的准则可循"[①]。但是,否认永恒普遍的真理,并不是走向了虚无主义和相对主义,罗蒂有时仍不得不求助于杜威的"经验",比如伦理学和政治学只有"过去的经验"可以作为判断标准,没有任何其他的依据。尽管他认为新实用主义放弃了实用主义意义的"经验",但是在此篇访谈中罗蒂还是求助于经验。应该说罗蒂放弃了杜威将"经验"与"自然"比较意义上的"经验",并非放弃了一切"经验",按照"教化哲学"即"解释学","经验"让我们有了"前见"才使认识成为可能。罗蒂以解释学代替了形而上学,依然有对经验的重视。

罗蒂放弃了将"文化"和"自然"加以比较,是令人遗憾的。关于人,更是不能以"生命的偶然"一笔带过。人与自然的关系是一个永恒的问题,并不能被轻易解构。举个简单的例子,中国文化中的"节气"和"节日"并非中国古人任意的规定,而是与四季、气温、物候相关。现象学意义上事物的"自身显现"和人的"看到"是有道理的。如此人类对于"节气""节日"的领会才不仅是历史的、偶然的,更是"必然"和"本质"的,对此中国古代哲学能够提供极好参照。但是按照罗蒂的思路,这一维度的建构只能划归"私人领域"的想象,而对"公共领域"无甚意义,只能是一种诗意创造而并非事物如其本然的"显现"。

---

① 衣俊卿、丁立群:《走进罗蒂——与罗蒂先生关于分析哲学、后现代主义和文化哲学的对话》,《求是学刊》2004 年第 5 期。

第三节　教化哲学

罗蒂作为后现代哲学阵营的一员，与福柯、德里达一样对于传统形而上学进行了犀利的剖析解构。罗蒂最为著名的著作《哲学和自然之镜》（1979）从理论上体现出他的反本质主义、反基础主义的立场，以"教化哲学"取代"系统哲学"则是他终结形而上学的尝试。

在 2001 年为《哲学和自然之镜》写的"中文版作者再版序"中，罗蒂首先区分了两类"哲学观念"：一类是西方传统哲学，讨论一些永恒的哲学问题；一类是对此类哲学问题的"治疗"即解构活动，罗蒂把杜威、维特根斯坦和海德格尔作为这类哲学家；顺理成章地，罗蒂将自己的《哲学和自然之镜》作为"治疗性的"。罗蒂在肯定维特根斯坦分析哲学的同时，也对主宰大学的分析哲学现状予以批判，"……英语国家哲学系的学术活动基本上不为外系所知，也与整体的文化失去了联系……哲学丧失了浪漫和灵感，只剩下专业能力和复杂的思维"[①]。作为经受过分析哲学洗礼的学者，罗蒂与维特根斯坦一样重视语言、推崇语言对于人生的意义，比如维特根斯坦提出的"想象一种语言就是想象一种生活方式""语言的界限就是生存的界限"等。在罗蒂这里的体现是推崇新的语汇，因此人们拓展自己的人生，最重要的是经由语言的道路。罗蒂基于偶然的语言观认为语言不是表象世界的工具，只是对于世界的一种解释。

罗蒂继而将西方当代哲学教授分为三种类型：分析哲学家、哲学史家、后现代相对主义者，罗蒂声称他属于第三种，"我本人过去二十年的研究工作一直遵循着今日统称为'后现代相对主义'的观点，

---

① ［美］罗蒂：《筑就我们的国家》，黄宗英译，生活·读书·新知三联书店 2006 年版，第 97 页。

这正是 20 世纪初由詹姆士和杜威以'实用主义'名称提出的同一类观点。一般而言，这两个人对传统哲学问题所采取的予以消解的态度，可以被概述为主张哲学问题的语汇是被创造出来服务于社会需要的；当这些问题不能再用旧语汇来表达时，就应采取新的语汇，以便更好地服务于社会"①。随着时代的变化，罗蒂面对的是与两人有所不同的"社会需要"，因此也有不同的对策。鉴于"轻浮的后现代派相对主义者"是第一类哲学家对罗蒂之类哲学家的称谓，罗蒂声称他属于这种哲学家的同时，也对"相对主义"的内涵做出了澄清。罗蒂说明"本书是反康德的"，不再为政治寻求哲学依据，"我们应当摒弃西方特有的那种将万物万事归结为第一原理或在人类活动中寻求一种自然等级秩序的诱惑"②。在《偶然、反讽与团结》中，罗蒂推崇"想象力"，当然不仅是天马行空、只是有益于个人完美的文学想象，而且包括了政治想象，一种新的"有助于发展将为更多的人民带来更大自由和幸福的新社会实践"的"说话方式"。

罗蒂在此书中提出"教化哲学"，与"系统哲学"形成对照。罗蒂区分了"系统哲学"与"教化哲学"的概念，他将萨特、海德格尔和伽达默尔的"存在主义"式哲学称为"只有在与传统的对比中才有意义""一类人的研究基本上是建设性的，另一类人的研究基本上是反动性的。我将因此在两类哲学家之间展示一种对立，一方以认识论为中心，而另一方以怀疑认识论主张为出发点。这就是'系统的'哲学和'教化的'哲学间的对立"③。"反动"是说第二类研究是对于第一类建设性研究的消解，当然第二类研究不仅是怀疑和消解的工作，也有建设性的维度即进行着"教化的"工作。关于为什么"实用主义以政治问题替代认识论问题"，罗蒂对于"政治"一词的

① ［美］罗蒂：《哲学和自然之镜》，李幼蒸译，商务印书馆 2012 年版，第 3 页。
② 同上书，第 11 页。
③ 同上书，第 384 页。

31

界定是与利奥塔德所言"元叙事"意义相反的微观叙事，也即福柯的"微观政治"，即"政治"往往不是为了国家、民族、党派之类利益，而是暂时地为了某个具体问题的解决而努力。

罗蒂认为，柏拉图主义者、康德主义者和实证主义者的共性是认为：人具有本质；世界上万事万物也有其本质；人的心灵就像一面镜子，能够映照事物的本质。罗蒂犀利地指出，这样的"人"从有利的方面说是神、从不利的方面说是机器，"因此这或许就是放弃柏拉图的真理、实在、善等概念……并返回到'相对主义'，它假定我们唯一有用的'真''实在'和'善'等概念，都是从我们的实践和信念中外推而生的"①。按照罗蒂《哲学和自然之镜》的观点，近代哲学把人类心灵视为一面反映实在的镜子，而对实在的把握需经由对心灵这面镜子的擦拭。可以说胡塞尔现象学"先验主体""本质直观"之类概念依然是在这一向度的建构。中国哲学也有类似观点，比如庄子"水静犹明，而况精神！圣人之心静乎！天地之鉴也，万物之镜也"。后现代哲学和美学则不仅解构形而上学、形上之美，而且解构了借以抵达形而上学的心灵概念。罗蒂指出："自从文化启蒙时代以来，特别是从康德以来，自然科学一直被看作知识的一个范型，文化的其他领域必须依照这个范型加以衡量。"② 而库恩的范式革命说明在不同范式之间没有可公度性，也就摧毁了自然科学的神话。相应地，以自然科学为文化的基础就是不适当的。罗蒂认为解释学不是学科、方法、研究纲领，而是对"公度性"进行的斗争；所谓"可公度的"（commensurable），就是寻找"存在、心、语言"之类共同基础的"认识论的假定"；试图发现一种公度性方法，是系统哲学的特征，而杜威和维特根斯坦等人放弃了对可公度性的追寻，成

---

① ［美］罗蒂：《哲学和自然之镜》，李幼蒸译，商务印书馆 2012 年版，第 393 页。
② 同上书，第 342 页。

为"相对主义者"。罗蒂认为哲学应该是寻找新的、有趣的、更有效的说话方式，教化（edification）就是一项计划。

按照罗蒂的思路，系统哲学的中心是认识论，而教化哲学的中心是解释学。关于解释学的内涵，罗蒂指出："解释学把种种话语之间的关系看作某一可能的谈话中各线索的关系，这种谈话不以统一着诸说话者的约束性模式为前提，但在谈话中彼此达成一致的希望绝不消失，只要谈话持续下去。这不是一种发现在先存在的共同基础的希望，而只是达成一致的希望，或至少是达成刺激性的、富于成效的不一致的希望。"① 也就是说，罗蒂所谓的解释学首先是对话双方有"达成一致的希望"，也就是有进行对话的善意，才有进一步达成共识的可能。其次才是罗蒂所谓的解释学没有认识论意义上的先在基础。比如伽达默尔在和德里达的几次对话中，表达过罗蒂所言的"善意"，只要向对方提出问题，就有善意的前提，即希望得到理解、达成一致。②

罗蒂意义上的解释学不再寻找新的认识论范式，"解释学正是当我们不再关心认识论之后所获得的东西"③。罗蒂反对实在论哲学，反对将心灵比作镜子，主张"教化哲学"，主张哲学的功能不是追寻实在，而是寻找更好的描述方式、对话方式。因此他将胡塞尔现象学称为哲学史的倒退，推崇伽达默尔解释学的对话理论，"如果没有类似于镜子的心的观念，作为准确再现的知识观念就不会出现。没有后一种观念，笛卡尔和康德共同采用的研究策略——即通过审视、修理和磨光这面镜子以获得更准确的表象——就不会讲得通了"。罗蒂说

① ［美］罗蒂：《哲学和自然之镜》，李幼蒸译，商务印书馆2012年版，第337—338页。
② 参见伽达默尔等《德法之争：伽达默尔与德里达的对话》，孙周兴等译，同济大学出版社2004年版。
③ 同上书，第344页。

明其解释学概念来自于伽达默尔《真理与方法》一书，认为伽达默尔的 Bildung（教化）概念取代了认识论的"知识"概念，即我们的阅读有助于我们的自我教化。罗蒂说："我将用'教化'（Edification）一词来代表发现新的、较好的、更有趣的、更富成效的说话方式的这种构想。……教化性的话语应当是反常的，它借助异常力量使我们脱离旧我，帮助我们成为新人。"① "教化哲学家"怀疑的是系统的哲学、怀疑普遍公度性的整个构想，不再为达成一致寻找终极依据，也就意味着暂时和相对的"共识"。

罗蒂主张，"作为实用主义者，我们所认同的团体由宽容论者、多元主义者和民主主义者构成。这些人的核心目标就是，容许尽可能多的不同的个人目标得到实现，以增加人类的幸福"②。幸福，作为一个主观性很强的语汇，什么可以作为标准呢？比如专制体制内人民虽然被洗脑而感觉幸福，看到领袖而眼含热泪，以为是人生中最幸福最辉煌的经历。罗蒂所谓的幸福显然不是专制体制内异化的幸福，而是一个宽容、自由的民主社会里，个体确实能够感受的幸福。罗蒂主张文化之间的比较，可以说，以民主社会和专制社会比较，幸福与否一目了然，通过那些脱北者的诉说，可以看到专制社会人民的不幸、民主社会的相对自由和平等。

罗蒂主张以"教化哲学"取代"系统哲学"，"教化"与"解释学"概念都来自于伽达默尔。罗蒂认为伽达默尔以"教化"取代了对"知识"的追求，"认为当我们读得更多、谈得更多和写得更多时，我们就成为不同的人，我们就'改造'了我们自己。……在这种非形而上学的意义上，对我们（至少对我们这些住在世界上一个

---

① ［美］罗蒂：《哲学和自然之镜》，李幼蒸译，商务印书馆 2012 年版，第 378—379 页。

② ［美］罗蒂：《后哲学文化》，黄勇译，上海译文出版社 2009 年版，作者序第 4 页。

稳定和繁荣地区的、相对有闲的知识分子)来说更'基本'"①。从
这段引文可以看出,"教化哲学"的行为主体是有闲、有钱的少数知
识分子,对于普通读者而言没有太大意义。如果按照《偶然、反讽
与团结》的思路,《哲学和自然之镜》中"教化"只是少数知识分子
在个人领域的自我完善。当然,还有一种可能,是知识分子的个人完
善缓慢地影响着读者,随着读者圈的扩大,整个社会也得到教化。从
罗蒂对于人类未来的设想来看,他期望的是随着社会富裕程度的提
高,有闲也富裕的人越来越多,所以自我教化就迫切地提上了日程。
因此字面上的精英主义,其实是为大多数人提出自我教化的可能性。
需要注意的是,教化在伽达默尔那里不仅是"意识"的培养也是
"感觉"的"机敏","人类教化的一般本质就是使自身成为一个普遍
的精神存在……教化作为向普遍性的提升,乃是人类的一项使命"②。
这里,我们看到罗蒂对于"感受力"的推崇既有杜威的影响也有伽
达默尔的启迪,"感受力"能够促使个人完美向人类团结的提升。作
为历史主义者,罗蒂不会认同康德意义上的"共通感",如果说有
"共通感"的话,也是"教化"的结果,"教化"尽管不是达到普遍
性的方式,却是达到人类团结的方式。罗蒂放弃了"普遍性"的追
求,改造为"人类团结"。因此,"教化"在罗蒂那里既有个人角度
也有公共维度。就个人角度而言是自我教化,"教化"不是达至人类
普遍性的方式,而是个体达至自由、自主、自律的方式;就公共维度
而言,在福柯认为社会的"规训机制"对个体实行"规范化"的所
在,罗蒂看到的是社会对个体积极教化的一面,而哲学也成为"教
化哲学"。所以,罗蒂解释学的向度,使他在处理个体和社会的关系
问题上,比其他后现代诸家更为可行:每个个体除了具有个体的种种

---

① [美]罗蒂:《哲学和自然之镜》,李幼蒸译,商务印书馆 2012 年版,第 377 页。

② [德]伽达默尔:《真理与方法》,洪汉鼎译,商务印书馆 2007 年版,第 26—27 页。

偶然因素即"装载单"之外，也置身于特定的文化传统、有着解释学意义上的"前见"和"视域"；个体不断积极地自我教化；与他人不断对话、不断自我完善并影响他人，同时促成文化传统的革新、社会的不断进步。罗蒂主张"创造一个没有暴行的世界的渴望比任何一个哲学观念都要深刻而持久"①，在此角度，我们能够理解罗蒂所谓"哲学的转向"，传统本体论和认识论意义上的哲学不再有意义，充其量是私人领域的新语汇创造，应该转向的是对现实事物的关切，这样的哲学将成为"文化政治"（philosophy as cultural politics）。

教化哲学家不是要终结哲学，而是要防止哲学误入歧途，即力图成为形而上学或科学。罗蒂教化哲学的主体，是持"反动""反常话语"的一类哲学家；而后哲学文化的主体，是文化批评家。当然，罗蒂也指出"反常"或"革命"话语的哲学家不一定都是教化型哲学家，比如胡塞尔是开创新的词汇之人，却不是教化型的一类哲学家，罗蒂称他们为"革命的系统哲学家"，"伟大的教化哲学家是反动性的，并提供着讽语、谐语与警句。他们知道，一旦他们对其他反作用的时代成为过去，他们的著作也就失去了意义。……伟大的教化哲学家，是为他们自身的时代而摧毁"②。罗蒂也是这样一个教化性哲学家，对于传统哲学以摧毁，并深知其思想只有在时代语境中才有意义。

罗蒂将杜威、维特根斯坦和海德格尔作为"教化哲学家"的典范，将其哲学视为"教化哲学"以与"系统哲学"对照，指出他们的"历史主义"以与"系统哲学"的"基础主义"对照。可是，罗蒂却只是为我所用、忽略了他们形而上学的维度。比如，海德格尔的现象学方法、存在论建构都为罗蒂所忽略。如果说《存在与时间》尚有早期主体性哲学建构，那么海德格尔20世纪30年代转向后对

① ［美］罗蒂：《后形而上学希望》，黄勇、张国清译，上海译文出版社2003年版，第118页。

② ［美］罗蒂：《哲学和自然之镜》，李幼蒸译，商务印书馆2012年版，第386页。

"本质的语言"的推崇、对语言与人关系的分析，并未彻底克服"系统哲学"的倾向。罗蒂强调海德格尔语言观"偶然"的一面，忽略其更根本的方面"最高的必然"。罗蒂主张"哲学与文化的混合"，"我们更愿将哲学看成一种文化政治学的类型，而非看成对智慧的追寻"①。从文化政治角度，罗蒂对于海德格尔的批评就是可以理解的了。首先，海德格尔分析西方精神的没落，"世界之夜已达夜半"，而拯救的方式是倾听哲学家诗人的言说，海德格尔对社会状况的分析和解决途径都是"诗性"的，罗蒂则是"文化政治"的。罗蒂主张对社会现实进行具体的分析，在具体社会问题上达成共识，以具体社会问题的解决促进社会进步，因此海德格尔寄予希望的祭司式诗人已经没有意义，充其量是自我完美之途径。其次，对于早期海德格尔而言，常人都是失却本真之人；对于后期海德格尔而言，没有天地人神四方同在的人都是无所庇护之人，按照海德格尔的思路，大多数人都是这样可悲之人。对于罗蒂式历史主义者，人是历史现象，没有"本真"与否，"天地人神同在"作为私人体验不必为每个人所必需。

　　罗蒂《哲学和自然之镜》的弱点也是明显的，正如译者李幼蒸所言，在真理问题上，罗蒂"不免简化了人类的求知情境"，以至于被批评为"极端相对主义者"②；而罗蒂对于解释学的阐发"也并未涉及当代德、法解释学的广阔领域，而是从美国特有的哲学文化环境中做出的一种纲领式的展望"③。但是罗蒂行文虽平和，却以高屋建瓴式的宏观、以摧枯拉朽式的力量，试图彻底终结形而上学，不仅开创了新的语汇、尝试着差异思考，而且发展着杜威的思想，对自由民主社会的建设予以想象。

---

　　① ［美］罗蒂：《哲学的场景》，王俊、陆月宏译，上海译文出版社 2009 年版，第220 页。

　　② ［美］罗蒂：《哲学和自然之镜》，李幼蒸译，商务印书馆 2012 年版，第 3 页。

　　③ 同上书，第 13 页。

第二章

罗蒂"诗性文化"的内在理路

在《哲学和自然之镜》中，罗蒂提出"教化哲学"以与"系统哲学"对照；在《后哲学文化》中提出"后哲学文化"，将其作为"小写的哲学"以与"大写的哲学"对照；在《偶然、反讽与团结》以及一些访谈中，则以"诗性文化"作为关键词。可见，"哲学"的抽象、思辨特质淡化而"文化"凸显；而且"文化"不是宗教为主的文化，也不是哲学主导的文化，而是"诗性"的文化；作为反基础主义，"诗性文化"不以任何学科作为基础，即使罗蒂推崇文学尤其是小说，文学也不会成为"诗性文化"的基础；罗蒂"诗性文化"的特质是具有特定内涵的"自由主义"和"反讽主义"。

第一节 "诗性文化"概念辨析

本节将比较罗蒂的"诗性文化"与斯诺的"人文文化"、布鲁姆的"文学文化"的异同，也将梳理罗蒂"后哲学文化""后形而上学文化"等概念与其"诗性文化"的异同。

一 罗蒂的"诗性文化"与斯诺的"人文文化"

1959 年，作为物理学家同时又是文学家的英国学者斯诺在剑桥大学做了主题为"两种文化"的讲座。基于切身体验，他指出科学家和人文学者沟通破裂，他们代表了两类文化类型。斯诺认为科学文化（the science culture）和人文文化（the humanity culture）二者是分裂的，甚至认为科学文化受到了人文文化的压迫。斯诺偏重于科学家，"在道德生活方面，他们是知识分子中最健全的群体，因为科学本身就有道德成分，并且几乎所有的科学家都有他们自己对道德生活的判断"[①]。但是人文知识分子却表示了相反的看法，比如海德格尔对于当今技术统治现状表示的忧虑，他把拯救的希望给予了诗人。按照罗蒂的思路，科学家的道德状况与其专业素养的关系是偶然的，所以斯诺所谓的"科学本身就有道德成分"不成立。

其实，我们通过海德格尔、马尔库塞、阿多尔诺等的剖析，看到的是与斯诺所言相反的情况，即科技主宰造成的异化现实，所以他们主张以审美对抗科技异化。罗蒂有所不同，罗蒂作为后现代主义者，不是批判科技成为思维方式，也不是批判现代技术脱离了技术的"本义"，更不是批判现代技术造成了生态恶化，而是从理论上解构了科学的"科学性"。应该说，斯诺指出的两种文化的分裂在当今社会愈益严重，两类知识分子彼此言语不通的事实也更为明显，斯诺之类兼具科学研究与文学创作的知识分子毕竟少见。如果说斯诺的立场是捍卫科学文化对于人文文化的权威，那么罗蒂体现出的是人文知识分子的立场。罗蒂对于传统哲学的解构，已经招来哲学家同行的批评，比如"虚无主义""相对主义""审美主义"等。罗蒂将科学视

[①] ［英］斯诺：《两种文化》，纪树立译，生活·读书·新知三联书店 1995 年版，第9—10 页。

为文学的一种类型，更是会招来科学家的嘲笑。但是罗蒂对于科学的"再描述"是他作为学者的权利，何况他是以库恩的"范式"概念为依据。而且罗蒂为"自由主义"设定的底线是"不要残酷"，能够为科学家和人文学者以"对话"寻求"共识"铺设桥梁。

罗蒂"诗性文化"（a poetized culture）与斯诺"人文文化"（the humanity culture）并不等同。斯诺的"人文文化"是相对"科学文化"而言的，是将"人文文化"和"科学文化"二者对立为前提，认为"科学文化"具有与"人文文化"截然不同的性质，并捍卫"科学文化"的独特价值。罗蒂的"诗性文化"则是与其"后哲学文化"一脉相承只是侧重点不同，解构了自然科学的"科学"性质，将自然科学也理解为隐喻性的话语建构，因此也就解构了斯诺意义上"人文文化"和"科学文化"的二元对立。因此罗蒂的"诗性文化"与斯诺"人文文化"是有差异的，即斯诺"人文文化"主张"人文文化"和"科学文化"的对立、差异，罗蒂"诗性文化"则从语言隐喻性、认知的"范式"角度解构了"科学文化"的科学性，相应地解构了"人文文化"和"科学文化"的对立，二者不复独立存在。因此罗蒂的"诗性文化"是后神学文化、后哲学文化，也是后科学文化，"实用主义并不想把科学作为代替上帝的偶像。它认为科学只是一种文学，或者反过来说，认为文学艺术具有与科学研究同样的地位。因此，它不认为伦理学比科学理论较为相对，较为主观，也并不需要变得科学"①。

二　罗蒂的"诗性文化"与布鲁姆的"文学文化"

尽管罗蒂提到"文学文化"的时候多引用布鲁姆，但不是将布鲁姆作为"文学文化"（a literary culture）的始祖，而是认为"文学

---

① ［美］罗蒂：《后哲学文化》，黄勇编译，上海译文出版社1992年版，第21页。

文化"已经有 200 多年的历史。罗蒂将西方文化分为三个阶段：以宗教为主导的文化（中世纪）、以理性为主导的文化（启蒙运动）、以文学为主导的文化（浪漫主义之后），而布鲁姆的文学文化就是第三阶段的文化类型之一，"……所谓'文学的文化'，我的确指西方当前的社会，因为它没有真正的宗教和真正的哲学，将来也不会再找到……心理分析及其实用的宗教和哲学，只是文学的文化之一部分"①。按照这段引文，心理分析和实用主义也是"文学文化"大潮中的类型。因此罗蒂的"诗性文化"与布鲁姆的"文学文化"同样是文学文化大潮中的支流。相比其他文学文化类型，罗蒂"诗性文化"的特殊性在于其不仅是后现代的而且是反讽主义的。罗蒂的"反讽主义"不仅是解构，更有建构的一面。相比其他后现代学者，罗蒂思想中建构的维度更为明显，是朝向未来的无限可能性。罗蒂无法给出"反讽主义的乌托邦"的详尽计划，因为一切都处于探索中，会有无法预料的各种偶然情况出现，乌托邦计划也将随机应变。罗蒂的诗性乌托邦不会将自身美化为具有特权不许质疑的领域，而是作为反讽主义时刻保持自我质疑，同时谦虚地倾听批评。这一乌托邦建构没有最终的目的，而是过程中不断调整完善。这一乌托邦建构以最低限度的自由主义即"不要残酷"为特质，所以能够避免实践过程中的暴虐。人类历史上，太多乌托邦设计令人遗憾地走向其反面，成为奥威尔《动物庄园》一般恐怖的乌托邦，罗蒂的反讽主义文化能够避免这类乌托邦设计的缺陷。

罗蒂的"诗性文化"隶属于"文学文化"潮流，而"文学文化"是以文学为主导的文化，也是解构了宗教的神性和哲学的真理性的文化，"从文学文化内部看，宗教和哲学显现为文学类型。它们同样是可选择的。……文学知识分子对所有这些书的阅读和其他人对

---

① ［美］罗蒂：《偶然、反讽与团结》，徐文瑞译，商务印书馆 2003 年版，第 65 页。

它们的阅读间的差异在于：文学文化的居民把书看作满足人类需要的人类努力，而不是把它看作对一种存在的强力的承认，这是脱离任何那些需要的东西。上帝和真理各自是宗教和哲学对那类存在的命名"①。从时间来看，罗蒂认为"文学文化"已经有两百多年的历史，"从哲学到文学文化的转换在康德之后不久就开始了……自黑格尔时代以来，知识分子已经失去了对哲学的信任。这等于失去了对这一观念形式的信任：救赎能来自真实的信念形式"②。罗蒂的这一断言未免以偏概全。他接下来的例子就说明了这点，对于海德格尔而言这种趋势是"衰落"，而罗蒂则肯定其"进步"，"在我正在提供的解释上，这一变化是一种进步。它呈现为一种合意的取代：用有意义的问题'对我们人类试图将我们自身塑造成什么样子的，任何人有任何新的观念吗'取代了诸如'存在是什么？''什么是真正真实的？'以及'人是什么？'之类的坏问题"③。

关于"文学文化"，可以参考的是法国当代文学理论家马舍雷的观点。他在《文学在思考什么？》一书中，首先梳理了历史上文学和哲学的"混合"，哲学家可以兼有诗人或音乐家的身份，哲学文本中兼有文学。而两者的"正式分割"发生在 18 世纪末，比如狄德罗被认为是文学家、康德被认为是哲学家，1800 年斯达尔夫人《从文学与社会机构的关系论文学》被认为是这一分割的标志，"文学时代从开启到现在大约已有两个世纪"④。从这里可以看出，第一，马舍雷的观点验证了罗蒂关于文学文化已有 200 多年历史的观点；第二，马舍雷和罗蒂都把浪漫主义作为文学文化的起点。斯达尔夫人就是浪漫

① ［美］罗蒂：《哲学的场景》，王俊、陆月宏译，上海译文出版社 2009 年版，第 64 页。

② 同上书，第 64—65 页。

③ 同上书，第 65 页。

④ ［法］马舍雷：《文学在思考什么？》，张璐、张新木译，译林出版社 2011 年版，第 8—9 页。

主义文学的先驱，她的文学理论更是有力推动了浪漫主义运动的发展。第三，与罗蒂有所不同的是，马舍雷通过对浪漫主义文学文本的解读提出"文学哲学"概念——摆脱了文学和哲学的对抗、混合了文学和哲学、既是文学也是哲学的概念。马舍雷的"文学哲学"似乎是对"文学文化"的纠正，也显出罗蒂"诗性文化"的偏颇。然而马舍雷这里的"哲学"不是罗蒂所批判的本体论和认识论，而是一种"思想"和"意义"，比如鲁塞尔对于"死亡"的思考，从这一角度而言，文学传达哲学就是毫无疑问的了，所以马舍雷声称哲学不是文学的"异体"。作为"思想"和"意义"的"哲学"其实与罗蒂的主张并不矛盾，他会将之纳入"文学"、纳入其"诗性文化"建构。

三　罗蒂的"诗性文化"与"后哲学文化"和"后形而上学文化"

在一次访谈中，罗蒂给予"后哲学文化"通俗的解释，"所谓后哲学文化，就是指一种不是上帝的替代物的文化，我把哲学（现世）文化看作宗教文化的继承者，看作关于它自身的启蒙思想，那种哲学文化仍然保留着自然（Nature）、理性（Reason）、人性（Human Nature）之类的观念，这些观念是外在于历史因此得到判断的参照点"[①]。罗蒂的后哲学文化，既不信奉宗教意义的神灵、不追随世俗意义的伟大领袖，亦不依据"元叙事"，而是认可偶然、认可个人信念的无根基性，是一种推崇想象力、同情心、个人自律的"后形而上学文化"。

罗蒂主张，"在一个后哲学文化中……人们将像实用主义者那样

---

① 〔美〕罗蒂：《后形而上学希望》，张国清译，上海译文出版社 2009 年版，第380 页。

看待标准，即看作是为了某个特别的功用主义目的而构造的暂时支点"①。罗蒂举出他心目中的"后哲学"的代表：杜威、维特根斯坦和海德格尔。可以看出，罗蒂心目中的"后哲学"的典范人物与其心目中"教化哲学"的典范人物是一致的，只不过侧重点不同。"教化"能够体现建构的一面，"后"则凸显解构的一面，而建构和解构都是"教化哲学"和"后哲学"的应有之义。罗蒂的"后哲学文化"放弃了"系统哲学"追寻"实在"的企图，放弃了"普遍""永恒""理性"之类词汇，代之以"今天的我们是谁""今天的我们能希冀什么、能做什么"之类当下的现实问题。罗蒂指出"历史主义"代表了黑格尔思想中的一个方面，从这个角度，罗蒂对"后哲学文化"的界定是"一个后哲学文化就同意黑格尔的观点：哲学是'思想中对它自己时代的把握'"。② 罗蒂将"后哲学文化"称为"小写的哲学"，"小写的哲学"又是相对于"大写的哲学"而言的，"我认为所谓大写的哲学就是站在文化之外把文化和那些不是文化的、而是自然的东西相比较。一旦你放弃把文化和自然相比较的观念，而仅仅是把现在的文化和未来可能的文化相比较，那么，哲学就不再是大写的哲学了"③。通过罗蒂把"大写的哲学"界定为"柏拉图—康德为样板"的"柏拉图主义"，可以看出"大写的哲学"即是"系统哲学"的别名，相应地，"小写的哲学"即是"教化哲学"的别名。

由于"形而上学"可谓西方传统哲学的同义词，所以"后哲学文化"也是"后形而上学文化"。在一次访谈中，罗蒂对于"什么是'后—形而上学文化'？"这个问题的答复是，"一种诗化的或后—形

① ［美］罗蒂：《后哲学文化》，黄勇编译，上海译文出版社 1992 年版，第 19 页。
② 同上书，第 17 页。
③ 衣俊卿、丁立群：《走进罗蒂——与罗蒂先生关于分析哲学、后现代主义和文化哲学的对话》，《求是学刊》2004 年第 5 期。

而上学的文化是这样一种文化：在其中，对宗教与形而上学来说共同的诫命——发现一种适合于人们的思的非历史的跨文化模型，每种事物都能独立于时间和地点而适合于它的某种东西——已经枯萎并烟消云散了。它将是这样一种文化：在其中，人们将人类看成创造自己的生活的——世界，而不是看成对上帝或告诉他们它是什么的'实在的本质'负责"①。可以看出这段话的大意是罗蒂认为宗教已经失效，柏拉图—康德的形而上学哲学也已经无益，社会将趋向一个后形而上学的文化，所以不要再徒劳地追寻文化的永恒标准，而是要趋向多元文化的"混合文化"。接着，他指出尽管现在"它看来是一个富有的、闲暇的精英阶层的产物"，但是不意味着少数人的专利，而是大众都有可能这样生活。的确我们可以看到，随着社会发展，民众越来越有了金钱和闲暇、有了自我创造的可能性。

如此，哲学将告别本质主义而成为实用性的，"让民主政治成为设定哲学目标的东西，而非让哲学成为设定政治目标的东西"②。即是说，哲学成为服务于民主政治的工具，这是哲学的当务之急。罗蒂并非极端到彻底否定形而上学意义上的哲学，而是将这类哲学探讨视为"个人完美"方向的探求，也就是说，少数哲学家个人语汇的创造，少数兴趣相投之人产生共鸣，既无关"救赎真理"亦无关社会正义。这是对形而上学哲学的最彻底最强力的摧毁，宣布了这种哲学甚至不值得反驳，而是永远地成为书斋里的想象，这种意义上的哲学家顺理成章地成为罗蒂所谓的"思乡者"。罗蒂寄予了"诗性文化"以希望，"诗性文化"除了个人完美维度，人类团结维度是其重要维度。这种文化强调对话，对话不是伽达默尔意义上使真理显现，而是起到干预现实的作用，"如果我们不必对理性、世界、普遍性要求，

---

① ［美］罗蒂：《哲学的场景》，王俊、陆月宏译，上海译文出版社 2009 年版，第 237 页。

② 同上书，第 239 页。

或其他任何事物负责的话，我们应该能对我们的对话者负责"①。罗蒂对于"对话"的强调，提出了不同文化间对话的必要，却忽视不同文化间的差异和冲突。并非他看不到文化冲突，而是尽力于冲突中寻求对话之可能。

罗蒂淡化了哲学家的传统角色，也淡化了哲学与文学的界限。从"后哲学文化"到"诗性文化"，并不是罗蒂思想上的根本转变，而是一以贯之地体现出其反形而上学的基本立场。第一，"后哲学文化"体现了这种文化与"哲学"的关系，即是解构了传统哲学之后的文化；"诗性文化"则说明这种文化的性质是"诗性"的。如果按照韦勒克和沃伦区分了文学的"外部研究"和"内部研究"的思路，"后哲学文化"是从外部的界定，即这种文化与哲学的关系；"诗性文化"则是内在的规定，即这种文化的特质是什么。第二，就"后哲学文化"和"诗性文化"的典范人物而言，都是文学批评家。可见"后哲学文化"与"诗性文化"没有根本的差异，只有侧重点的不同。第三，就"后哲学文化"和"诗性文化"的细微差异而言，后哲学文化还是体现"解构"的意味，即"后哲学文化"是对以形而上学为核心的传统哲学的反动，而"诗性文化"没有"反"的意味、体现为建构的一面。罗蒂"后哲学文化"概念与其"诗性文化"概念实则一体两面，因而决定了罗蒂的"诗性文化"既不同于中国传统的"诗性文化"②，也不同于尼采和海德格尔的诗化哲学，而是具有后现代精神气息的自由主义和反讽主义的文化。作为一个后现代主义者，罗蒂的"诗性文化"与当今众说纷纭的"后现代主义文化"

① ［美］罗蒂：《哲学的场景》，王俊、陆月宏译，上海译文出版社2009年版，第240页。
② 陈炎教授发表于《理论学刊》2000年第6期的《中国"诗性文化"的五大特征》一文指出，由于"中国传统的'诗性文化'产生于'亚细亚的古代'人与自然、人与社会、感性与理性未经彻底分化的'早熟'状态"，因而中国文化具有与西方文化不同的特质。

并不合拍，甚至是南辕北辙。关于"后现代主义文化"，詹姆逊做出了深入的剖析，指出其无历史感的轻飘、无深度的浅薄、无所承担的狂欢；关于"后现代主义文学和艺术"，哈桑则进行了深入剖析。此处不再赘述。

罗蒂的"诗性文化"立足于当下现实进行文化之间的比较，而非文化和自然的比较；不是为比较而比较，为美国文化的优越而自鸣得意，而是不断以他者文化为参照，不断取长补短获得进步；这种诗性的文化不会厚古薄今，不会有亘古的乡愁，不会追溯一个想象中的神秘辉煌的起源；而是"不再坚持要我们在描画的墙背后再寻找真正的墙，在纯粹由文化建构出来的试金石之外再寻找真理的真正试金石。正由于诗化的文化肯定所有的试金石都是文化的建构，所以它会把它的目标放在创造更多不同的、多姿多彩的文化建构上"①。罗蒂的"诗性文化"不仅是后哲学的文化，也是后神学的文化；他所倡导的"诗性文化"只是涉及人与人、文化与文化的关系，而不是涉及人与神、人与自然、自然与文化的关系；关于人与人的关系，也不是寻找哲学上的普遍人性，而是基于大家都有的最低限度的痛感，所以这类文化才会将人类团结视为最重要的事情。

由于人类的想象力是没有止境的，因而诗性文化建构也是无止境的乌托邦，"但我们现在不可能，并且永远都不可能说小说、诗歌和戏剧应该服务什么目标。因为这种作品不断地重新规定我们的目标"②。人是什么？什么样的人生才是有意义的人生？这些都是无法预测无法规定的，每个时代有其时代精神的差异，每个人也有个体理解上的差异，当代社会文化越来越多元。随着文化多元，个人自我完美的方式越来越丰富多彩。

---

① ［美］罗蒂：《偶然、反讽与团结》，徐文瑞译，商务印书馆 2003 年版，第 80 页。
② ［美］罗蒂：《哲学的场景》，王俊、陆月宏译，上海译文出版社 2009 年版，第 76 页。

　　至于文学文化是否"颓废"这一问题，罗蒂对于"文学文化"是否"颓废"予以回应，"常常听说，一种以文学为中心的高级文化——不是指望获得正确的东西而是形成新的东西的文化——将是一种精神不振的和自我专注的审美家的文化"①。"这一主张本身被很多人看作颓废的。他们将认为，我们来到世上不是为了自我享受，而是为了做正当的事"②。这一评价只是看到罗蒂诗性文化的"个人完美"维度，而且误解了这一维度的自我创造，贬低其为"颓废""享乐主义"等，与对于福柯的批评如出一辙。另外，罗蒂批评新左派过于强调福柯的权力概念，所以带来的是悲观失望，不能给社会提供有益的借鉴。

　　关于东方文化和西方文化的关系，罗蒂并不认同"东方的西化"之类片面的说法，"更为恰当的是，说东方进而西方处在创造一种混合文化——即一种将超越和取代所有其他先驱的文化——的过程中"③。按照这一思路，就不能轻易地说 21 世纪是"中国文化的世纪"或者"西方文化的世纪"，而是"混合文化"的世纪。比如"中国文化"概念，是指"中国传统文化"还是融合了现代文明的文化？就内涵而言，"中国文化"并非专指儒家文化，可是今天在张扬"中国文化"的名义下宣扬的主要是儒家文化；就"儒家文化"而言，也是一个被建构的概念，不同朝代、不同学者进行了自己的建构；今天我们应该发扬顺应现代文明的儒家文化，扬弃其不适宜现代文明的部分。今天，理应发扬光大人类文明中一切美好的进步的因素，扬弃一切落后愚昧的因素，那么人类文明将处于不断进步中，不至于因循守旧故步自封。尽管罗蒂作为美国学者有一种民族自豪感，

────────────

① ［美］罗蒂：《哲学的场景》，王俊、陆月宏译，上海译文出版社 2009 年版，第 80页。

② 同上。

③ 同上书，第 222 页。

但是并不美化美国政治和文化，而是充分尊重他国的政治和文化。政治如此，文化亦如此。就理论层面而言，没有一种文化是完美无缺的，也没有一种文化是一无是处的；从实践层面，文化间有冲突也有融合，是冲突中的融合。所以，罗蒂的"混合文化"看似中庸，却是冷静客观的看法。相比之下，国内一批崇尚美国民主的人士，对于中国政治体制、中国传统文化不惜全盘否定，甚至津津乐道于"中华民族"的"劣根性"；极左人士则是趋于另一极端，偏执地固守民族自豪感，动辄"美帝的阴谋"；双方都缺乏罗蒂所言以"对话"达成"共识"的善意和耐心。

罗蒂的"诗性文化"使用的是扩大了的文学概念，"文学"要么是使用"隐喻"的，要么是"与道德相关的"。当罗蒂称科学为文学类型时，他是从语言的"隐喻"性角度界定的，而不涉及道德；当他呼吁文学唤起"同情"时，他侧重的是"与道德相关"而非语言的"隐喻"性质，比如新闻报道。所以，罗蒂的"诗性文化"不是以传统意义上的"文学"为主导地位的文化，应该说文学不具有对于宗教、哲学、科学的统辖地位。只是说，扩大了的文学取代了它们各自在文化中一度的主导地位。罗蒂扩大了的文学以"诗性文化"来代替更合适。罗蒂强调文学的教化功能，对于文学的本质、内涵缺乏深度剖析，相比海德格尔和伽达默尔的艺术本体论建构，罗蒂对于文学的理解可谓浅显。若从"实用"角度考虑，罗蒂的主张对于大众而言更为有益。罗蒂对于"文学"的界定，又是内涵缩小了的概念。无论是对于个人完美还是人类团结有益的文学，都是为罗蒂推崇的"文学经典"，即传统文论称为"高雅文学"和"严肃文学"的部分，罗蒂对于渲染暴力、色情的通俗文学不置可否。所以我们不能把罗蒂视为一个严格的文学理论家，不要奢望他建构新的概念和理论体系，而应把他视为一个同路人，一个重视文学教化功能的哲学家。他的文学主张似无新意亦不深奥，却很清晰实用。他的书籍有助于读者成为合格的公民，而非尼采式超人、夸张的审美主义者。罗蒂对于人类未来的信心、对于社会乌托邦远景的规划、以审美改造社会的知其艰难而为之的勇气，都是令人敬佩的。

第二节 "诗性文化"的特质：想象力

本节拟考察罗蒂依据"强力诗人和乌托邦革命家"的"想象力"来完善自由主义社会的理路。本节首先立足于罗蒂对于浪漫主义文学"想象力"概念的继承发展，剖析罗蒂如何以实用主义改造了浪漫主义，并探讨杜威"道德想象力"（moral imagination）概念尤其是"想象力是善的主要工具"对于罗蒂的启示，进而指出罗蒂对于"想象力"的界定，可以从几个方面把握：对个人生命完美角度的想象，浪漫主义提供了典范生命是不断自我超越的可能性；对人类苦难命运的想象，狄更斯之类现实主义作家提供了参照；对未来社会的乌托邦想象，是哲学家和诗人朝向未来的美好希冀。

一 罗蒂对于浪漫主义的继承发展

西方美学史上，对于想象力最重要的理论阐发来自康德美学，对于想象力最精彩的运用则属浪漫主义文学。康德《纯粹理性批判》中的"想象力"概念是从认识论角度解决"人的认识如何可能"，《判断力批判》中的"想象力"则从想象力与知性关系角度区分了优美和崇高、从想象力自由游戏角度论及天才和艺术创造。海德格尔《康德与形而上学疑难》从存在论视域阐发了康德的《纯粹理性批判》，将之理解为为形而上学奠基，其对康德"想象力"的阐发不仅试图发掘康德思想中的现象学资源，而且试图建构自己的基础存在论。阿伦特《康德政治哲学讲稿》从政治哲学的视域阐发康德《判断力批判》"先验想象力"概念，即强调康德的"想象力"是"使不在场的变为在场"的能力，从而使个体能够超越私人领域达至对政治共同体的关切。

当代哲学家很难无视康德的问题并不得不对康德做出回应，"康德通过指出'理性的纯粹理念'来为人的团结进行辩护，这个想法是一次很好的尝试。但我并不认为它行得通"①。接着罗蒂指出宗教作为人类团结的基础同样不能成立。理性和上帝能否作为人类团结的基础，并不能从理论上证实或证伪，而是说罗蒂作为后现代哲学阵营中的一元，已经放弃了启蒙理性和神学的语汇，所以他将人类团结的基础放到"想象力"。罗蒂作为"后形而上学文化"的提倡者，不再从形而上学角度把握"想象力"，无论是"先验"还是"存在论"都被罗蒂放弃。

在解构了"世界本质"和"人类内在本性"之后，罗蒂放弃了将人类文化建立在宗教、哲学、自然之上的思路，推崇人类的"想象力"（imagination，中文译本有的译为"想象力"，有的译为"想像力"。除非引文，本书统一采用"想象力"的译法），"浪漫主义'想像力（而不是理性）才是人类主要的能力'的主张所表达的，就是认识到文化变迁的主要媒介，乃是以不同方式说话的才能，而不是良好的论证才能"②。其"想象力"概念是易遭误解的概念，即他推崇诗人的天马行空的想象，这只是一个方面，属于"个人完美"的方面，其实"想象力"更是后现代哲学意义的"差异思考"，是一种严肃的主张，是对未来社会的想象，是对幸福的追求。罗蒂侧重的是想象力能够成为"文化政治"，即一种诗性的文化怎样促进民主政治的完善。

在《实用主义和浪漫主义》一文中，罗蒂将实用主义和浪漫主

---

① ［美］罗蒂：《实用主义哲学》，林南译，上海译文出版社2009年版，第322页。
② ［美］罗蒂：《偶然、反讽与团结》，徐文瑞译，商务印书馆2003年版，第17页。

义的共性理解为对抗"系统哲学"，罗蒂以其实用主义改造了浪漫主义，他所张扬的浪漫主义并非德国浪漫派美学而往往是浪漫主义文学，比如英国的雪莱和美国的惠特曼。罗蒂高度赞赏浪漫主义文学对于人类未来的想象和热情，比如雪莱的"世界大同"想象、比如惠特曼激励人心的乐观精神。罗蒂的新实用主义对于浪漫主义进行了改造，放弃"无限""内心深度"之类概念，代之以对当下社会问题的解决。

对个人生命完美角度的想象，比如英国诗人布莱克的"想象"。布莱克作品的想象力之丰富、风格之独特都是令人惊叹的，但是布莱克却不归功于自己，而是将想象力视为一种精神力量，依赖神启而非经验。布莱克的《老虎》一诗中的老虎是"金碧辉煌"的华美和庄严，以及"炽烈地发光，照得夜晚的森林辉煌灿烂"的王者气势，但是身体材料却与柔弱的羔羊无异，所以这首诗对造物主以最高礼赞，人世间最卑微与最高尚、最强力与最柔弱，都是造物主以同样材料造就，在看不见的深处有同样的根。柯勒律治也将天才的特征理解为想象力，想象不是天马行空无所依恃的活动，而是最终归结到神，神的意志是天才诗人创造力的源泉。这些观点都有柏拉图的回响。当浪漫主义者把心灵比作灯或蜡烛，不仅是指艺术家的心灵照亮世界万物，不仅是指艺术作品是艺术家的独创，同时可能意味着，这光亮不过是对永恒之光的分有。当浪漫主义艺术家把心灵比作风琴，那么在雪莱和柯勒律治，琴声的发出是对神秘力量的应和，"某种更高的更为全能的力量，这力量就是上帝"①。而人的创作也是对宇宙的应和，"想象排开了这个干扰的媒介［凡庸的现实］，将我们投入宇宙之中，而使之在我们自身内部运转，有如一个形态千变万化的魔术王国，其

---

① ［美］韦勒克：《近代文学批评史》第二卷，杨自伍译，上海译文出版社1989年版，第88页。

中一切都不是孤立存在的，相反，凭借一种十分奇妙的创造，物物相生"①。这也是《宇宙的琴弦》一书从物理学角度启示我们的道理。对此，人们往往以"物理学家研究到最后，不得不承认上帝"之类道理说明宇宙之神奇，或者得出物理学和美学的相互佐证、物理学对美学研究的启示等结论。笔者更倾向于认同一切学科最终以形而上学为根基。

与将浪漫主义理解为主观主义不同，塔塔尔凯维奇指出，浪漫主义是表面上的主观主义、实际上的客观主义，"此时的浪漫主义者更扬言，艺术，特别是诗歌，足以达成真理，协同科学，探索内在的真相；华兹华斯更宣称，'诗歌是一切知识的始与末'，演变至此，这种论调的确已经不是主观主义的艺术论了"。② 韦勒克也指出，"同新柏拉图主义者一样，雪莱也暗示了理念有着双重的存在：一种存在于物质世界的面纱之后，另一种存在于人的心灵之中"③，也就是说，人的心灵可以回忆起理念，如此，表现也不止于自我表现，而是能够抵达理念。关于柯勒律治，艾布拉姆斯也指出他的"新柏拉图主义"气息，即"艺术家必须模仿的，不是没有生气的自然，而是'存在于事物之中的'本质"④。诗人之所以伟大，不是自我表现，而是表现了"真实、神圣和永恒"。罗蒂称浪漫主义具有"深度"，否定了其著述与"真理""神"的关联，却肯定了其心灵的深度建构。

罗蒂在《普遍主义的宏伟、浪漫主义的深奥和人文主义的界限》

① ［美］韦勒克：《近代文学批评史》第二卷，杨自伍译，上海译文出版社1989年版，第51—52页。
② ［波］塔塔尔凯维奇：《西方六大美学观念史》，刘文潭译，上海译文出版社2013年版，第246页。
③ ［美］韦勒克：《近代文学批评史》第二卷，杨自伍译，上海译文出版社1989年版，第199页。
④ ［美］艾布拉姆斯：《镜与灯》，郦雅牛等译，北京大学出版社2004年版，第202页。

一文中指出，实用主义并非浪漫主义的另一版本，而是另一种选择。如果说浪漫主义有柏拉图主义倾向的话，那么罗蒂的实用主义就是一种世俗化哲学，认同人类的有限性，放弃"无限"观念。从公共领域而言，罗蒂的实用主义放弃柏拉图式哲学的"高度"，也放弃浪漫主义文学的"深度"，认可自身为"常识性的有限主义者"，并致力于现实社会的完善。从私人领域而言，罗蒂更为推崇的是尼采、海德格尔之类自我创造的哲学家，以及普鲁斯特之类自我创造的作家。

二 罗蒂对于杜威"道德想象力"的继承发展

罗蒂继承着杜威的道德想象力概念，并以此改造了浪漫主义文学的想象力概念。尽管《艺术与经验》指出了艺术与道德的内在联系，杜威也从未清晰界定"道德想象力"的内涵，按其思路，是人类作为"活的生物"对其环境做出的反应，因而"道德想象力"是一个经验主义和自然主义的概念。美国学者费什米尔将杜威意义上的"想象力"区分为两类：一是"移情投射"——"采取他人的立场刺激我们克服我们偶尔麻木不仁的状态"，二是"创造性地发掘情景中的种种可能性"——"根据事物之能是而具体感知所面临的事物之所是的能力"①。可以说，这两重意义的"想象力"都为罗蒂所继承发展。罗蒂对于纳博科夫小说《洛丽塔》的阐释，就从"叙事伦理"角度解读出韩伯特从麻木不仁到能敏锐感觉到他人的痛苦，因而这类美感享乐为主的小说也有道德启迪意义。美国当代一批著名学者如玛莎·努斯鲍姆（Martha C. Nussbaum）、奥利弗·威廉姆斯（Oliver Williams）、托马斯·麦克劳（Thomas McCollough）等同样继承发展着杜威的"道德想象力"概念，都推崇文学之于道德判断和道德进

---

① ［美］费什米尔：《杜威与道德想象力》，徐鹏、马如俊译，北京大学出版社 2010 年版，第 99 页。

步的作用。

罗蒂认为在他的"诗性文化"乌托邦中,"人类团结……作为一个要达到的目标,并不是依靠探究而是通过想象力、将陌生人想象为受苦同伴的能力"①。罗蒂的乌托邦推崇人类团结;人类团结依靠的是想象力(imagination);而文学能够激发人的想象力,进而激发情感的灵敏度(sensitivity);因此人能够摆脱对陌生人的冷漠或者麻木,如此人类团结"被创造出来"(be created)。本书第五章将分析,罗蒂预设了陌生人的弱者地位,而未考虑陌生人的潜在威胁。所以罗蒂上述思想是后宗教的宗教,沿袭了基督教的教义,不仅爱邻人,而且爱敌人。想象力丰富的人确实容易觉察他人的苦难屈辱而施以援手;也可能相反,即想象力丰富的人止于情感上的同情,却不会采取任何行动来减少现实的残酷;甚至有些感受力敏锐的、情感丰富的唯美主义者,对于现实中的苦难表现出漠不关心、熟视无睹。罗蒂放弃为同情心寻找共同的基础,无论是"理性"还是"普遍人性","我们把想象力看作文化进化的边界,那个力量——在和平和繁荣条件下——不断地发挥着作用,使得人类的未来比人类的过去更加富裕"②。这里的"富裕"应该不是指物质,而是指精神,或者说即使不排除物质,重要的还是精神的富裕。

罗蒂认为文学是提升道德进步的最好途径,"对道德进步来说,文学更重要,因为它有助于扩展人们的道德想象力……使得我们更加敏感了。哲学对于以道德原则的形式概括以前的种种道德上的洞见是有益的,但它并没有做太多创造性的工作。比如说,诸种哲学反思对于消除奴隶制并没有太大助益,但关于奴隶生活的种种[文学性]

---

① Richard Rorty, *Contingency, Irony, and Solidarity*, Cambridge University Press, 1989, p. xvi.

② [美]罗蒂:《后形而上学希望》,张国清译,上海译文出版社2009年版,第68—69页。

叙述则对此大有贡献"①。这句话中对于"文学比哲学重要"的理解建立在"对道德进步而言"的前提下，之所以认为哲学"概括以前的种种道德洞见"上的贡献，在于罗蒂有个立足点，即否认康德道德形而上学之可能。以奴隶制问题来衡量文学和哲学高下，实在是对哲学的苛求，也是对文学的苛求。因为对于罗蒂而言，最高雅细致的文学只对于个人完美有益，"关于奴隶生活的种种［文学性］叙述"则包括了文学作品以及有"文学性"的新闻报道、社会调查、传记等。第二类文学属于"严肃文学"，而严肃文学相比高雅文学其"文学性"则弱了许多。罗蒂在公共领域推崇小说的力量，在私人领域则强调诗歌的慰藉。相比小说，诗歌可以说是文学的极致，其意境之深远、其韵律之美妙、其意味之含蓄远非小说文体所能企及，长于抒发一己之悲欢喜乐、弱于反映宏大社会现实，所以相比小说发挥其干预现实的社会效应，诗歌则能给予个人心灵以慰藉。鉴于罗蒂所言的"文学"包含了"新闻报道"，而"新闻报道"相比"小说"可能更能够唤起同情心，不仅因为它的真实性、当下性，而且可能是新闻事件超乎作家所能想象。比如河南作家阎连科听被媒体誉为"中国民间防艾第一人"的高耀洁讲述现实生活中河南周口地区"血祸"，居然"惊讶得半天说不出一句话"。即现实生活中的事件可以超出作家的"想象"，最魔幻的可能是现实而非小说。

三　罗蒂"想象力"概念的意义和局限

罗蒂批评哈贝马斯以"交往理性"作为人类团结的基础，赞同杜威的主张，"我所谓'语言的偶然'所驳斥的正是这种普遍有效性的主张，而我的自由主义乌托邦的诗性文化，也不会再持有这种主张。相反的，自由主义乌托邦的诗性文化会赞同杜威的看法，即认为

---

① ［美］罗蒂：《实用主义哲学》，林南译，上海译文出版社2009年版，第313页。

'想象力乃是善的主要工具……艺术比各道德体系还要道德'"①。可以说，罗蒂和尼采、海德格尔一样，把希望寄托于诗人，只是前者尚有本体论即形而上学建构，后者将人类的自由、个人生命的意义寄于诗人的想象力。

罗蒂放弃了柏拉图—康德"关于道德之本源的形而上学概念"的探讨，认为科学家所做的是从外部减少危险和威胁，那么他将人类内心改造的任务交给作家、诗人和哲学家就是顺理成章了，"工程师们和科学家们对于提高我们的物质生活有贡献，而诗人们和小说家们则帮助我们变得更友好、更宽容。显然这都不是他们各自所做的惟一的事情，但这些事情却构成了他们对道德进步的贡献"②。罗蒂这段话体现出的立场，显然与斯诺对于科学家、文学家作用的理解是相反的。

罗蒂推崇布鲁姆所言的"强健诗人"，原因在于"强健诗人"体现了罗蒂所言的"反讽主义"维度。罗蒂在使用"反讽"的时候，兼及质疑旧语汇、创造新语汇两方面的含义。罗蒂声称，"黑格尔、华兹华斯、布莱克和席勒都是英雄人物。他们更新和转化了我们的词汇和我们的思考"③。可见，罗蒂是把上述四人作为布鲁姆式"强健诗人"的代表，这类诗人是新词汇的开创者，更新了我们对人生、自然、社会的体验及认知，扩展了我们的想象能力。但"强健诗人"不一定是"质疑终极语汇"意义上的反讽主义者，而完全可能作为神学倾向的诗人进行着终极语汇之创造。罗蒂指出浪漫主义的双重性：由于柏拉图主义，以为能够触及"无限"，这是对"世界是什么"的描述；由于主观主义，浪漫主义其实是自我描述，以及"人

---

① ［美］罗蒂：《偶然、反讽与团结》，徐文瑞译，商务印书馆 2003 年版，第 98 页。
② ［美］罗蒂：《实用主义哲学》，林南译，上海译文出版社 2009 年版，第 314—315 页。
③ 同上书，第 321 页。

是万物尺度"的主观描述。所以浪漫主义符合"反讽主义"创造新语汇、扩展想象力、自我创造的一面,也暗含质疑终极语汇的一面。

美国学者郝大维(David L. Hall)的著作《罗蒂:新实用主义的预言家和诗人》(*Richard Rorty*:*Prophet and Poet of the New Pragmatism*,State University of New York Press,1994)一书对于罗蒂的浪漫主义倾向进行了细致剖析,德国学者乌尔夫·舒伦贝格(U. Schulenberg)的著作《浪漫主义和实用主义:理查德·罗蒂的诗性文化概念》(*Romanticism and Pragmatism*:*Richard Rorty and the Idea of a Poeticized Culture*,Palgrave Macmillan,2015)也论及罗蒂式实用主义对浪漫主义的改造。舒伦贝格将罗蒂的"诗性文化"与"文学文化"相提并论,称为"文学的或诗性的文化"(a literary or poeticized culture),指出罗蒂的浪漫主义的实用主义的特点是"从发现到创造"(from finding to making),指出浪漫主义并未彻底放弃形而上学,而罗蒂解构了(demystify)形而上学并使其失去神秘,这些都是非常中肯的评价。

当代哲学家很难无视康德的问题并不得不对康德做出回应,"康德通过指出'理性的纯粹理念'来为人的团结进行辩护,这个想法是一次很好的尝试。但我并不认为它行得通"①。接着罗蒂指出宗教作为人类团结的基础同样不能成立。理性和上帝能否作为人类团结的基础,并不能从理论上证实或证伪,而是说罗蒂作为后现代哲学阵营中的一员,已经放弃了启蒙理性和神学的语汇,所以他将人类团结的基础放到"想象力"。比如他举例说,富人对于穷人的帮助不是基于哲学或宗教信念,不仅是富人感到安全了,"也是因为他们的想象力足以把握到穷人是什么样的"②。罗蒂的这个例子可谓对"想象力"

---

① [美] 罗蒂:《实用主义哲学》,林南译,上海译文出版社 2009 年版,第 322 页。
② 同上书,第 323 页。

一词的滥用，对于富人帮助穷人的原因并未提供令人信服的理由。新闻报道中的悲惨事件唤起富人对穷人苦难的想象，却不必然地导出"帮助"的结果。比如2016年9月甘肃一家6口服毒的人伦惨案，令电脑和手机屏幕前的亿万读者心痛不已。然而，期望新闻能够唤起富人的"想象力"和"同情心"以"帮助"这些穷人，事实不太乐观；在社会阶层分化愈益严重的当今社会，让先富的人帮助穷人共同富裕，也许是天真的幻想；中产阶级陷于自身的生存焦虑，即使想着对穷人奉献爱心，往往缺乏具有公信力的组织来作为中介，或者心有余而力不足。所以，罗蒂的设想对于当下的中国而言，有太多的细微之处需要完善或修正。不要残酷，是公共语汇中最低限度的要求，而人与人的关系显然不是残酷与否这么简单，所以罗蒂同时指出"文学文化"对"想象力"的追求，"对于文学文化的成员来说，救赎将按照接触人类想象力的当前限度而被获得……尽管想象力有当前的限度，这些限度能被永远地延展。想象力永无止境地消费其自己的造物。它是一股永恒存在着、永恒扩张着的火"①。由于个体受制于时代精神和个人视域，所以个体的当下想象是有局限的。然而随着视域的扩大以及对于时代精神的超越，个体的想象力能够一直发挥下去。罗蒂对于"想象力"的赞美，正如尼采对于"强力意志"的讴歌，"我正在称为'文学知识分子'的一类人认为，不密切经历人类想象力的当前限度的生活是不值得过的。……逐渐形成的文学文化的伟大德性在于，它告诉青年知识分子，救赎的唯一源泉就是人类想象力，并且这一事实将值得骄傲，而非绝望"②。想象力，不仅是对已然发生的社会事件的想象，不仅是对可能发生的社会事件的未雨绸缪，而且包括对于未来美好社会蓝图和美好个人生活的想象。在《偶然、

---

①　［美］罗蒂：《哲学的场景》，王俊、陆月宏译，上海译文出版社2009年版，第68页。

②　同上。

反讽与团结》中，罗蒂多次提及"乌托邦政治"角度的想象。从这一角度，应该说罗蒂应和着浪漫主义的"想象"观念，而"富人帮助穷人"的例子则是罗蒂对于"想象"一词的弱化，使之干枯到乏味。

罗蒂"诗性文化"的想象又有兼容并蓄之智慧，"哲学家通常将宗教描述为一种原始的和未充分反思的哲学化的努力。但正如我前面说过的，一种完全自我意识的文学文化将把宗教和哲学都看作相对原始的、但显赫的文学类型。……宗教和哲学都不仅仅是要被抛弃的阶梯。相反，它们是一种成熟过程的阶段，是我们在希望获得更大自立中应该不断回顾和概括的过程中的一个阶段"①。人类历史上一切文化，都可以为今天的人们提供思想资源，吸取其精华摒弃其糟粕，这需要开阔的心胸、需要超越狭隘的民族主义和宗教立场。罗蒂作为哲学家，其想象超越了民族主义，是力图尽量扩大"我们"的阵营，把不同体制和种族、民族的"他们"视为"我们"。罗蒂出发点的善意也是他理论的弱点，即不切实际。将哲学化为"民主政治"的努力，作为人文知识分子的坚守，显出唐·吉诃德大战风车一样的无力，却也显得悲壮而非可笑。人文知识分子除了坚守理想摇旗呐喊，能够做什么具体的事务呢？没有了这些坚守，政治无异于权谋，社会无异于丛林。当罗蒂谈到人类的核武器时，他是悲伤无力的。但是，他还是指出了希望，把希冀和信任给予未来的人类。基于偶然观，罗蒂无法预测"诗性文化"的细节，而是认为有待于后人总结；每个当代人包括罗蒂，当然也无法超越解释学的视域，无法对于未来社会的演进史做出全景的把握。

如果说社会制度角度的想象还是有据可依的，可以进行文化、制

---

① ［美］罗蒂：《哲学的场景》，王俊、陆月宏译，上海译文出版社 2009 年版，第 69 页。

度之间的比较，而个人完美角度的想象力则是人类精神的极致。比如克尔凯郭尔、叔本华之类哲人的天才之作，比如王国维"偶开天眼觑红尘，可怜身是眼中人"的彻悟，比如诺瓦利斯的"蓝花"意象，比如里尔克的"仿佛遥远的花园从空中凋零"的奇异经验，以及阿多尼斯"我的一生是飘过的一缕芳香"和"我的孤独是一座花园"的美妙感受。

由于人类的想象力是没有止境的，因而罗蒂"诗性文化"建构也是无止境的乌托邦想象，"但我们现在不可能，并且永远都不可能说小说、诗歌和戏剧应该服务什么目标。因为这种作品不断地重新规定我们的目标"[①]。人是什么？什么样的人生才是有意义的人生？怎样的社会才是理想的社会？不同的时代、不同的理论派别有不同的规定。未来的社会将怎样理解人、社会之类概念，也是无法预测无法规定的。然而相比传统理论，罗蒂弱化了"想象"虚幻的一面，强化了其现实维度，即从美学意义的想象转向了政治、伦理意义的想象。罗蒂赋予想象力以太重要的地位，却对启蒙精神以忽视；相应地，太过重视强健诗人，而对公共知识分子予以忽视。原因在于，后现代哲学的反基础主义，使得启蒙之类宏大叙事以及"公共知识分子"的身份变得可疑。

第三节 "诗性文化"：诗对哲学的胜利

罗蒂主张哲学成为文学类型，不是从后结构主义"文本间性"角度解释，文本间性概念解构着传统的学科分类标准，不仅传统的"文学"概念被解构、不复存在，而且一切学科界限被解构，那么一

---

① [美]罗蒂：《哲学的场景》，王俊、陆月宏译，上海译文出版社2009年版，第76页。

切文本都处于文本间性关系中，不能把其他学科纳入文学领域；只能是从语言的"隐喻"性质角度解释，隐喻是文学语言的特质，或者说使用隐喻性语言的都是文学。而按照后现代的哲学观，不仅哲学而且自然科学的语言都是隐喻性的，并不能充当"镜子"一样的再现功能。从罗蒂后现代立场来看，哲学并非是与实在的符合，而是一种"再描述"，因而具备了文学性。在此背景上，罗蒂也区分了哲学文本和文学文本，哲学文本是对柏拉图、康德问题的回应，文学文本则是小说、民俗志、新闻报道之类；文学文本比哲学文本更重要、能够扩展人们的想象力，使人们变得更易觉察他人的痛苦，促使社会更为平等。正如怀特海所言，两千多年的西方哲学史不过是柏拉图哲学的注脚，罗蒂也如同尼采、海德格尔一样，加入了古希腊开启的诗与哲学之争，并让哲学向诗投降。

一 美学史上的"诗与哲学之争"

"诗与哲学之争"是西方哲学和美学史上一个古老的问题，也是一个常新的问题，论争始于公元前 5 世纪而持续到当代。柏拉图《理想国》中借苏格拉底之口说"哲学与诗的争吵是古已有之的"。就柏拉图而言，他认为诗歌提供假象而非真实、诗歌满足爱欲而非教化心灵，所以柏拉图要把诗人逐出理想国。此后亚里士多德、奥古斯丁、维柯、黑格尔、尼采和海德格尔等都进入了这一论争，致力于后现代艺术理论的阿瑟·丹托的《哲学对艺术的剥夺》一文结合当代艺术现状回应这一论争。就研究状况而言，几部著名的西方美学史比如鲍桑葵的《美学史》、吉尔伯特和库恩的《美学史》都触及美学史上这一古老论争及其流变。美国学者罗森（Stanley Rosen）的《诗与哲学之争——从柏拉图到尼采、海德格尔》则是对从柏拉图到海德格尔的"诗与哲学之争"进行了谱系学的梳理。总之国外学界对于"诗与哲学之争"简要介绍的较多、专门研究的较少。国内对于这个问题研究更少，只有一篇西方哲学专业的博士论文和几篇期刊论文梳理了西方哲学和美学史上的这一论争，而且研究重点放在古希腊，对于尼采"诗对哲学的胜利"和海德格尔的"诗化哲学"或曰"诗与哲学的融合"的意义未予充分注意，尤其对于罗蒂的思想，基本未见在"诗与哲学之争"视域下的论述。然而本书切入点只是罗蒂的"诗性文化"，对此问题也只是浮光掠影般一笔带过。笔者期望于另本书系统梳理美学家们对于"诗"和"哲学"的不同理解造成的二者高下之争。笔者认为，以前的美学研究中，苏格拉底作为哲人的形象被强化、作为诗人的形象被弱化；诗与哲学对立的性质被强化，诗与哲学融合的方面被弱化，因此重要的是阐发尼采、海德格尔、罗蒂重视"诗"的内在理路。

柏拉图让诗败给哲学，海德格尔让哲学败给诗；罗蒂则将海德格尔的"诗"让位给"文学"尤其是"小说"；在柏拉图，哲学是对真正知识的追求，而诗则是想象和虚构；在海德格尔，哲学是诗化的哲学，诗是哲理化的诗，诗既不是诗人主观表现意义的诗歌，也不是反映现实的再现性诗歌，而是神圣之音。海德格尔推崇的诗歌，是天地人神四方同在的诗歌，是万物自身的显现，是人与万物关系的深刻领悟，诗歌语言是个人独创的隐喻，区别于大众使用的日常语言。海德格尔将诗歌视为本质的语言，将日常语言视为异化的语言。罗蒂则指出二者的区分是相对的，即诗人不可能完全脱离日常语言，"一个'全隐喻'的语言是一个没有使用的语言，因此根本不是语言，而只是胡言乱语。因为尽管我们同意语言不是再现或表现的媒介，语言毕竟还是沟通的媒介，社会互动的工具，是自己与其他人类相互联系的方式"①。就是说，诗歌毕竟要被他人理解，诗歌语言也要依赖旧有语汇，不可能是完全的创新，是旧语汇基础上的推陈出新，如果完全

———————

① 　[美] 罗蒂：《偶然、反讽与团结》，徐文瑞译，商务印书馆2003年版，第61页。

超出接受者的视域，读者会"受挫"而无法接受。在此问题上，罗蒂一再地体现出其稳健的而非极端的立场，没有把诗人与公众视为不同的物种，而是相对的区分，也没有视诗人为天降天才、负有拯救使命的先知。

在《海德格尔、昆德拉与狄更斯》一文中，罗蒂将哲学让位于文学，尤其是小说。罗蒂认为海德格尔尽管是具有独创性的天才，但是对西方世界的描述不尽准确，解决方案更是成问题的，"海德格尔想象的范围尽管十分广泛，但主要局限于哲学和抒情诗的范畴，局限于那些他赋予'思想家'和'诗人'头衔的人的著作"①。因此，罗蒂将狄更斯作为"反海德格尔的例子"，以狄更斯"道德反抗的小说"代替海德格尔哲学论著。只能说，是罗蒂基于对社会现实问题的关注做出的取舍，不能作为衡量狄更斯和海德格尔高下的准绳。狄更斯的小说固然有人类团结维度、能够唤起人们的同情心，海德格尔思想的深度和高度岂是狄更斯所能超越的！只能说，二人的思想在不同领域发挥作用，不能一概而论。海德格尔的确对于具体社会事件缺乏关注、显得冷漠，甚至对于纳粹对犹太人犯下的罪行也缺乏醒觉。但是，海德格尔对于存在、语言、技术的探讨是从形而上学角度的观照，是在探求各学科的根基，不仅是对自然科学的启迪，更是对政治、哲学、伦理的启迪。然而对于罗蒂之类反本质主义者而言，本质主义思维就是错误的。

二　罗蒂让哲学败给诗

罗蒂作为后现代主义者，是反基础主义和反本质主义者，他的新实用主义立场使他得以避免相对主义和虚无主义，提供了建设性的方

---

① ［美］罗蒂：《哲学、文学和政治》，黄宗英译，上海译文出版社2009年版，第30页。

案。罗蒂思考过美学史上的 "诗与哲学之争"，甚至以尼采为界做了区分，即尼采之后的哲学家 "都卷入了柏拉图所发动的哲学与诗之争辩中"，而且 "都试图拟就光荣而体面的条件，让哲学向诗投降"。罗蒂自己也属于这类 "让哲学向诗投降" 的哲学家。不同于尼采和海德格尔的是，罗蒂的哲学没有本体论（存在论）为终极依据，尼采和海德格尔阐发了 "诗" 与 "真理" 的关联，罗蒂则重视 "诗" 的想象力如何丰富了审美体验而达至 "个人完美"，如何激发人类的同情心而促进 "人类团结"。如果说尼采和海德格尔依然建构着艺术形而上学，那么罗蒂基于 "后形而上学" 的文化建构，已经彻底终结了形而上学。置于 "诗与哲学之争" 视域，罗蒂认为 "哲学" 的隐喻性质使得 "哲学" 成为 "文学的一种类型"，所以他解构了传统哲学认为 "哲学" 传达 "真理"、文学是隐喻和虚构的观点。罗蒂的 "诗性文化" 解构了哲学和诗的二元对立，实现了二者的再次融合，并在解构二者对立之后，将哲学和文学都服务于 "民主政治"。他打破哲学与 "救赎真理" 的关联，认为 " '哲学' 只是一个鸽子笼，在不同的世纪、不同的国家甚至同一时期之同一个国家中的不同大学中，不同的事物都可以塞进去"①。打破哲学神话的结果就是，"哲学" 与 "真理" 关系的被解构，哲学学科不再意味着能发现 "终极实在"。所以罗蒂的文学功能观有更深层的原因，即 "学科界限的消失"，哲学家的传统身份也被消解，而不仅是立足于传统的实用主义文论观。德里达《白色神话：哲学文本中的隐喻》从根本上阐明了哲学的隐喻性质（比如柏拉图的 "日喻" 说的隐喻性质），以此消解了哲学和文学的界限，解构了 "诗与哲学之争"。保罗·德曼也指出，"一切的哲学，以其依赖于比喻作用的程度上说，都被宣告为是

---

① ［美］罗蒂：《哲学的场景》，王俊、陆月宏译，上海译文出版社 2009 年版，第259 页。

文学的"①。各学科界限的消失或曰拉平，不再设立严格的学科界限，即康德式的三分，即使哈贝马斯也已经放弃学科的严格区分。传统的实用主义文论将文学的教化功能视为最高的功能，审美主义文论则将审美视为文学的最高目的，罗蒂由于并不将哲学与文学截然二分，也不将文学二分为审美的和教化的，所以文学可以包含道德，美感享乐至上的文学也可以包含道德，所以这种文论观是对审美主义和实用主义文论的调和。作为审美主义思潮的支流，唯美主义对美加以推崇，甚至将美提升为天才的特质。罗蒂反对哲学的主宰地位，主张"后哲学的""后康德的""后启蒙的"文化，以"文学"取代"宗教、科学和哲学"，因此其"诗性文化"从理论上是诗对于哲学的胜利，实践上是让诗和哲学都服务于民主政治。罗蒂的"文学"不仅包括小说，还包括民俗志、新闻报道、电影电视之类，是一个自由开放和谐的文化乌托邦。作为后形而上学的、后宗教的文化，是为个人发展提供充分机会和可能性的文化，也是不断减少残酷暴虐现象的文化，社会也就成为良性运转的机制。

　　罗蒂主张的"诗性文化"有个人完美和人类团结两个维度，"据我推测，这种文化不论在自我批判方面或在追求人类平等的诚挚上，比起我们目前所熟悉的、依然形上学的自由主义文化，若非有过之而无不及，至少是无分轩轾的"②。要看到，私人领域与公共领域的区分、私人语汇与公共语汇的区分，在罗蒂是相对的而非绝对的，即二者不是水火不容，而是私人语汇不断汇入公共语汇并改变公共语汇。这个问题分别在本书第三和第四章阐述。罗蒂将"文学"理解为"文学批评"的对象、与道德相关的一切，就是说将"文学"泛化到如此的地步，以至于文学没有了边界，学科的界限被抹平。罗蒂将

---

　　① ［美］保罗·德曼：《解构之图》，李自修译，中国社会科学出版社1998年版，第92页。

　　② ［美］罗蒂：《偶然、反讽与团结》，徐文瑞译，商务印书馆2003年版，第77页。

"诗人"扩大为作家、科学家、哲学家即开创新的语汇的人，所以罗蒂这里传统意义上界限分明的"哲学"学科不再、"文学"学科也不再，只有涵盖一切的"文化"。即是说，"诗与哲学之争"体现在罗蒂那里，表面看是"诗对哲学的顺利"，其实对他而言"诗"和"哲学"已然失掉了传统的意义，传统的"诗"和"哲学"都已被解构，成为一种混合的文化。如果说在"文化研究"吞噬了文学的审美价值的大氛围中，罗蒂捍卫着文学经典的审美价值，也是出于文学经典对于个人完美的意义，而不是认为文学能传达真理。

罗蒂解构了传统哲学，使其从神圣却勉为其难的使命中解放，从"神""自然""人性"探讨中解放，转向现实的民主政治。在1980年的一次学术演讲中，哈贝马斯说过，"18世纪为启蒙哲学家们所系统阐述过的现代性设计含有他们按内在的逻辑发展客观科学、普遍化道德与法律以及自律的艺术的努力"①。按说，这一现代性设计是好的，但是在具体实施过程中，科学—道德—艺术三个领域各有各的认识模式，专家各司其政。就是说，没有一种完整理性来整合这三个领域并协调公众的生活。对于个体而言，文化是碎片式的、难以把握的。要解决这一问题，就要回到完整的理性。所以，哈贝马斯并不认为现代性计划失败了，而是认为现代性计划远未完成，人类理性完全可以解决现代性出现的问题。至于如何运用人类理性，哈贝马斯将现代性划分为早期形式和晚期形式。他认为在现代性早期形式中，人们拥有可以自由交流并达成共识的"公共领域"；在现代性晚期形式中，由于种种因素（官僚政治、新闻媒介和垄断企业的涉入），这一公共领域受到侵犯，理性的自由运用得不到保证。基于这点，哈贝马斯提出了他的交往行动理论，即在"理想的言谈环境"里，人们去

---

① ［德］哈贝马斯：《论现代性》，参见王岳川、尚水编《后现代主义文化与美学》，北京大学出版社1992年版，第17页。

达到"普遍共识"。利奥塔德则针锋相对：人类理性是否可靠到足以自我设计？"共识"是人们真的达成了一致还是多数人对少数人的压制？但是，事情的另一方面在于：如果人们不去进行理性设计，不去达成共识，是否会导向"政治无为主义"？或者如哈贝马斯指责的，由于后现代拒绝理性设计，而走向了前现代的"保守主义"？

对于著名的哈贝马斯—利奥塔德之争，罗蒂有过专文评论，其中也提及了福柯。哈贝马斯肯定康德把高级文化分成科学、道德与艺术，但认为康德不了解三方面的内在断裂，因而忽略了统一的必要。哈贝马斯的解决方案是在"理想的言谈环境"里，人们达到"普遍共识"。对于哈贝马斯的这一论点，罗蒂认为"这是把康德看得太严重所制造出来的问题。在这一点上，错误来自于把康德对于科学、道德和艺术的区分看成是正确的，看成是关于现代性的最标准的阐释。……现代哲学永远不断地在重整这三个领域，把它们绞在一起，再把它们拉开"①。如果我们认同罗蒂的这一观点，那么"现代哲学"就是与社会和历史脱离了关系的理论怪圈？而哈贝马斯的解决方案更是错上加错？应该说，某种意义上是这样。罗蒂在分析了哈贝马斯的不足后，也看到了他着重"共识""主体"的长处，这是在与利奥塔德比较中得出的。罗蒂认为由于利奥塔德包括福柯对社会、主体、进步缺乏认同，在社会改革上不会有帮助。其实福柯在实践着另外一种政治——拒绝了宏大叙事的"微观政治"，这种日常生活层面的"微观政治"，能够更切实有效地促进社会进步、加强人的主体性，它能避免以国家、文明、理性、进步的名义引发的暴虐、反人道、非理性。沃林曾将福柯的这种政治观称为"后现代政治"，认为这种政治

---

① ［美］罗蒂：《哈贝马斯与利奥塔德论后现代》，参见王岳川、尚水编《后现代主义文化与美学》，北京大学出版社1992年版，第63页。

观"与现代的民主和解放观念形成鲜明的历史反差"①。福柯的这种政治观恰好能避免以"民主"和"解放"的名义造成的集权和压迫，能削弱权力对个体的控制。

哈贝马斯对于德里达"文类不确定性"以犀利批评，"把哲学、科学和文学之间的文类差别消除掉，表明哲学讨论对文学有了一种新的理解。而哲学讨论正是在从意识哲学向语言哲学转向，亦即语言学转向这样一个背景下展开的。语言学转向把主体哲学的遗产清除得一干二净，其方法十分粗暴。……字面意义和隐喻意义、逻辑学和修辞学、严肃话语和虚构话语等相互之间的界限，被（思想家和诗人共同掀起的）打通文本运动的大潮冲刷得干干净净"②。而这一批评也适用于罗蒂。

三　罗蒂的"诗性文化"重视文学的原因

罗蒂的"诗性文化"属于"文学文化"潮流，而"文学文化"是解构了神圣宗教、救赎真理之后以"文学"为救赎希望的文化，"自文艺复兴以来，西方知识分子已经经过了三个发展阶段：首先，他们希望从上帝那儿获得救赎，继而希望从哲学那儿，现在希望从文学那儿"③。上帝的救赎是 18 世纪启蒙运动之前知识分子的信仰，哲学的救赎是启蒙运动以来对真理的追求，这些道理是容易理解的。文学的救赎意味着什么呢？什么是"文学"？又是怎样的"救赎"呢？需要"救赎"的是什么？又是从什么中被"救赎"？

---

① S. Wolin, "On the History and Practice of Power", in Jonathan Arac（ed.）, *After Foucault*: *Humanistic Knowledge*, *Postmodern Challenges*, New Brunswick: Rutgers University Press, 1988, p. 179.

② ［德］哈贝马斯：《现代性的哲学话语》，曹卫东译，译林出版社 2004 年版，第245—246 页。

③ ［美］罗蒂：《哲学的场景》，王俊、陆月宏译，上海译文出版社 2009 年版，第63 页。

可以说，宗教的救赎是最容易说得通的，前提是人有原罪，人需要意识到罪恶、不断忏悔赎罪以获得救赎；哲学的救赎，前提是人处于蒙昧状态，需要理性之光照亮（启蒙一词就是 enlighten，以理性之光照亮蒙昧），所以是从蒙昧中得以救赎；文学的救赎，对于不同文学理论派别而言具有不同内涵，对于罗蒂而言文学的救赎是"文学通过制造尽可能多的人类熟悉的形象提供救赎"。首先，"文学制造形象"这个道理好懂，以黑格尔的经典格言说，文学与哲学、宗教都是人类把握世界的方式，黑格尔将"艺术的美"理解为"展现真理"，使艺术、宗教和哲学并列为把握绝对的三种方式，不同之处在于，艺术的把握是形象的，宗教的把握是表象的，而哲学的把握是概念的。其次，"文学制造人类熟悉的形象"，最好代之以别林斯基"熟悉的陌生人"，文学形象介于熟悉和陌生之间，从不熟悉的人身上发现熟悉的东西，这样才不会熟视无睹，而是引起关注思考。再次，至于为何是文学形象才能提供救赎，不妨以黑格尔的观点来解释，就是说，由于文学形象"每个人都是一个整体，本身就是一个世界，每个人都是一个完满的有生气的人，而不是某种孤立的性格特征的寓言式的抽象品"，所以读者会将心比心、将文学形象作为和自己一样的、世间独一无二的"这一个"来同情。比如龙应台《大江大海 1949》里，每个人都是人世间的唯一，都有割舍不了的故国家园，所以读者会超越政治对他们的喜怒哀乐感同身受，会逐渐培养起敏感悲悯之心，因此会在现实生活中对他人以更多关注同情。宏大的历史叙事，则会淹没个体，将个体简化为无生命无情感的数字。在此意义上，文学理应代替哲学成为文化主导。并非由于文学比哲学更为真实（比如亚里士多德在诗与历史之间的比较），而是由于文学能够凸显个体的差异。赛珍珠《大地》《母亲》对中国农民的描绘，使几代美国人了解到中国人民的勇敢、智慧、不可战胜、值得尊敬的一面。最后，何谓救赎？就个体生命而言，是从"他人复制品"的可悲状态的解脱；就个体与社会关系而言，是对残酷暴虐现实的改造。当罗蒂声称，"在哲学与诗的古老争辩中，如果诗获得最终的胜利——'自我创造'隐喻最终胜过了'发现'隐喻，那是因为我们终于俯首相信，这是面对世界时，人类所能期望拥有的唯一力量。"①因为对于罗蒂之类后现代哲学家而言，不仅宗教失效而且哲学也失去了探索真理的功效。罗蒂作为实用主义者，其诗性文化也不同于海德格尔对诗歌的重视。在《哲学作为科学，作为隐喻和作为政治》一文中，罗蒂列举了20世纪的三种哲学倾向：胡塞尔科学主义、海德格尔诗性智慧，以及实用主义。而且海德格尔意义上的诗人是荷尔德林和里尔克意义上深奥的诗人，并非罗蒂注重的文学批评家。可以说荷尔德林之类诗人对于少数心灵卓越的个体自我完善有益，而对于社会团结无甚意义。罗蒂倾心的文学批评家，由于见多识广而容易摆脱自我中心、更容易倾听他人而发挥其社会团结方面的作用。关于实用主义，罗蒂以杜威为例说明实用主义者"从理论科学家转向工程师和社会工作者，即转向那些力图使人更舒服、更安全，并把科学和哲学作为达到这个目的之工具的人"②。可以说罗蒂就是这种意义的学者，他看重的是文学家和批评家作为"工程师和社会工作者"的身份，是他们以其想象力唤起了公众的"同情心"，所以罗蒂的上述言论应和着福柯的"工具盒"理论，即思想能够作为得心应手的工具、能够发挥现实的作用。尽管实用主义和海德格尔都推崇诗人和思想家，但是差异是明显的，"……海德格尔认为社会世界是为诗人和思想家而存在的，而实用主义者则认为相反：诗人和思想家为社会世界而存在"③。罗蒂这一评价非常中肯，海德格尔确实具有精英主义色

① ［美］罗蒂：《偶然、反讽与团结》，徐文瑞译，商务印书馆2003年版，第59—60页。
② ［美］罗蒂：《后哲学文化》，黄勇译，上海译文出版社1992年版，第23页。
③ 同上书，第36页。

彩，将"诗人和哲学家"作为公众和神的中介、向公众传递福音之人，将公众视为沉沦的"常人"。实用主义者是致力于社会的愈益自由、个人潜能的充分发挥，为罗蒂式实用主义关注的现实社会改造在海德格尔则是不屑一顾的。

由于哲学不过是隐喻、真理不过是共识，所以哲学无异于诗。海德格尔意义上诗歌作为显现的真理，对于罗蒂而言只是个人体验私人话语，与世界的真相与否无关。当罗蒂声称，世界不仅不具有本质，也并不具有"类似人的人格"，但是却有"消灭我们的力量"，却是对"世界"的粗暴处理；将诗作为人类力量的证明，人类以自身力量对抗世界，这是对"人与世界关系"的糟糕描述；基于这一糟糕描述，人类的"自我创造"和"人类自身力量"将成为可疑甚至可笑的。海德格尔后期倾心道家，就是在人与世界关系上的深入思考。罗蒂的意义在于其实用性，是"有用的工具"，其缺陷在于太过实用，将人与世界的关系只归于个人完美向度的诗意建构，却忽略自然之于人类的深刻意义。

对于罗蒂放弃了将自然与文化比较而言，现象学美学的自然审美经验理论是个很好的参照。比如海德格尔和杜夫海纳的审美经验启迪我们，自然可以是有"人格"的。自然化生万物、生生不息，个体只是世界中的卑微生命。可以说，相比形上美学和现代美学家对审美经验中的人、世界、人与世界关系的描述，罗蒂的描述是缺乏魅力的。当罗蒂说世界具有毁灭我们的力量，他只是说出了世界的一个方面，由于人类生命短暂、认知有限，使得自然科学尚不能完全把握自然规律。但是罗蒂对于世界的另外一面不加涉及是令人遗憾的，即世界"化生万物"的方面。罗蒂理论的缺陷在于，一劳永逸地消解了形而上学，关于世界的本质、人的本质、人与世界的关联得以解构。这些永恒的问题，或许我们永远不能获得终极的答案，却也不能放弃追问。我们应该做的，是保持追问、不断重构、不断进行新的描述。

在罗蒂看来，不仅诗人为了不成为前人的复制品而进行新语汇的创造，而且大众也如此。是不断向前的过程，"人生乃是这种永远无法完成、却又时而英雄式地不断重织的网"①。诗人为了不至于成为他人的复制品，而处于创新的焦虑中。"诗人"不只限于少数人，而是召唤民众、让其在私人领域成为艺术家，应和的是克罗齐表现主义的观点，每个人都可以是艺术家。当今社会的普通民众并非被繁重劳动拖累，由于社会发展得以有了更多的闲暇，遗憾的是低俗的小品、相声、肥皂剧成为他们打发时间的方式，赌博、酗酒、吹嘘成为他们的消遣娱乐方式。孔子曰"恶郑声之乱雅乐也"，今天大众媒介充斥的是郑声，丢弃的是雅乐。如果说就社会阶层而言，底层民众丧失向上层流动之可能，那么就精神而言，底层民众亦丧失欣赏雅乐之可能。由于传统文化的中断，不仅底层粗鄙，即使权贵富豪也没有封建贵族的品位，即使知识阶层也没有传统文人的风骨雅量。在此意义上，笔者敬佩那些以一己之力推动社会教化的人士，比如叶嘉莹先生对于中国古典诗词的推广活动，是对于中国传统文化的弘扬，也是对于中华民族的灵魂教化。

就罗蒂审美乌托邦建构而言，其现实关怀有余、终极关怀不足；罗蒂对诗与哲学相通的肯定，前提是否定哲学的真理性，仅存其教化功能；也忽略了艺术的真理性，归于个人的审美创造。罗蒂之要害，在于以反形而上学之名对本体论的彻底否定，因此以语言的隐喻性来消弭"诗"与"哲学"的对立是无力的，不能真正解决艺术与哲学的关系。然而从"人类团结"角度而言，罗蒂的思想又是对此前审美主义一脉的强力推进。

---

① ［美］罗蒂：《偶然、反讽与团结》，徐文瑞译，商务印书馆 2003 年版，第 63 页。

第三章

"个人完美"：罗蒂"诗性文化"的
审美之维

　　本章将梳理罗蒂的"私人领域"概念，以及他将私人领域与审美主义相关联的思路。罗蒂指出有两类知识分子，一类是致力于社会正义的，如马克思、哈贝马斯等人；一类是主张自我创造的，如尼采和福柯。罗蒂指出二者的不足之处即前者往往疏于个人创造，后者则有反社会的倾向。罗蒂的解决方案是公共领域和私人领域的二分，公共领域内每个公民都要有人类团结的底线，私人领域内最有意义的事情就是个人创造，个人创造尊重个体差异而不必有普遍性。

第一节　私人领域

　　《偶然、反讽与团结》导言中，罗蒂梳理了两种倾向，首先是柏拉图主义和基督教的共同点，即"为了以这类形上学或神学的角度，把完美的追求与社会整体感结合起来，他们要求我们承认人类有一个共通的人性"①。罗蒂与"形上学与神学"相同的是，依然致力于

---

① ［美］罗蒂：《偶然、反讽与团结》，徐文瑞译，商务印书馆 2003 年版，第 3 页。

"把完美的追求与社会整体感结合"，不同之处在于，他不再以"共通人性"或"普遍人性"作为理论支撑，就是说不再试图从理论上寻求共同基础，而是要以私人领域和公共领域二分为前提、从社会实践层面调和二者。其次，罗蒂指出对"人性"和"自我"，还有一种历史主义的理解，"根本没有任何在社会化的背后，或先于历史的东西，可以用来定义人性"①，他举的例子是"黑格尔以降"的历史主义一脉。罗蒂将"形上学和神学"视为过时的话语不多涉及，他着力谈论的是历史主义。关于历史主义，罗蒂提及当代社会的两种倾向，一是"尼采、海德格尔、福柯"之类"以自我创造或私人自律的欲望为主要出发点的历史主义者"，一是以杜威、哈贝马斯为代表的"以追求正义自由的人类社会为主要出发点的历史主义者"。对于第一类"历史主义者"，罗蒂指出尼采作为"历史主义者"的不彻底，即尼采一方面质疑柏拉图和基督教的人性规定，一方面"强力意志"的界定依然是"共同人性"的主张，而且由于怀疑"人类团结意识"，而往往成为"反社会者"。罗蒂的分析是对的，尼采和弗洛伊德对于人的非理性本能的分析前所未有地揭示出人性黑暗残酷的一面，使得"人类团结"显出无比脆弱，何况尼采也无意于"人类团结"，而是提倡"超人"哲学。罗蒂指出要看到这类作家的"用途"，"在于他们是人格的模范，告诉我们私人的完美——亦即自我创造的、自律的人生——到底是怎么回事"②。罗素《西方哲学史》也曾指出尼采、福柯一脉哲学家的反社会倾向。"人格的模范"似乎是道德评价，所以难免引来质疑，这里其实是以审美主义为标准的评价，即一个人的内在会丰富到什么程度、对人生的体验会细腻到什么程度，而不是说他的道德高尚到什么程度、对社会的影响到什么地

---

① ［美］罗蒂：《偶然、反讽与团结》，徐文瑞译，商务印书馆2003年版，第3—4页。

② 同上书，第4页。

步。罗蒂上述见解针对的是哲学家，他也以作家纳博科夫作为这类知识分子的样板，纳博科夫对蝴蝶的迷恋、对蝴蝶的探索，是他个人完美的方式，蝴蝶是他建立与世界关联的途径之一，蝴蝶是世界上最飘忽不定最美丽脆弱的生命，蝴蝶丰富了作家的内心深度，而不仅是对蝴蝶的客观认知。对于第二类"历史主义者"，罗蒂指出他们的"用途"是"在于他们是社会公民的一份子。他们共同参与一项社会任务，努力使我们的制度和实务更加公正无私，并减少残酷暴虐"①。可以说，个人完美和人类团结是历史主义的两种倾向，并非罗蒂的个人创见，这一论题从理论层面并无新意，从实践层面并无必然联系，"我们无法在哲学或任何其他理论性的学科中完成这种统合……在实践的层次上，有许多可行的措施可以达到这个实践的目标；但是，要在理论的层次上将自我创造和正义统一起来，是不可能的。自我创造的语汇必然是私人的，他人无法共享，而且也不适合于论证；正义的语汇必然是公共的，大家共享的，而且是论证交往的一种媒介"②。罗蒂否定了从理论层面结合二者的可能性，试图终结哲学史上结合二者的努力，而是将二者结合的可能性放在社会实践层面。罗蒂对于西方传统哲学的本质主义、基础主义进行批判，倡导一种后哲学文化。他认为柏拉图的形而上学和基督教神学将个人完善与公共事务结合的基础置于对普遍人性的探讨是陷入误区，自己仍延续了将个人创造和社会正义弥合的古老传统，而弥合的基础在"反讽主义"与"自由主义"实践上的兼容之可能——"本书的目的之一，就是提出一个自由主义的乌托邦的可能性：在这个乌托邦中，反讽主义在某种意义上具有普遍性"③。这一乌托邦是自由主义的，残酷将愈益减少；这一乌托邦又是反讽主义的，给予个体以更多的自由。

---

① ［美］罗蒂：《偶然、反讽与团结》，徐文瑞译，商务印书馆2003年版，第4页。
② 同上书，第5页。
③ 同上书，第7页。

后现代主义者对于公共领域和私人领域的区分是历史主义的立场，主张公共领域和私人领域的界定以及二者的关系是个被建构的概念。即是说，公共领域和私人领域没有永恒不变的内涵，相应地，没有永恒不变的区分标准，只是相对的区分。就如福柯对于"性"的考察，"性"在当代越来越被认为是私人领域的事情，在历史上却成为政治、道德、精神分析的对象。罗蒂这里的"私人领域"，前提是现代民主社会，民主社会才真正有公共领域和私人领域的区分，行为主体也是成熟的、自律的公民。参照康德《答复这个问题：什么是启蒙运动？》中的界定，公民是已经获得启蒙、不再需要保护者、引导者，摆脱了对于神父、导师、家长的依赖，能够独立思考、行动、选择的人。这样的人，什么是他生命的意义？罗蒂的观点其实和尼采、福柯是一致的，即审美赋予个体人生以意义，所以罗蒂赋予私人领域以"个人创造""自律自主"的内涵。

罗蒂是从语汇角度区分私人领域（private sphere）和公共领域（public sphere）：私人语汇是私人的，其意义体现于个人生命，公共语汇则是公共的，其意义能够体现于社会进步。罗蒂并未对于二者内涵进行理论探讨，他论述了两类哲学家，指出一类哲学家（尼采、海德格尔、福柯）的意义体现于自我创造和自律，一类哲学家（杜威、哈贝马斯）的意义体现于社会的完善、残酷愈益减少。罗蒂表明对于反讽主义的捍卫立场，"我的辩护取决于私人和公共的严格区分"[①]。相比哈贝马斯将"家庭"视为私人领域核心，罗蒂注重的是"个体"；相比阿伦特强调"隐私"（intimacy）不受侵犯的一面，罗蒂则强调其个人创造的一面；相比哈贝马斯对于"市场"和阿伦特对于"私人财产"之于私人领域的分析，罗蒂限于语汇角度的分析；

---

① Richard Rorty, *Contingency, irony, and solidarity*, Cambridge University Press, 1989, p. 83.

被阿伦特视为所有经验中最私人和无法交流的身体疼痛，却被罗蒂视为公共话题。

可以说，私人领域与公共领域并非界限分明不得逾越。福柯、罗兰·巴尔特曾经品尝毒品，享受"极度的快乐"，不断地尝试"越界"。只能说历史上和现实中，"私人领域"和"公共领域"的界限是模糊的，有时是难以区分，有时是重新划界——原来属于公共领域的事情演变为私人领域的事情，原是私人领域的却成为公共领域的事情。比如"文革"时期，根本没有私人领域这回事，尊严被肆意践踏、生命被肆意剥夺，何谈私人隐私；比如父母对孩子的体罚在封建社会是家庭私事，在现代社会却被法律禁止。

罗蒂"诗性文化"没有"世界本质""人类本性"之类语汇作为依据，而是寄希望于人类自身的自我描述、想象和创造。由于"人性"不是永恒不变的，而是在历史中流变，所以不是对"人类本性"的深入挖掘，不是从人性异化到人性复归。罗蒂之类哲学家作为历史主义者，主张人是一种朝向未来的、不断变化的物种，不仅身体在变化，而且"心灵"概念也是不断生成中的、没有固定不变的本质。所以，此种理论从哲学转向文学、从真理转向政治，"把自由主义重新描述为整个文化能够'诗化'的希望，而不是启蒙运动'理性化'或'科学化'的希望"[①]。将艺术作为社会实践的方式，是对杜威观点的延续，"想象力乃是善的主要工具"，想象力不仅是在私人领域发挥作用，在公共领域同样发挥作用。罗蒂所谓的"强健诗人"，包括了一切提出创新理论的哲学家和科学家、构造新的隐喻并改变人们的观念。一个公正的、自由的社会，将允许人们成为反讽主义者、进行私人语汇的创造。

罗蒂的审美主义不是为人生意义寻找形而上的依据，而是主张个

---

① ［美］罗蒂：《偶然、反讽与团结》，徐文瑞译，商务印书馆 2003 年版，第 79 页。

体不断地开拓、创造；创造自己亦非强力意志所驱使，而有各种偶然因素。罗蒂对于人类和人类的未来是有信心的，认为人类能够自我规划、自我纠正，是存在主义式的自我超越，是福柯式的不断越界。罗蒂将尼采、海德格尔和福柯著述的意义限定于私人领域，其实严重低估了其意义。比如，福柯对于边缘群体的关注，就是在做着"避免残酷"的事务；其对于微观权力的揭示，更是对人类自由的捍卫。

第二节　反讽主义者

罗蒂将"自由主义的反讽主义者"作为其"诗性文化"的理想人格，而"反讽主义者"的意义主要体现于私人领域。

基于"语言、自我和自由主义社会"的"偶然"，罗蒂对于"反讽主义者"有 3 条界定，"对自己目前使用的终极语汇，抱持着彻底的、持续不断的质疑"；此人"既无法支持、亦无法消解这些质疑"；"她不认为她的语汇比其他语汇更接近实有，也不认为她的语汇接触到了在她之外的任何力量"[1]。对偶然性的接受，意味着对终极语汇（final vocabulary）的质疑，"这类语汇之所以称为'终极的'乃是因为凡对这些语词的价值产生了疑惑，其使用者都不得求助于循环的论证，以求解答"[2]。同时意味着个人应该不断地虚心倾听他人的语汇，突破自己的终极语汇并开创新的语汇。对偶然性的接受，意味着对自我中心主义的放弃，反讽主义者基于自我的偶然和自己终极语汇的偶然，因而"永远无法把自己看得很认真"，不是人云亦云、随波逐流，而是时刻意识到自己可能是错的，是在特定的文化传统、时代、处境等诸多因素影响下做出的判断，所以时刻准备改变自己的立

---

① ［美］罗蒂：《偶然、反讽与团结》，徐文瑞译，商务印书馆 2003 年版，第 106 页。

② 同上书，第 73 页。

场、观点及行为。

反讽主义者是无根基时代的自由个体。罗蒂抛弃了"实在"、把握实在的"心灵"之类概念，推崇新语汇的创造。从质疑终极语汇角度，罗蒂将"反讽主义者"区别于"形而上学家"；从新语汇的创造角度，罗蒂将"反讽主义者"与个人完美的追求相关联。罗蒂之所以倡导"反讽主义者"，是基于一系列的"偶然"，即"语言的偶然""自我的偶然"和"自由主义社会的偶然"。下面展开论述。

一 "语言的偶然"

在《偶然、反讽与团结》第一章"语言的偶然"部分，罗蒂首先论述的是"真理"概念。他指出康德等"符合论者"捍卫哲学对于自然科学的独立性，但是他们还是坚持人类有"内在的本性"，而这一"内在的本性"是其哲学深入探讨的对象。罗蒂作为反本质主义者，反对"本性"之类概念，将人类"内在的本性"视为语言建构，由于"人类内在本性"概念的虚幻不实，相应的"救赎真理"概念也是可疑的。词汇创造既然并无"实在"相符合，只是人类的主观想象和表达，所谓真理就是人类自以为真的描述，是一种人类语言的"发明"，并非对于现成存在的"真理"之发现。这里的观点与《哲学和自然之镜》和《后哲学文化》中的真理观如出一辙，都是詹姆士实用主义意义上作为"共识"的真理观。

罗蒂所谓语言的偶然，是对戴维森语言哲学的运用。罗蒂的思路是，西方哲学发展过程中一直有一个企图即把握实在，由于语言学转向，把握实在的方式由主体的"心灵"或"意识"转向了"语言"，语言成为"介于自我与世界之间的第三要素"。罗蒂也提及海德格尔语言观的形而上学残余，比如语言相对于人居于先在地位、人依附于语言、应恢复语言的"原始含义"等。罗蒂语言的"偶然"观可谓彻底，将一些重要的语汇视为偶然的发明，比如将亚里士多德的

"实体"、圣徒保罗的"圣爱"和牛顿的"引力"——"都当作是宇宙射线扰乱了他们大脑中若干重要神经细胞的精密结构的结果"①，或者按照弗洛伊德的思路，"他们这些创新都是婴儿期若干古怪插曲的后果——若干特殊精神创伤在他们大脑中留下的若干强迫性怪癖的结果"②。作为哲学家，罗蒂上述表述是非常不严肃的，有调侃的味道，不是严谨的逻辑推演或证明，是强调哲学、宗教和科学话语的形成都是种种"偶然"因素使然。我们不必纠结于字面而加以鞭挞。

罗蒂对"语言的偶然"的解释，是对戴维森语言理论的运用，"戴维森让我们把语言及文化的历史，想像成达尔文所见的珊瑚礁的历史……这个类比教我们把'我们的语言'——20世纪欧洲文化与科学的语言——看作只是许许多多纯粹偶然的结果"③。在罗蒂看来，不仅语言如此，自然科学亦如此。在起源问题上，可以说后现代哲学家都是谱系学家，都发展着尼采的谱系学思想，都解构了神圣的起源观。如果说传统哲学甚至海德格尔的现代哲学是"神圣的起源观"，那么后现代哲学则突出起源的微不足道，反对传统哲学对于起源的美化。福柯《尼采、谱系学、历史》一文中指出谱系学研究是项"……文献工作，它处理各种凌乱、残缺、几经转写的古旧文稿"④，"谱系学要求细节知识，要求大量堆砌的材料，……它反对理想意义和无限目的论的元历史展开，它反对有关起源的研究"⑤。事情的另一面在于，起源并不必然卑微，后现代哲学太过突出了起源"卑微"和"偶然"的一面，不得不说又走向了另一极端。如果按照罗蒂的上述说法，亚里士多德的"实体"就没有哲学上的价值，只能从生

---

① ［美］罗蒂：《偶然、反讽与团结》，徐文瑞译，商务印书馆2003年版，第29页。
② 同上。
③ 同上书，第28页。
④ ［法］福柯：《尼采、谱系学、历史》，载杜小真编选《福柯集》，上海远东出版社1998年版，第146页。
⑤ 同上书，第146—147页。

命科学和精神分析角度分析其出现的偶然因素。罗蒂梳理出戴维森的贡献是，将"语言的本质"代之以"语言的用法"；戴维森提出了语言的"暂定理论"，"即我们对身边的人目前所做出的杂音和记号的暂时性的理论"；语言的暂定理论隶属于行为的"暂定理论"，没有基于本性的必然性；人与他人在语言上的一致是偶然、有限和相对的；抛弃了"一般的语言概念"，解构了结构主义意义上"界定清晰的、共享的"语言系统，诉诸语言的暂时性、过程性、无规律性、变化性。按照海德格尔的理论，这些不过是"流俗的语言"和"闲谈"，根本登不得大雅之堂，不能作为研究对象。罗蒂则据此指出了"语言的偶然"：语言是过程中的、磨合的、选择的、偶然的、无规律的、无法预测的；因此"思想史即隐喻史"，"思想史"既非如实地"还原"亦非"扭曲"历史，而是作为"隐喻"（metaphy）本身就需要研究。按照这种思路，即使一个人意图撰写一部客观的历史，还是有其时代、民族等的无意识，是在解释学意义上的"前理解"，也有弗洛伊德意义上的个体无意识，包括个人经历造成的诸多因素。

罗蒂作为后现代哲学家，解构了"实在""心""本质的语言"之类概念，主张一切哲学建构都是语汇的再描述。罗蒂理解的语言，只是许多偶然的结果，没有海德格尔意义上命名是"最高的必然""真理的发生"等神圣的来历。罗蒂对语言的理解，放在后现代哲学背景上，一点都不突兀。比如按照尼采的视角主义，任何人都不具有上帝一般全知全能的视角，只能是从特定视角的描述，不能提供真理。尼采放弃了基督教意义上的道德观念，主张审美的人生，这是存在主义式的，从时间之流中、从芸芸众生中出离，而这种出离海德格尔解释为"狂喜"。既然"实在""真理""人"之类概念不过是语言的建构，那么把诗人视为"前卫先锋"就是顺理成章的事情。罗蒂和后现代诸家指出的症结相同，解决方案相似，也有所不同。从个人完美的维度说，尼采的艺术形而上学和福柯的生存美学是把艺术家的自我创造视为个人完美的方式，罗蒂亦然。罗蒂的"反讽主义者"兼有"自由主义者"的维度，关注人类团结，即反讽主义者认同一切都是偶然的同时，有唯一的愿望就是"减少残酷"。在本书第五章将回到这一问题，探讨二者兼容之可能。

笔者认为，相比海德格尔对语言起源的神秘看法，以及将语言的命名活动称为"最高的必然"，只能说罗蒂对语言发展历史的描述更为真实。而"真实"与否，亦是笔者的"信以为真"，是在与结构主义、后结构主义、海德格尔的语言观比较之后得出的结论，认可这是最可靠的描述，而缺乏更有力的理论支撑。罗蒂的"广义诗人"包括了艺术家、科学家和哲学家，一切能够说着不同语言的人，也是福柯所谓"开创新的话语规则"的人、利奥塔德"差异思考"的人，"把人类历史视为一个接着一个隐喻的历史，会让我们了解到诗人——广义而言，新字词的创制者，新语言的构成者——乃是人类的前卫先锋"[1]。罗蒂的问题是过于轻松地消解了"本体论""认识论"之类问题，使得形而上学不再有意义。

二 "自我的偶然"

罗蒂既反对近代哲学对人"理性"的解释，也反对弗洛伊德对人性"非理性"的解释，因为"理性"和"非理性"都是对"内在人性"的认可。那么按照这一逻辑，罗蒂对生命"偶然"的解释也只是解释之一种，是他现在所能认可的最好解释，而非对于生命最终的解释，只能是相对主义的解释。

罗蒂作为经受过分析哲学洗礼的学者，对"内在人性"之类问题进行了解构，不是提供一个新的界定，而是给出了后现代式的解答：偶然。罗蒂要做的是力主偶然的同时，力图促进人性的不断完

---

① ［美］罗蒂：《偶然、反讽与团结》，徐文瑞译，商务印书馆2003年版，第33页。

善。不是从异化向人类本质的复归，也不是向某个既定目标的无限趋近，而是摸着石头过河一样，不断犯错不断自我纠错，促进人类不断趋向美和善，而生命最终的意义不可知。

《偶然、反讽与团结》"第二章 自我的偶然"开头，罗蒂引用了拉金的一首诗和布鲁姆《影响的焦虑》以说明他们观点的交叉：一个人生命的意义在于独特性，不致成为他人的"复制品或仿照品"；确立个人独特性的最好方式是艺术创作；通过拉金诗尾的感慨，罗蒂解读出下面的道理，诗人不满足于特殊的个人体验和创造，还要寻求生命普遍意义，即古老的"诗与哲学之争"问题。罗蒂将尼采作为分界线：尼采之前的学者要超越偶然达到普遍，尼采之后的学者承认偶然满足于个人创造。应该说，罗蒂是把尼采后现代化了，没有指出其思想与后现代哲学的差异；罗蒂也把尼采之后的哲学家后现代化了，当罗蒂说"尼采之后的哲学家，诸如维特根斯坦和海德格尔，他们写作哲学，都是为了呈显个体与偶然的普遍性与必然性"①。他也把海德格尔后现代化了，没有指出海德格尔于古希腊思想的溯源、于"存在"的坚守。

的确，西方传统哲学既追问世界的本质，也追问自我的本质，并将人生的意义与世界的本质、人在宇宙中的位置、宇宙的目的等问题相联系。罗蒂对此思路是批判的，"了解我们所必然居处的脉络，就等于给予我们一个与宇宙本身共长久的心灵，给我们一张装载单，这张装载单是宇宙本身的装载单的复印"②。对于熟悉中国哲学的读者而言，"天人合一"就是个最常见的概念，"人"要成就什么需要顺从天的指令，儒道两家莫不如是。儒家的"天行健，君子以自强不息"是入世的作为，老子的"复归于婴儿"、庄子的"以天合天"是

① ［美］罗蒂：《偶然、反讽与团结》，徐文瑞译，商务印书馆2003年版，第41页。
② 同上书，第42页。

返璞归真，都有"天"作为标准。按照罗蒂式后现代思维方式，"天"不过是"偶然"发明的概念，所有与"天"相关的宏大叙事都是一种话语描述而已；由于缺乏"天"这个"终极实在"作为对照，因此任何对于"天"的描述都缺乏可比性；今天我们需要的不是继续进行对"天"的描述，而是放弃这种概念。可以说，中国历史上的确有"替天行道"名义下的暴力、"存天理"名义下的道德禁锢、"天人"名义下的迷信。可是不能一劳永逸地解构"天"的概念，更不能因噎废食地取消"天人"关系问题。因此，笔者倾向于认为，不能取消"天""天人关系"角度的建构。正是由于缺乏本体论维度，缺乏"人在宇宙中的位置"之类宏观探讨，使得后现代哲学显出单薄。对于笔者指出的此类弱点，罗蒂理应不以为然，他至多将"天"作为私人领域内的想象和创造。笔者认为，罗蒂的后现代哲学既使本体论探讨成为过时的问题，又留下一种可能性，即将本体论探讨视为个人完美意义上的，实则是对传统本体论的彻底解构。

关于自我的偶然，罗蒂引用了弗洛伊德论生命的偶然、良知和理性概念理解上的偶然的观点，"他留给我们的自我，乃是一个由偶然所构成的组织，而不是一个由若干机能所构成的（至少潜上上）秩序井然的系统"①。即是说生命过程中，不仅生命的凝聚是偶然，胎儿在母体内的发育过程也面临种种偶然，生命诞生之后更是面临一系列偶然：种种偶然的遭遇，造就偶然的思维方式、情感模式、反应模式，甚至是宗教倾向。关于弗洛伊德，有论者指出他的分析对象往往是不健全的人格，这是站在传统思维方式即区分理性与非理性、正常与反常、意识与无意识、宗教与科学的对立基础上。罗蒂则相反，他接受弗洛伊德对生命偶然及本我—自我—超我的分析，他推崇弗洛伊德打破了传统哲学"理性—非理性"的截然二分，

① ［美］罗蒂：《偶然、反讽与团结》，徐文瑞译，商务印书馆2003年版，第49页。

"弗洛伊德不循此法,他毕生致力于揭示我们无意识策略的复杂微妙、精明狡黠、机灵敏锐。由于弗洛伊德的影响,我们才有可能把科学和诗歌、天才和精神病——且最重要的是,道德和明智——不视为不同机能的产物,而视为是调节适应的不同方式"①。罗蒂指出弗洛伊德对个人独特性的强调,使得柏拉图和康德对普遍性道德的探讨显出无用,"他认为,惟有掌握到我们过去个人独特的若干关键性的偶然,才能在我们身上发现有价值的东西,才能创造值得我们尊敬的现在的自我。……他建议我们应该鼓励自己,把成功的自我创造或从个人独特的过去解脱出来的过程,编织成个人独特的叙述——病例"②。按照这一逻辑,福柯的所有著述就是个人的病例、个人的装载单,以福柯的话说其所有的作品都是自传。罗蒂指出弗洛伊德在社会公正方面无法提供我们资源,"他的惟一用途就在于他有能力使我们从一般概念转向具体……转向个人过去的独特偶然,或我们一切言行所承载的盲目或模糊的印记"③。自我的偶然并不意味着自我的无意义,而是主张自我追求差异、确立个性。自我创造体现于艺术创作,而不止于艺术创作,而是有伦理关切,即没有独创性的艺术家是缺乏生命内涵的人,是在私人完美上的缺失。罗蒂认同弗洛伊德心理情结之说,"对弗洛伊德而言,引起这个隐喻的原因,不是对另一世界的回忆,而是某一个特殊的'心理投射'(cathexis);换言之,对早期生活中某个特殊的人、物、字词灌注了一定的能量,因而产生强迫性观念的过程;这种对个别特殊事物的专注,当其释放能量时,就是造成隐喻使用的原因"④。我们

---

① [美]罗蒂:《偶然、反讽与团结》,徐文瑞译,商务印书馆 2003 年版,第 50 页。

② 同上书,第 51 页。

③ 同上书,第 52 页。

④ 同上书,第 55 页。

可以举出很多的例子，来证明这一道理。比如，卡夫卡的小说中"城堡""法庭""地洞"等隐喻是与他有个强力暴虐的父亲有关；海德格尔著述中"锤子""上手"等词汇与他乡村经历有关，以至于有学者讽刺他"以木匠的方式思考问题"。然而事物的起因和事物的意义，这是两个不同的概念，事物的起因不同于其意义，其意义可能超越其起因。基于生命的偶然，有同样人生经历的人未必有同样的体验，所以不能从作家的经历推出作品的意义，而应该相反，从作品反推作家的人生体验。卡夫卡的小说，局限于从精神分析角度分析是很狭隘的；海德格尔的哲学，如果局限于其个人经历，更是误入歧途。回到罗蒂，当罗蒂认同弗洛伊德的观点，将隐喻的形成归因于个人早年经历的人、事、词，并没有进一步探讨隐喻的意义。可以说，隐喻既然获得认可，说明隐喻的意义有更广泛深入的基础，或者时代的，或者美学的，或者心理学的，或者使事物得以彰显。

罗蒂一再地谈到个体形成过程中的各种"偶然"，回避"时代""民族"之类宏大叙事，即使不得不触及"时代""社会"之类因素，他的思路还是"偶然"而非"必然""规律"之类叙事。按照这种观点，"天才"与"疯癫或叛逆"的区别不在于二者本质的不同，而在于一系列偶然因素，"如果某个私人的强迫性观念所产生的隐喻被一般人认为有用，那么我们就会说那是天才，而不是天才或叛逆。……这差异只在于天才个人独具的东西，'凑巧'地被其他人所熟悉流传——其所以只是巧合，是因为某些历史情境的偶然所使然，是因为那个社会'凑巧'地在那个时候出现这样一个特殊的需要"①。罗蒂将天才之为天才视为偶然的机缘巧合，这种思路的确是后现代式的。比如，梵高由世人眼中的疯癫向天才的身份转换，按照后现代的思路，也是种种偶然因素使然。按照丹托的"艺术界"理论，认为

---

① [美]罗蒂：《偶然、反讽与团结》，徐文瑞译，商务印书馆2003年版，第56页。

是"一种关于艺术史的知识""一种艺术理论"使得普通物品成为了艺术品,而与其外观并无差别的另一物品则没有被认为是艺术品。这种艺术理论固然有其道理,却未免浅显。比如,梵高活着的时候不被艺术界认可,去世之后才有了如日中天的名气,以后现代理论来说这是偶然的,却忽略了梵高作品的深刻内涵,忽略了梵高作品震撼人心的力量。它能够部分地解释艺术界接受梵高作品的原因,却无法说明梵高作品是不是艺术品,也无法说明普通物品与艺术品的区别所在。相比之下,现象学美学在艺术作品的审美经验分析方面,做出了重要贡献,是对后现代美学、文论的纠偏。惯例论和艺术界理论源于后现代主义精神,将文本意义等同于解释,丧失了文本自身的统一性。伽达默尔解释学美学对于绘画的分析与海德格尔对梵高"农鞋"的分析异曲同工,"绘画……也是一种存在事件(本体论事件)……在绘画中存在达到了富有意义的可见的显现"①。其实,不仅绘画如此,一切艺术作品本质上无不如此。艺术以可见传达不可见,将不可见的时代氛围以可见之意象传达。

罗蒂区分了两类哲人,一是"西方形而上学传统"的代表,罗蒂称为"柏拉图—康德典律"(Plato-Kant canon),一是"青年黑格尔、尼采、海德格尔"称之为"反讽主义理论家"的代表,原因是"反讽主义理论的讨论主题乃是形上学理论"②。从罗蒂的思路来看,他们的共性如下:专攻形而上学典籍;目的是认识它并一劳永逸地摆脱它;创造自己的一些终极词汇;都可以作为文学批评家。在此角度罗蒂又将"反讽主义理论家"与"一般反讽主义者"区别开来。不仅是理论家,而且普通人也有自己的终极语汇,只是就哲学和文论而言,普通人的终极语汇没有太大的研究价值,成为海德格尔所谓的

---

① [德]伽达默尔:《真理与方法》,洪汉鼎译,上海译文出版社2004年版,第187页。
② [美]罗蒂:《偶然、反讽与团结》,徐文瑞译,商务印书馆2003年版,第138页。

"闲谈"。

按照罗蒂对于反讽主义者"质疑终极语汇"的定义，这三人并非彻底的反讽主义者，而依然有形而上学建构，甚至可以说其后期形而上学建构压过了其反讽主义倾向。尼采的视角主义和谱系学的对象是传统哲学、道德、文化，但是尼采为何不将此解剖刀运用于自己呢？尼采的"强力意志"如果按照视角主义和谱系学，也不外是话语的建构，无法作为生命的终极根据。按照福柯对知识型的划分，特定时代的知识型使得知识成为可能，也是其认知的局限，当福柯建构关于疯子、罪犯、同性恋者的话语时，当福柯张扬他们的自由和野性时，是福柯逃脱话语机制、开创新的话语的表现，福柯面对的是时代特定的问题，问题一旦解决他的解构也就丧失了意义。所以福柯的立场可以说是既符合反讽主义创建新语汇的一面，也符合其"质疑终极语汇"的一面。所以按照罗蒂对于"反讽主义"的三条规定，尼采、海德格尔只是符合"新语汇"的创造，而难以符合"质疑终极语汇"的方面。按说视角主义和谱系学都暗含着自我批判、反省即罗蒂所谓反讽的因素，但是尼采和海德格尔都是不彻底的，并未将之运用于剖析自己的思想。罗蒂则是彻底地贯彻了自我怀疑自我批判的方面，因此也是最为彻底的后现代主义者。

三 "自由主义社会的偶然"

罗蒂一方面延续了杜威的主张，将美国民主制度视为现存社会制度中最合理的制度，一方面并不将其美化为人类社会最好的制度，"弗洛伊德主张，我们应该把自己看作是大自然所做诸多实验之一，而不是大自然的设计之极致实现"[1]。罗蒂认同这一观点，认为这一观点呼应了杰斐逊和杜威以"实验"来形容美国的民主制度。罗蒂

---

① ［美］罗蒂：《偶然、反讽与团结》，徐文瑞译，商务印书馆2003年版，第69页。

倾向于认为，社会制度和自然之间无法比较，不同社会制度之间却可以比较。按照这种观点，历史上种种论调比如"君权神授""替天行道"无一例外地成为自我美化的幌子。罗蒂指出启蒙运动的文化（理性主义文化）特征是以自然科学为主导，其理想人物是能够把握真理的自然科学家，科学家成为社会中坚。这种对自然科学的顶礼膜拜不仅被后现代哲学解构，也早被海德格尔犀利解剖。就罗蒂而言，认同的是库恩的"范式"、福柯的"认识型"、尼采的视角主义、达尔文的进化论和弗洛伊德的生命偶然观，因此不仅人文学科不能成为科学，而且自然科学也不能提供永恒不变的知识。反本质主义并非虚无主义，罗蒂所推崇的是解释学，主张依据前人语汇的新语汇。罗蒂继承了怀特海的思想，也继承了浪漫主义以来的倾向，认为自由就在于生命过程中的创造。

罗蒂要破解的难题，是现实社会的残酷和不公正，而不是理论上的僵局，所谓"理论上的僵局"对于他而言不过是话语虚构。他主张言论自由，对于他而言没有不可触碰的言论禁区，"自由主义社会的核心信念是：若只涉及言论而不涉及行动，只用说服而不用暴力，则一切都行（anything goes）……所谓自由主义社会，就是不论这种自由开放的对抗结果是什么，它都赞成称之为'真理'"①。罗蒂上述主张在一个自由民主社会行得通，在专制社会则难以实施。这句话不是说明罗蒂式后现代主义的无用，而是说明其作为专制文化的解毒剂而不被许可。罗蒂对于海德格尔进行了"实用主义"的阐述，罗蒂力图寻找海德格尔与实用主义的共同点，强调其历史主义倾向、忽略他的形而上学倾向，为我所用不及其余。罗蒂解构了形而上学和神学，是因为二者把二者结合的希望立于虚幻不定的基础，而他立足于"历史主义"。

---

① ［美］罗蒂：《偶然、反讽与团结》，徐文瑞译，商务印书馆2003年版，第77页。

笔者的立足点, 是既肯定传统形而上学对于哲学、伦理学的价值, 亦肯定罗蒂在 "实用" 角度的研究, 认为他的理论有更强的现实意义, 但是不认同罗蒂将形而上学视为 "一种描述", 而是倾向于认为形而上学是人类 "形而上天性" 的证明, 认为后现代对于形而上学的解构, 使其理论建构既欠缺本体论维度, 也欠缺 "人是什么" "人与世界关系" 的深层追问, 是把孩子和洗澡水一起倒掉的倾向。

第三节 "自我创造"和"自律"

按照罗蒂的思路, 个体固然面临特定的文化传统、社会环境和话语机制而难以逃脱制约, 但是毕竟在私人领域有相对的自主性, 个体在私人领域的追求目的即 "个人完美", 首要的就是个人创造, 正如他在《偶然、反讽与团结》导论中所言, "……个人完美——自我创造的和自律的人生"①。如果我们能够接受维特根斯坦 "想象一种语言就是想象一种生活方式" "语言的界限就是我们生存的界限" 之类观点, 对于罗蒂的上述言论就不会感到突然。本节将剖析罗蒂 "自我创造" 和 "自律" 主张的内涵。

一 "自我创造"

罗蒂的 "自我创造" (self-creation) 逻辑起点是存在主义式的命题, 即人没有被赋予的本质; 每个个体被抛进特定的人生境遇, 面临种种偶然; 个体意识到自己生命的偶然, 在自我造就之际, 也就可能避免种族中心主义、民族中心主义、自我中心主义的弊端。关于生命的偶然, "把你自己看作是历史的偶然, 也就是不认为你自己与理

---

① Richard Rorty, *Contingency, Irony, and Solidarity*, Cambridge University Press, 1989, p. xiv.

性、自然、上帝、历史之类的命运之物相联系。把你自己看作偶然，也就是意味着，对你自己至关重要的东西，不是深层的理性，而只是你碰巧拥有了这种父母，你碰巧拥有了这种社会，如此等等"①。认同上述观点，将从一切虚荣自负或悲观无为中解脱出来，从沉重的历史纠葛中超脱出来，也从神圣而沉重的神灵、国家、民族、家族的宏大叙事中解放出来，像蝉蜕、蝶变一般获得心灵自由。从私人领域而言，个体将追求审美的人生，用福柯的话说，是让生命成为艺术品，当然也有例外，即追逐感官享乐的一生，不是让人生成为艺术品，而是让肉体尽享欢愉；从公共领域而言，是尽可能地促进人类社会的和谐，避免利益冲突引起的国际国内纷争。

如果说"自我创造"就是避免成为他人的复制品，而"他人"可能是英雄、伟人、天才，那么成为他们的复制品不是平凡之人的人生乐事？可以说，罗蒂之类后现代哲人作为历史主义者，会认为每个人都不能超越时代精神，英雄、伟人和天才也有时代的烙印。一个时代逝去，特定的问题、语境也就成为过去，后来者面临不同的社会问题、有着不同的语境、不同的人生装载单，可以追随其精神、沿袭其风范，却不必亦步亦趋墨守成规。罗蒂对于"反讽主义者"的三条界定，凸显的是其"消极"的一面，即不断自我质疑，而未曾凸显其"积极"的内涵即"强健诗人"之"自我创造"的一面，这使罗蒂将"反讽主义者"与"个人完美"相联系显得突兀。

罗蒂推崇尼采关于自我创造的论述，"他的'观点主义'（perspectivism）等于是宣称，这宇宙没有一张必须被认识的装载单……他以自己的语言描述过自己，从而也创造了自己……而所谓创造自己的心灵，就是创造自己的语言，不让自己心灵的范围被其他人所遗留

---

① ［美］罗蒂：《后形而上学希望》，张国清译，上海译文出版社 2009 年版，第380 页。

下来的语言所局限"①。（此段引文中的"观点主义"更为恰当的译法是"视角主义"。除非引文，本书统一采用"视角主义"的译法。）罗蒂对尼采的看法，是说由于尼采的视角主义意味着人类认识的限度、每个个体对宇宙的认识不可能是全面的客观的；因此人类没有可以依据的道德形而上学准则，人类只能依靠自我创造；而自我创造首推语言的创造，诗人是自我创造的典范；之所以推崇自我创造，源于不愿做他人的复制品，成为复制品就等于没有自己的真正存在。对于尼采，我们完全可以得出另外的结论，尼采主张世界万物的本质是强力意志；从人是强力意志出发，尼采推崇人的自我创造；所以尼采并非将人视为完全的偶然，还是主张人有本质即强力意志，人的自我创造是强力意志的发挥，是与所谓"宇宙的原始艺术家"的合一，并非人随心所欲的自我表现。所以在此罗蒂强调的是视角主义者和历史主义者尼采，而非形而上学家尼采。而在尼采，还是有形而上学—反形而上学的冲突较量。

个人完美首先即个人创造，在表现主义文论意义上，欣赏也是创造，不存在创造—欣赏的截然二分。罗蒂尽管没有将"创造"一词限于艺术创造、没有将"创造力"限于艺术家，他还是对于艺术创造、艺术家以重视，认为艺术家的人生是最丰富的人生。不妨以加缪的观点作为参照，加缪将人生的意义置于尽量多的审美体验。在此意义上，加缪将演员作为体验多的人和征服者、艺术家一起作为理想中的人物。演员能够在几个小时内体验别人的一生；而且可以体验众多人物的一生。可是体验多就有意义吗？是否如同饮鸩止渴，审美体验越多而虚无感越强，最后陷于绝望？应该说，审美主义确实有上述危险，但是存在主义者加缪以及后现代的福柯和罗蒂都是后神学、后形而上学的哲学家，已然决绝地堵死了回归宗教和形而上学之路。如果

---

① ［美］罗蒂：《偶然、反讽与团结》，徐文瑞译，商务印书馆 2003 年版，第 43 页。

说尼采尚有形而上学残余、有可能由审美陷于绝望的话，加缪、福柯和罗蒂都接受了人生的有限性，不再企图将个体完美的追求与普遍性相连。

罗蒂主张，审美生活的理想人格类型是"强健诗人"（the strong poet），"把人类历史视为一个接着一个隐喻的历史，会让我们了解到诗人——广义而言，新字词的创制者，新语言的构成者——乃是人类的前卫先锋"[1]。但是要追问的是，人类历史是隐喻的历史吗？把人类历史视为隐喻的历史，是否是对历史的虚无化呢？应该说，后现代的历史观有其偏颇之处，也确实有其道理，是对被建构的历史的解构；然而也有其弊端，即解构是不是另一种建构呢？解构是否依然是隐喻呢？历史对于罗蒂来说确实成为了胡适所言任人打扮的小姑娘。福柯的谱系学就是关注历史的细枝末节，在被建构的宏大历史叙事背后，关注那些沉默的声音，以决绝的姿态挖掘出了被迫沉默、被遗忘的声音。同时意味着，历史还是有真相与否可言的，否则，"话语—权力"就不成立。

罗蒂没有将创造能力限于艺术家，而是呼吁每个人开启自己的创造能力，"人生乃是这种永远无法完成、却又时而英雄式地不断重织的网"[2]。既然罗蒂和德里达解构了学科界限，将哲学、文学、自然科学都纳入隐喻意义上新语汇的创造，那么就意味着哲学家和科学家都在进行自我创造，"自我创造"不仅指的是新语汇的创造，也是寻求审美体验、扩展生命的可能性。至于自我创造的模式，对于不同的个体而言方式不同，因而每个人都有一张独特的"装载单"，因此每个人不应重复他人道路。即使罗蒂推崇文学经典，也不是让读者重复作家及其人物的人生轨迹，而是使其开阔眼界、获得更开阔的视域、

---

① ［美］罗蒂：《偶然、反讽与团结》，徐文瑞译，商务印书馆 2003 年版，第 33 页。
② 同上书，第 62 页。

更容易摆脱自己的终极语汇、更容易具有灵敏度和同情心，即变成罗蒂希望的"自由主义的反讽主义者"。

既然生命基于偶然，那么自我创造也是偶然的、没有规律没有模式可循，对于不同职业身份的人而言有不同的内涵。每个个体有独特的感受方式、体验方式和行为方式。不同阶层的审美趣味迥异、难以分享同样的审美经验，因而个人完美的内涵是多元的，"在这些共同目标的背后，人们应该对私人目标的彻底多样性、个人生命的彻底诗意性，以及作为我们社会制度基础的'我们—意识'（we-consciousness）的纯粹诗意性，具有愈来愈强的意识"①。这里的关键词是"诗意"，既然个人完美的模式是多元的，罗蒂就不可能提供一个样本，但是从他列举的人物来看，是尼采、福柯之类将个人生命作为艺术品来创造，即"诗意"是个人生命的目的。这也只是罗蒂的选择，是他置身于"文学文化"为主导的文化潮流中的结果，即他做出的是审美主义的选择。就历史和现实中的人们而言，个人完美有不同的理解，甚至怪异的审美趣味都无关紧要。正如福柯所言：发展你合法的怪癖吧！只要不对社会造成妨害、不给自己身心以伤害，雅与俗、正常与反常、合法与非法又如何！"合法的怪癖"作为一个被建构的概念，是需要追问的，在"合法"与"非法""爱好"和"怪癖"之间大有文章可做。比如关于同性恋，在当今文明的国度和制度下，基本上被理解为是私人领域的事情，但是在历史上，它既成为道德也成为法律的对象，有些国家法律许可，有些国家却可以判死刑。所以，同性恋作为"个人隐私"从"非法"不断成为"合法"、侵犯自由的"法律"不断被认可为"非法"，需要一代代人的点滴努力。

罗蒂作为反本质主义者，主张人无固定本质、人是不断变化的物种，又论及"那些特别善于做各种不同事情的人"，对于罗蒂而言，

---

① ［美］罗蒂：《偶然、反讽与团结》，徐文瑞译，商务印书馆 2003 年版，第 96 页。

哪些是"善于成为人的人"呢？应该说是相对的，不仅在不同的时代有不同的界定，而且对于不同职业、身份、阶层、年龄的人而言也有不同的内涵，对于今天的大多数人而言或许意味着"明星"；就罗蒂而言，他推崇的是哲学家、文学批评家等既实现着个人价值，又引领时代精神之人。

关于审美之于人生的意义，罗蒂的著作说明了艺术审美经验的重要性，其自传说明了另外的可能性即对自然美的欣赏。罗蒂对于野兰花的热爱是审美实践，只是罗蒂没有自然美角度的理论建构。罗蒂热爱野兰花，纳博科夫热爱蝴蝶，各自有所偏爱，与任何他人无关。纳博科夫对蝴蝶的迷恋，不需要他人的认同与否，不需要考虑公众是否认同，仅仅是个人审美趣味，是自认为的美和意义，前提是基于生命的偶然，每个人对人生意义的理解不同。而且这种审美趣味，可能有独特的人生经验交织其中，有个人情感的好恶，不是完全无功利的。罗蒂对于野兰花的热爱，内在原因是什么呢？借用中国古典美学的"致用""比德"和"畅神"说，罗蒂对野兰花的热爱，既非其有用，亦非从野兰花看出兰花的高洁，而是心旷神怡于野兰花的外形之美。当然，罗蒂也不是审美上的神秘主义，不会将野兰花作为精神象征，从中看到人与神、人与自然的深层联系。应该说，罗蒂在自然美问题上，没有美学体系建构。罗蒂把自然美的意义留给了每个人自己，每个人进行"个人完美"角度的审美领悟。

艺术家体现于艺术作品中的审美经验最为敏锐细腻。《洛丽塔》主人公亨伯特体验到强烈的审美快感，首句是"我的欲念之火，我的生命之光"，"光"与"火"的感受，理想的政治制度不能提供，普遍性道德不能提供，亲朋之爱也不能提供，只能来自于个人的审美体验，而且往往是某些禀赋迥异之人的独有体验。现代小说中，"光"与"火"往往与真理无关，也与宗教无关，与之相关的是隐秘绚丽的爱欲。比如日本作家泉镜花《外科室》医学生初见紫衣贵族女子，觉得"晃眼睛"而无法正视，是一见钟情的致命爱情。茨威格的小说更是展现了此类爱欲的摄人魂魄之处。在此"正常""道德"与否的区分已经没有意义。没有"光"与"火"之体验的人，可能是个守法的公民、称职的父亲，个人情感上则麻木迟钝。可是追逐"光"与"火"的人，对于社会事务、他人命运有时则冷酷无情。在现实生活中和艺术作品中，都能发现这一道理。这也是罗蒂从"残酷"角度解读《洛丽塔》的原因吧。但是《洛丽塔》文本是否有这一层含义？文本阐释的依据在哪里呢？按照英美新批评的观点，不能以作者的意图，也不能以读者的感受为依据，而要以文本自身为依据。但是后现代文学理论往往赋予读者以特权，比如罗兰·巴尔特的"阅读就是写作"与"文本就是文本间性"的观点、德里达的"延异"理论，都开启了读者阐释的无限空间。由于每部文学作品内涵都是丰富的，所以罗蒂注重的是"残酷"的方面，这是他的解读角度，当然是有道理的，而且文本的细节也能透露这一意义。

罗蒂的"自我创造"主要通过文学叙述实现，这时行为主体作为一个反讽主义者其工作属于私人领域，但是可以缓慢地影响公共生活。罗蒂说"自我创造的语汇必然是私人的，他人无法共享，而且也不适合论证"，"不适合论证"是正确的，"必然是私人的，他人无法共享"则值得斟酌。比如尼采、海德格尔、福柯，按照罗蒂的区分，他们属于反讽主义者，其自我创造的词汇却不仅是私人的，从受众而言，不仅限于少数知识分子，而且包括普通读者，其著述几乎成为书籍里的畅销书；不仅是表面上的畅销流行，而且包括精神上的影响，越来越多的人接受他们的理论；"必然是私人的"除非理解为：它在个人完美方面满足完美所需，而在公共团结方面无效，难以设想将尼采和海德格尔运用到道德和政治。罗蒂也的确在这个意义上界定他们，将他们作为"反讽主义者"，只能说是罗蒂的后现代视角的解读。尼采和海德格尔质疑传统哲学，其实依然寻找普遍性。尼采的"超人"和海德格尔"本真的人"以及居住于"语言之家"的人，并非满足于对人的"历史性"的解释，遑论生命的"偶然"。就是说，罗蒂强调尼采和海德格尔反形而上学的一面，相对忽略他们反形而上学的不彻底性。

摆脱平庸、成就自我，是一个人获得生命意义的最好方式，生命有限而体验无限，强健诗人就是重塑语言法则并影响后世的人。任何一个伟大艺术家都在改变着人们的观看方式、体验方式。比如探险家的生涯固然有危险，所见奇崛的风景岂是甘于安逸的人所能想象？福柯和罗兰·巴尔特，都有对"极乐"体验的赞颂，后现代的"极乐"体验不是宗教体验，而是有身体美学的倾向，是身心合一的完美体验。

罗蒂的思想暗含着一个思路：个人领域最有意义的就是个人完美的追求，即后现代哲学的审美化伦理，或者日常生活的审美化。比如罗蒂对野兰花，比如纳博科夫对蝴蝶，是一种纯粹的个人趣味，这点为个人独享，与任何他人无关，不必被他人认可。无从得知，纳博科夫对蝴蝶的迷恋与亨伯特对洛丽塔的迷恋之间有无关联，推测得知是有关联的，原因是少女和蝴蝶有共性，都是轻忽美丽的，都是介于尘世和仙界的，都是自在自足无法窥探其内心的，神秘美丽而不自知，所以才保持其对成年男子的诱惑。纳博科夫对蝴蝶可以止于欣赏或做成标本，亨伯特对洛丽塔则是诱惑而导致残酷的发生，洛丽塔的母亲因发现婚姻真相而自杀，洛丽塔的曼妙世界被过早破坏。川端康成的《湖》则写出了一个中年男子对少女的迷恋，男子只是尾随观望，没有进一步的行动，小说结束于男子买了一笼萤火虫，悄悄地挂在女孩的衣服上，然后远远欣赏。对美敬畏呵护，需要细腻温柔的心灵。为美迷醉、被美迷惑而无法逃脱，但是等待守护一朵花的开放，远远地观望一朵花的开放，比采摘这朵花更有意义吧。福柯对于古希腊人的爱欲的考察，进而主张的"自我控制"也适用于此。纳博科夫的小说是对唯美主义者的警示，即以唯美为中心的人可能是冷漠的，最终也是难以获得幸福，王尔德的《道连·格雷的画像》就暗示出这一道理。

罗蒂的反讽主义，本意是思想上的开放心态，不仅怀疑权威而且自我怀疑，因此要进行差异思考要质疑现有语汇。罗蒂在《偶然、反讽与团结》一书中将反讽主义和自由主义的区别放大了，似乎是两个不同领域的事情。而在此后的访谈中，他说明了二者的兼容，即反讽主义的语汇渐渐成为公共语汇。作者是为自己而写还是为公众而写并不是区分标准。笔者认为，二者的区分是相对的、模糊的。在罗蒂看来，个人创造是新的语汇的创造，笔者更愿意以杜威意义上的"审美经验"来代替。对于非知识分子而言，可能自我创造更多情况下并非语言的创造，亦非阅读文学作品，但是他们有"经验"，是心灵的触动改变，比如一个农民对于土地的深情、一个山里人对于大山的热爱，是一个城里人难以体会的。每个人生命中都有一张装载单，可能无法传达给他人，无法被他人知晓，但是却赋予他的人生以意义。

罗蒂在《偶然、反讽与团结》的第五章，比较了两类"自我创造"：普鲁斯特和反讽主义理论家，后者指早年的青年黑格尔、尼采和海德格尔、德里达。罗蒂之所以将后者称为"反讽主义理论家"，是因为他们区别于罗蒂称为"柏拉图—康德典律"的"西方形而上学传统"，"这个典律的代表，亦即那些伟大形上学家的作品，企图以固定不移的和整体的观点观看一切事物的典型"[1]。相比之下，"反讽主义理论家"则"企图回顾形上学家的这些超越企图，并且在这些看似杂多不一的超越企图中，找到一个统一性……反讽主义理论的讨论主题乃是形上学理论"[2]。罗蒂对于反讽主义理论家的上述评价

---

[1] [美] 罗蒂：《偶然、反讽与团结》，徐文瑞译，商务印书馆 2003 年版，第 137 页。

[2] 同上书，第 138 页。

亦是君子自道，罗蒂的讨论主题既包括了"形上学理论"，也包括了"反讽主义理论家"的理论，罗蒂也在为他们寻求"统一性"，只是反讽主义理论家清理了形而上学之后重建形而上学，罗蒂则仅仅限于"再描述"而否定了形而上学之可能性。

二 "自律"

罗蒂对于上述学者的剖析，需要引起注意的是"自律"（autuno-mous）一词。罗蒂认为"反讽主义理论家"不再试图提供一套形而上的理论，而是追求"自律"，"反讽主义者的一般特征，是他们都不希望对自己的终极语汇的疑惑，必须藉着一个比他们还巨大的东西来解决。这表示他们解决疑惑的判准，以及他们私人完美化的尺度，不在于和一个比他们强大的力量联系在一起，而是自律"①。按照罗蒂的说法，他分析的是《精神现象学》时期的黑格尔、早期即《存在与时间》时期的海德格尔和早期即《悲剧的诞生》时期的尼采，可是我们要看到，罗蒂是在为我所用不及其余，黑格尔的思想更重要的是"绝对精神"，尼采思想最重要的是"强力意志"，海德格尔思想最重要的是"存在"，这些词汇就是"比他们强大的力量"，而且其"私人完美"必须在和"强大力量"相联系中获得意义。关于"自律"，显然不是康德意义上的意志自律，那么自律的内涵是什么呢？

罗蒂指出，"反讽主义者的一般任务，其实就是柯勒律治给伟大的、有原创性的诗人的建议：创造自己的品味（taste）"②。这是他对"一般的反讽主义者"的定位。如果说浪漫主义诗人往往以对自然事物的奇妙感受来传达自己的品味，那么"反讽主义理论家"则是面

---

① ［美］罗蒂：《偶然、反讽与团结》，徐文瑞译，商务印书馆2003年版，第138页。
② 同上书，第139页。

对文本，"反讽主义理论家和一般反讽主义者的区分，就在于前者的过去，乃是一个独特的、范围非常狭隘的文学传统——大体上来说，就是柏拉图/康德典律及这个典律的注脚"①。罗蒂这段话信息很丰富，"文学传统"显出罗蒂对传统哲学的评价即哲学作为文学类型，"典律的注脚"以怀特海的话说，就是几千年的哲学史不过是对柏拉图的回应；海德格尔式"反讽主义理论家"是在对形而上学哲学史进行再描述，在此再描述中，"反讽主义理论家"得以显示自己的"品味"。"我们可以把反讽主义理论家看作专攻这些书籍——这种特殊文类——的文学批评家。"② 这里，罗蒂又是把哲学作为文学的特殊类型。

在此基础上，我们方能接受罗蒂下面这番话，关于反讽主义者，罗蒂认为他们的某些要求与社会发展无关，"尼采、德里达或福柯等自我创造的反讽主义者所企求的那种自律，是永远不可能体现在社会制度中的。……自律这种东西，只是若干特别的人希望透过自我创造才达到的，而且只有少数人才真正达到了自律"③。首先要明白罗蒂这里说的"自律"指的什么，才能厘清他把"自律"限制在私人领域的理由。"自律"是与时代、制度、文化、他人无甚关联的、纯粹的自我塑造，是存在主义式的自我主体性建构，也是浪漫主义式内心的丰富体验。自我创造也需要社会提供一定的条件，比如，梵高、尼采、荷尔德林之类天才，活着的时候不被理解，甚至被视为疯子，穷困潦倒，他们需要的不仅是生活必需品，还有同类的理解尊重。在专制社会，不要说天才艺术家，就连深得生存之道的普通人都如履薄冰，哪里还有这类天才艺术家的立锥之地呢？这类精神追求不免成为公众的笑料。当然，宽松还是严酷的政治文化环境，亦会影响他们的

---

① ［美］罗蒂：《偶然、反讽与团结》，徐文瑞译，商务印书馆2003年版，第139页。
② 同上。
③ 同上书，第93页。

"自律"方式，是隐居山林独善其身还是发挥社会影响。"我们利用那些词语来重新描述我们自己、我们的处境、我们的过去，然后将这些结果拿来和利用其他人物的语汇做出的再描述互相比较一番。反讽主义者希望透过这不断的再描述，可以尽可能地创造出最佳的自我。"① 可以说，罗蒂的反讽主义者质疑自己的终极语汇——自身语汇不是对"实在"的符合；只是一种描述；是创造而非发现；是描述而非推论。这种意义的反讽主义者不仅致力于个人完美而且有社会正义之诉求，"藉着修正自己的终极语汇来修正自己的道德身份（moral identity）"②。

罗蒂对尼采的分析，是把他作为自我创造的典范，而对他的形而上学倾向不予关注，"尼采不仅是一位非形上学家，而且是一位反形上学的理论家"③。尽管罗蒂也指出尼采没有彻底摆脱形而上学的困扰，还是忽略了尼采与后现代思想家的差异，即尼采不仅是个谱系学家、视角主义者，还是一个为"太一""强力意志"所纠缠的颠倒的柏拉图主义者，因此当他颂扬自我创造的时候，他始终摆脱不了痛苦和自我怀疑。当罗蒂声称，"反讽主义者根本不想要发现这种大秘密。他们只想透过再描述来重新安排一些微不足道的无常事物"④。此话用于评价普鲁斯特是合适的，用于评价尼采未免牵强。普鲁斯特对于经历的微不足道事物的细节以重新描述，使得人生有了意义，比如那段著名的"小马德兰点心"引发的无穷回忆。但是尼采的"自我创造"还是要依赖于"大秘密"，对于"微不足道的无常事物"则不屑一顾。罗蒂提及黑格尔、海德格尔和尼采作为"反讽主义理论

---

① ［美］罗蒂：《偶然、反讽与团结》，徐文瑞译，商务印书馆 2003 年版，第 114 页。
② 同上书，第 115 页。
③ 同上书，第 140 页。
④ 同上书，第 141 页。

家"的不彻底性，即不能拒绝重构形而上学的企图，即是说三人对于传统形而上学进行了解构，要克服形而上学，终结形而上学，却又再次重构形而上学。也就是说，三人从偶然性、有限性角度看待传统哲学，对于自己的学说却网开一面，试图再次建构超越历史之物。

罗蒂剖析说，由于黑格尔的"绝对精神"、尼采的"超人"、海德格尔的"存在"说明他们还是寻求"伟大人物"和"特殊权力"，使得他们作为"反讽主义理论家"难以成为自由主义者。的确，从海德格尔早年对纳粹的颂扬，到后来将诗人作为救世者，都说明海德格尔与罗蒂意义上的"偶然"观南辕北辙，海德格尔还是推崇传统意义上的先知、祭司、领袖。如果说海德格尔和尼采出于形而上学倾向而难以成为罗蒂意义上的自由主义者的话，那么福柯则是由于对于社会制度的不信任而难以成为自由主义者。

罗蒂指出尼采的两面性，即尼采对于传统哲学进行视角主义的观照，自己的"超人哲学"则回避视角主义，"观点主义者尼采所感兴趣的，乃是寻找一个观点，来回顾他所继承的一切观点……权力意志理论家尼采——也就是被海德格尔抨击为'最后的形上学家'的那个尼采——所感兴趣的，事实上和海德格尔一样，都是希望超越一切观点"①。（引文中的"观点"更通常的译法是"视角"，"观点主义"相应地翻译为"视角主义"，"权力意志"更合适的译法是"强力意志"。）每个人都有特定视角，拥有全知视角的只有上帝。罗蒂接受了尼采推崇艺术之于生活的意义的主张，对于尼采颠倒的柏拉图主义则弃之不顾。作为新实用主义者，在一次访谈中，罗蒂表示很多哲学研究没有直接的社会功用，如果要直接改善社会状况可以投身于其他领域，但是哲学能够"对知识氛围的变化起作用，作为一个整体，

---

① ［美］罗蒂：《偶然、反讽与团结》，徐文瑞译，商务印书馆 2003 年版，第 153 页。

知识氛围的变化最终对社会有益"①。比如反讽主义者的著作能够作用于私人领域，进而改变读者的私人语汇，于是私人语汇缓慢汇入公共语汇。然而相比政治的力量，反讽主义者语汇的重要性实在微末。比如中国20世纪80年代改革开放的语汇迅速代替阶级斗争的语汇，依靠的是政治改革，相比之下知识分子的声音是微弱的，不是说他们不够勇敢，而是他们的声音被忽略、被压制、被嘲笑。而当代社会日常语汇的粗鄙让人触目惊心，文雅含蓄的语汇只保留在古典诗词中。

笔者拟以海德格尔为例，说明罗蒂界定此类哲学家为"反讽主义者"的原因。

罗蒂将哲学作为私人领域的事情，以不断创造新的隐喻，并为克尔凯郭尔之类哲人保留生存空间。这一观点与致力于让哲学成为文化政治并不矛盾，是为一部分个人创造性的哲学著作"保留空间"。罗蒂在此强调的是哲学的私人性的一面，发挥着心灵的自由想象。这类著述作为个人独创性的智慧，可能与其时代精神相悖，而不被时代认可，甚至被嘲笑轻蔑，但是能够深刻地启迪后来者，叔本华、尼采、克尔凯郭尔莫不如是。他们的著作往往对知识阶层的心灵产生影响，并不会产生直接的社会作用，但是会逐渐地影响公众的精神生活，使整个社会缓慢地得到转变。而"小说、新闻报道、民俗志"是针对现实问题而作，能够唤起时代的热烈反响，能够达到罗蒂希望的唤起同情心、减少残酷，随着现实问题的解决它们也就被遗忘。这两类著作都有意义，都有作用。如果只余"作为文化政治"的哲学著作，将是对哲学学科的侵犯，是独裁者和某些左派人士的逻辑。

罗蒂从历史主义以及新语汇创造角度将海德格尔称为"反讽主义者"，有时也注意到海德格尔思想中的形而上倾向。罗蒂批评海德

---

① ［美］罗蒂：《哲学的场景》，王俊、陆月宏译，上海译文出版社2009年版，第257页。

格尔的技术观，"海德格尔的希望正是传统中最糟糕的东西——对……神圣者的追寻。一切始于神秘而终于政治。依据海德格尔关于技术与人的关系的看法设想出来的政治，要比技术的仪器本身更可怕……海德格尔对'哲学'观念——亦即'即便形而上学消失了，某种被称作"思"的事物还会留存下来'这种可悲的观念——的依恋仅仅表明了海德格尔对传统的致命依恋：德国教授中最伟大者最后的缺点"①。对于罗蒂而言，海德格尔既是当代最有独创性的哲人，又摆脱不了哲学史上的概念和问题，"存在"就是他以神秘主义"洞见"重谈柏拉图的老调，"如果说他要遭到批判，那是因为它有助于将我们束缚在柏拉图如下观念的谜咒之下：有某种特别的事物被称作'哲学'，我们有责任承担起它。……通过给我们提供'存在的开放'，来替代'哲学论证'，海德格尔帮助保存了他希望克服的那一传统中最糟糕的东西"②。罗蒂赞同其他学者对海德格尔的批评，即海德格尔将尼采视为颠倒的柏拉图，而海德格尔自己亦没有逃脱这一魔咒，依然是柏拉图主义的变种。当罗蒂说"尼采之后的哲学家，诸如维特根斯坦和海德格尔，他们写作哲学，都是为了呈显个体与偶然的普遍性与必然性"③。他把海德格尔后现代化了，没有指出海德格尔对古希腊思想的溯源、对"存在"的坚守。上述引文则指出了海德格尔对于柏拉图主义的继承。罗蒂强调了海德格尔解释学的维度，正如《哲学和自然之镜》中指出伽达默尔解释学的维度，但是罗蒂只突出海德格尔解释学的历史性，却忽略更重要的方面，即现象学维度。而现象学维度不是偶然成就的"此在"如何"偶然地"描述"存在"，而是"存在"怎样如其本然地"显现"，海德格尔强调的是真理的本质、语言的本质、语言是存在的家而非罗蒂意义上的

---

① ［美］罗蒂：《实用主义哲学》，林南译，上海译文出版社 2009 年版，第 65—66 页。
② 同上书，第 68—69 页。
③ ［美］罗蒂：《偶然、反讽与团结》，徐文瑞译，商务印书馆 2003 年版，第 41 页。

"偶然"。海德格尔早期有此在主体性的残余，后期语言作为存在的家、人只是家的看家人、人隶属于存在，这些才是海德格尔思想中更重要的方面。

总之，罗蒂强调海德格尔的解释学维度，忽略其现象学维度；强调其"语言的偶然"，忽略其"语言的本质"；强调其反形而上学的一面，忽略其形而上学的倾向；强调"此在"自我创造的一面，忽略"此在"与"存在"的关联；强调其作为"反讽主义者"的一面，忽略其神学的一面，即"诗人哲学家"成为新时代的"祭司"；强调其对"符合论"真理的"解构"，忽略其"存在的真理"之建构。2004年中国之行在与中国学者的访谈中，罗蒂称他关心的是海德格尔的批判工作，对于其存在、神秘不感兴趣，但是罗蒂不感兴趣的却是海德格尔最重要的思想。毕竟，罗蒂作为接受了杜威思想的学者，而且对于德里达赞赏有加，他不会对于海德格尔的形而上倾向视而不见，"倘若我们接受了杜威对西方理智史上所发生的事情的描画，我们就对海德格尔在这一历史上扮演的角色有了某种十分特别的解释；那样他就显得像是柏拉图和基督教的彼岸世界的最后一阵颓唐的回声了"①。

以海德格尔反观罗蒂，可以说罗蒂的思想有益于社会教化，却欠缺深度。比如对世界的理解，相比海德格尔《存在与时间》中"人在世界中存在"和后期"天、地、人、神"四方同在的思路，罗蒂几乎没有"世界"概念，只有"人类社会"概念。海德格尔"此在"的"向死而在"以及人与存在关系的探讨，更是罗蒂式后现代主义者"生命的偶然"不可企及。以后现代哲学为参照，海德格尔与柏拉图主义的深层关联得以清晰展现；以海德格尔思想为参照，后现代哲学的无根基性也暴露无遗。

---

① ［美］罗蒂：《实用主义哲学》，林南译，上海译文出版社2009年版，第46页。

第四章

"人类团结"：罗蒂"诗性文化"的
现实关怀

在《后形而上学希望》中文版作者序中，罗蒂首句即是"本书是追寻哲学家杜威哲学思想的尝试"。对于杜威之于今天中国的意义，罗蒂下面这句话应该有所启迪，"杜威常常被称作'美国民主哲学家'。不过这种称呼的重点应当放在'民主'上而非'美国'上"①。民主制度固然有其缺陷，但相对于专制制度毕竟更文明，无论民主制度还是专制制度，都是历史的产物，将让位于更完善的社会制度，更完善的社会制度需要想象，这一想象需要反讽主义的自我质疑不断试错，这样才能避免自我美化。

自传《托洛斯基和野兰花》一文中，罗蒂说明他从柏拉图主义转向杜威实用主义的原因——他发现柏拉图式哲学家对绝对真理的探寻是误入歧途，我们拥有的只能是相对真理，"不存在任何不可动摇的基点"②。他也说明是黑格尔的历史意识使其哲学担当了描述时代、把握时代，甚至改变时代的功能，是普鲁斯特的《追忆逝水年华》在回忆中把经验的一切"编制在一起"，完成了人生的把握。

---

① ［美］罗蒂：《后形而上学希望》，张国清译，上海译文出版社 2009 年版，第 1 页。
② 同上书，第 405 页。

如果说杜威延续了詹姆士和爱默生的传统，还是为民主制度寻找深层依据，那么罗蒂则主张民主制度的偶然，反对一种超历史的视角、赞同黑格尔的历史主义，"历史主义和实用主义结伴而行。某个人在思想中把握他自己的时代，就意味着尝试找出一种对此时此地正在发生的事情的描述，这种描述可能会帮助我们确定如何使未来不同于过去"①。可以说，罗蒂不仅不美化过去，不满足于现在，更不梦想一个虚幻的乌托邦，而是立足于当下，进行温和的渐进的改变。对于未来蓝图，罗蒂尽管并未给出详细方案，这并非罗蒂思想的缺陷，而是作为立足于"偶然"和"视角主义"的哲学家，他只能进行当下想象，并寄希望于未来人类的想象。罗蒂将自由民主社会称为"最高贵最富有想象力的产物"，基于相对主义立场，罗蒂这个评价是相对历史上和现实中的社会制度而言，而非对于未来社会制度而言，社会制度是"没有最好，只有更好"。一个反讽主义者时刻质疑自己的语汇，能够不断以他人语汇为参照进行自我纠正。知识分子能够对于公共事务发言，能够影响政治和法律，能够促使伦理道德的进步。

第一节　公共领域

论及公共领域，哈贝马斯和阿伦特是不得不提及的名字。在《公共领域和私人领域》一文中，阿伦特指出了"公共领域"和"私人领域"之外的第三个概念"社会领域"。首先指出的是个体与世界、个体与社会密不可分的关系，以及行动的重要性。从行文逻辑来看，阿伦特的上述观点其实是海德格尔思想的回声，海德格尔《存

---

① ［美］罗蒂：《后形而上学希望》，张国清译，上海译文出版社 2009 年版，第 335 页。

在与时间》对于"人在世界中存在"(being in the world)、个体与他人"共在"(being-with)从哲学上做了详尽的阐释。下面的见解则显示了阿伦特的独特之处:脱离抽象思辨,吸收古希腊"私人生活"和"政治生活"二分,发展出了海德格尔未曾建构的"政治哲学"。按照阿伦特的考察,古希腊私人生活、公共生活二分对应于家庭领域和政治领域,这种区分一直延续到近代,近代产生了"社会领域",对应于近代民族国家的产生,私人生活被纳入国家计划。社会领域的出现,"不仅模糊了私人领域和政治领域的传统界限,而且几乎在人们无所觉察的情况下改变了这两个术语的涵义及其对个体和公民的生活的意义"①。

对于罗蒂而言,罗蒂区分了公共领域和私人领域,相应地区分了公共话语系统和私人话语系统,前者是法律和政治的领域,后者是文学和哲学的领域;前者以社会和谐稳定为目的,后者以个人的幸福为目的。其中,哲学具有双重性,即公共性与私人性的双重性。罗蒂与德里达对文学、哲学的关系的理解有相通之处。

一 公共领域

在私人领域,每个个体追求新的语汇新的体验方式,在公共领域每个个体则必须有最低限度的公共语汇,最低限度的公共语汇就是"残酷是最坏的事情",因此认同"避免残酷",这样使得立足于偶然的反讽主义者也有普遍性的追求、是最低限度的自由主义者。进一步地,通过阅读文学叙事,个体变得越来越有灵敏度、同情心,不断扩大人类团结的阵营。

在1980年的一次学术演讲中,哈贝马斯说过,"18世纪为启蒙

---

① 汪晖、陈燕谷主编:《文化与公共性》,生活·读书·新知三联书店1998年版,第70页。

哲学家们所系统阐述过的现代性设计含有他们按内在的逻辑发展客观科学、普遍化道德与法律以及自律的艺术的努力"①。按说，这一现代性设计是好的，但是在具体实施过程中，科学—道德—艺术三个领域各有各的认识模式，专家各司其政。就是说，没有一种完整理性来整合这三个领域并协调公众的生活。对于个体而言，文化是碎片式的、难以把握的。要解决这一问题，就要回到完整的理性。所以，哈贝马斯并不认为现代性计划失败了，而是认为现代性计划远未完成，人类理性完全可以解决现代性出现的问题。

至于如何运用人类理性，哈贝马斯将现代性划分为早期形式和晚期形式。他认为在现代性早期形式中，人们拥有可以自由交流并达成共识的"公共领域"；在现代性晚期形式中，由于种种因素（官僚政治、新闻媒介和垄断企业的涉入），这一公共领域受到侵犯，理性的自由运用得不到保证。基于这点，哈贝马斯提出了他的交往行动理论，即在"理想的言谈环境"里，人们去达到"普遍共识"。后现代哲学看来，"共识"只能是暂时的共识，甚至妥协。比如利奥塔德对"共识"进行了质疑：人类理性是否可靠到足以自我设计？"共识"是人们真的达成了一致还是多数人对少数人的压制？利奥塔德的怀疑并非毫无道理。但是，事情的另一方面在于：如果人们不去进行理性设计，不去达成共识，是否会导向"政治无为主义"？或者如哈贝马斯指责的，由于后现代拒绝理性设计，而走向了前现代的"保守主义"？且不说"理想的言谈环境"如何保证，就说"普遍共识"这一设想本身就是普遍哲学的体现。利奥塔德并非反对一切共识，他认可"局部的"共识，只是不满于将共识作为知识有效性的标准。

对于著名的哈贝马斯—利奥塔德之争，罗蒂有过专文评论。哈贝

---

① ［德］哈贝马斯：《论现代性》，参见王岳川、尚水编《后现代主义文化与美学》，北京大学出版社 1992 年版，第 17 页。

马斯肯定康德把高级文化分为科学、道德与艺术，但认为康德不了解三方面的内在断裂，因而忽略了统一的必要。哈贝马斯的解决方案是：在"理想的言谈环境"里，人们达到"普遍共识"。对于哈贝马斯的这一论点，罗蒂认为"这是把康德看得太严重所制造出来的问题。在这一点上，错误来自于把康德对于科学、道德和艺术的区分看成是正确的，看成是关于现代性的最标准的阐释。……现代哲学永远不断地在重整这三个领域，把它们绞在一起，再把它们拉开"①。如果我们认同罗蒂的这一观点，那么"现代哲学"就是与社会和历史脱离了关系的理论怪圈。应该说，某种意义上是这样。罗蒂看到了哈贝马斯着重"共识""主体"的长处，这是在与利奥塔德比较中得出的。罗蒂认为由于利奥塔德包括福柯对社会、主体进步缺乏认同，在社会改革上不会有帮助。福柯与"社会""主体""进步"的关系则并非"不认同"这么简单。福柯的确对"社会""主体"和"进步"持批判态度，但不是要否定它们，相反他进行批判的目的恰是促进社会进步、主体性的真正实现。更准确的说法是，福柯在实践着另外一种政治——拒绝了宏大叙事的"微观政治"；这种日常生活层面的"微观政治"，能够更切实有效地促进社会进步、加强人的主体性；它能避免以国家、文明、理性、进步的名义引发的暴虐、反人道、非理性。沃林曾将福柯的这种政治观称为"后现代政治"，认为这种政治观"与现代的民主和解放观念形成鲜明的历史反差"②。福柯的这种政治观恰好能避免以"民主"和"解放"的名义造成的集权和压迫，能削弱权力对个体的控制。在罗蒂看来，即使达成了暂时的共识，也要时刻保持自我怀疑、随时加以修正。

---

① ［美］罗蒂：《哈贝马斯与利奥塔德论后现代》，参见王岳川、尚水编《后现代主义文化与美学》，北京大学出版社 1992 年版，第 63 页。

② S. Wolin, "On the History and Practice of Power", in Jonathan Arac, ed. *After Foucault: Humanistic Knowledge, Postmodern Challenges*, p. 179.

我们不得不认同罗蒂的论点，即私人领域和公共领域的区分是"历史"的。原始社会没有私人生活，封建社会没有底层人的私人生活，现代社会这两个领域的划分依然是相对的。福柯指出过微观权力对人的作用，权力深入肉体，权力也深入日常生活。卡夫卡的作品就写出了私人生活领域的被侵犯，实质是生命本身的被侵犯，阅读卡夫卡作品是痛彻的体验。如果说文学是营造文学形象或审美意象，那么卡夫卡营造的文学形象在荒诞不经中显现出本质的真实。就如现实生活中内心羞愧的体验，在梦境中可能会显现为赤身裸体暴露于大庭广众之中，卡夫卡就写出了此类梦魇，而梦魇是心理的真实。卡夫卡的《城堡》中 K 与女友弗丽达早晨醒来发现在教室中正被众人围观。卡夫卡以奇异的场景揭示出权力的无处不在，权力不仅来自当权者，也来自卑微者，而且底层人的相互折磨天罗地网一般无可逃脱。小说不仅彰显现了权力对人的粗暴侵犯和极端摧残，而且验证了福柯的"微观权力"概念，即权力不是自上而下的而是有无限的作用点，权力不是被占有的而是行使中的，权力不只是压抑而且生产，权力无所不在因而是一种关系或网络。卡夫卡的作品不仅写出了时代的荒诞，而且说明对于私人领域的侵犯，怎样摧毁着一个人作为人的尊严，从而从内心彻底摧毁他。"文革"时期的私人领域也成为公共领域，没有私人领域与公共领域之分，家庭成员之间的私下讨论也被上升到政治斗争高度，所以没有罗蒂所谓"若只停留在言论而非行动，则怎么都行"的言论自由。《凤凰视频》冷暖人生栏目制作播放过一个节目，"文革"时，儿子检举揭发说，母亲质疑领袖搞个人崇拜，当母亲被捕后，儿子和父亲一起主张判其死刑。结果是万人公审大会上，母亲真的被判处死刑并立即执行。几十年过去了，儿子在电视屏幕上公开忏悔赎罪，可是时光不能倒流，母亲当年的疼痛屈辱成为儿子心中有生之年无法拔除的荆棘。而且这并非个案，而是时代悲剧。今天看着这个视频，我们会感慨那个时代的疯狂和暴力，我们会庆幸不曾置身于那个时空。识别时代的疯癫与盲目是困难的，我们在易卜生《人民公敌》里看到的"人民"在鲁迅对"合群的爱国的自大"的描绘中的"爱国者"，在阿伦特《平庸的恶》（*Evil of banality*）中只知服从不去思考的一类人，在尼采的文本中滋生集权主义的群氓，他们盲从盲信，没有个体的思考判断，就像盲目的鱼群倏忽来去，可怜复可悲。按照历史主义原则，每个人固然难以逃脱时代精神的制约，但是总有先知先觉者发出新的声音，开启新的时代精神。如果我们难以认清时代、难以逃脱时代话语机制的操控，那么罗蒂至少提供了一种可能，即作为反讽主义者时刻质疑自己信念的无根基性；罗蒂至少提供了一个标准、一条底线，即避免残酷！肉体的疼痛和心灵的屈辱，是应该被每个公民关注的自由主义底线。当笔者于键盘敲下这些文字之际，分明听得耳边嘲笑，嘲笑着笔者呼吁下的迂腐不堪。这声嘲笑，才是彻底的虚无主义，不相信法律和正义，不相信社会的自我完善。

二 乌托邦政治想象

论及如何在公共领域发挥影响，罗蒂指出了联合国的作用，甚至主张继承基督教、马克思主义的思想精华。罗蒂设想的是人类共同的乌托邦，即全球成为幸福、公平、自由的所在。为此，罗蒂对于联合国的地位寄予希望，他主张加强联合国的力量以积极影响世界局势，避免了虚无主义和怀疑论的倾向。罗蒂也指出，在美国有两个大家熟知的方案，一是马克思主义暴力革命、消灭私有制的道路，一是经济繁荣、民主制度、福利国家意义的，而后一条方案在事实上的贫富差距、机会不平等面前暴露其缺陷。罗蒂并不悲观，"通往政治思考的适当思想背景是历史叙事而非哲学理论或准哲学理论。从更专门意义上讲，这种历史叙事一直延续到了关于我们如何才能从现在走向更美好未来的一个乌托邦方案。社会哲学和政治哲学往往且总是应该寄生于这些叙事"①。因此，罗蒂对于政治哲学和社会哲学转向语言哲学表示不满，主张历史叙事的重要性。然而马克思主义在某些国家的失败实践说明了理论与实践的距离；何况就当下现实而言消灭私有制亦是空谈；尤其显出罗蒂空想一面的是，政治如此复杂，人性如此难测，现实问题的解决很难以叙事的力量改变。比如难民问题，伊斯兰难民在德国犯下的性侵、屠杀罪行，使得德国仁慈的决策者显出东郭先生一般的迂腐。罗蒂主张不断地扩大"我们"的阵营，不断将"他们"认同为"我们"。然而，将"他们"视为"我们"的结果是"他们"对"我们"的侵犯，"我们"的同情心被恶意利用。显然，罗蒂善意地扩大"我们"的阵营之时，对于"他们"的恶意没有足够的考虑，对于由于文化、宗教信仰等因素造成的文化冲突没有足够的醒觉。

罗蒂对其自由主义乌托邦的描述是笼统的，但至少说明罗蒂对于人类的信心、对于乌托邦的信心。至于未来社会蓝图如何，有待于少数想象力丰富的诗人、哲学家的工作，他们更多地体现为私人领域的意义，少数禀赋杰出之士的工作对现实的残酷而言无甚意义，比如克尔凯郭尔的思想只对少数读者有意义，而难以发挥人类团结的作用。可以想象，罗蒂的自由主义和反讽主义的乌托邦理应是"不要残酷"的自由主义已经被广泛践行，是尊重个人的权利和隐私、对于个人的控制越来越少、给予个人发展的空间越来越大的社会，体现了后现代的政治观和伦理观，至于具体细节则难以预料。今天的人们难以预测未来的制度、生活方式和价值观念，正如封建社会的人们无法想象现代社会的政治制度、公民意识、生活方式。

尽管罗蒂作为反基础主义者，不会为现代社会提供理论依据，他

---

① [美]罗蒂：《后形而上学希望》，张国清译，上海译文出版社 2009 年版，第 327 页。

还是遐想一个和平、民主、自由的美好社会，而且是全球化的乌托邦蓝图；尽管罗蒂批评基督教的上帝崇拜、基督再临、来世期望之类信条，他还是主张从《新约》文本中发掘博爱精神，以为今天的人们所用；尽管罗蒂不赞同马克思主义，他还是主张不要全盘否定，而是从马克思的《共产党宣言》吸取对于现实和未来的乐观想象。应该说，这些不是罗蒂的自相矛盾，恰好是他作为一个后现代理论家价值所在，吸取一切合理的思想，抛弃一切美化自身排斥异己的企图（异教徒和基督徒之分，共产主义和资本主义之别），进行一切可能的改良，而且时刻准备修正自己的思想和行为。他主张到《新约》和《共产党宣言》中"寻找灵感和勇气"，"因为这两个文献表达了相同的希望：到时候，我们将愿意也能够以尊重和关心与我们最亲密的人、我们所爱的人的需要的方式来对待所有人类的需要。随着时光的流逝，这两个文本都聚集起了更加强大的鼓舞人心的力量。因为每一个文本都是为人类自由和人类平等做出了重大贡献的运动的奠基性文献"①。罗蒂主张不要信奉任何权威对于两个文本的解释，不要期待天国或者共产主义的来临，而是每个人致力于当下社会的点滴改变，"我们应该感激这两个文本，是它们帮助我们改善自己，帮助我们在一定程度上克服了我们的愚蠢自私和暴虐成性"②。应该说，对于马克思主义的理论产生兴趣，不仅是罗蒂，而且也是福柯和德里达一度的立场。马克思对于未来社会的美好想象、对于资本主义社会的有力批判，对于当下社会的完善是个有力的思想资源。马克思主义在某些社会主义国家的失败实践另当别论。对于马克思主义的兴趣，也和罗蒂的少年经历有关，即罗蒂父母与社会主义者托洛斯基（也有译作"托洛茨基"）一度密切交往。当然，罗蒂要发扬光大的马克思

---

① ［美］罗蒂：《后形而上学希望》，张国清译，上海译文出版社 2009 年版，第 319 页。

② 同上书，第 325 页。

主义，并非被苏联从理论到实践都歪曲了的马克思主义。对于个体而言，是否成为基督徒和马克思主义者并不重要，重要的是尊重和遵守公共领域的底线，而且尽量地关切他人。

按照罗蒂的上述逻辑，对于任何的文本、任何的理论，都可以采取这样实用主义的态度，根据需要为我所用，并不将其美化为放之四海而皆准的真理。按照上述逻辑，被罗蒂称为"反讽主义"的文本也有社会正义方面的意义。比如尼采和海德格尔被罗蒂界定为"反讽主义理论家"、福柯被罗蒂界定为"反讽主义者"而不具有公共领域的意义。但是海德格尔对于现代技术的批判、福柯对于微观权力的揭示却为一个民主自由的社会所需要。

罗蒂不止于理论上的倡导，而且行动中也体现出一个公共知识分子的责任心。2003 年 5 月 31 日，罗蒂、德里达、哈贝马斯以及其他四位知名学者联手，在欧洲的几大重要报刊例如德国的《法兰克福汇报》和《南德意志报》、法国《解放报》、瑞士《新苏黎世报》共同发表了《战争之后：欧洲的重生》。他们要求加强联合国的地位，呼吁欧洲和世界的知识分子联合起来，重建欧洲新秩序，在世界范围内引起广泛回响。可以说，一方面体现出后现代哲学家关注现实、展望未来的责任心，一方面说明他们对于社会现实并不只是解剖鞭挞而是进行着重建。

三　文学叙事的力量

罗蒂推崇的文学叙事是"泛文学"，包括小说、新闻报道、民俗学等。在今天影响更大的是新闻报道，以及亲历者的网帖，它以当下发生的事件迅速唤起读者的关注。在今天敏感度的提升依靠的不是罗蒂所言的传统文学形式，而是网络。网络上流传的信息不仅是鸡毛蒜皮、家长里短，网络成为启蒙的途径、对抗权力的手段。网帖固然也有被政治和资本操纵的可能性，但是毕竟有可能透露事件真相。宽松的网络环境不仅能够让事件真相浮出水面，而且能够唤起罗蒂希冀的同情心、能够推动法律进程。比如聂树斌、孙志刚、雷洋案，律师置安危于不顾的英勇，记者持之以恒的关注报道，网民坚持不懈的关注追问，推进了中国法治的日益完善。聂树斌的墓前，母亲在痛哭；孙志刚的墓前，父亲在痛悼；照片上雷洋的手指被新生儿的小手紧握……这些令观者无不动容。除了文字叙述，音频、视频和图片，都能够直观地触动人们，以其当下性、情感性、真实性直击人心。以儿童拐卖为主题的《失孤》就是一部足以唤起公众同情心的电影，作为公众，对电影主题有几种反应，第一种情况是再次验证了对中国黑暗堕落一面的想象，所以此类观众绝望仇恨，唯一所做的就是指责政府为何不出台相应政策（比如为新生儿建立信息库），或者感慨民众素质之低。第二种是事不关己无动于衷，视之为底层人的命运。这两类人基本不会走进电影院观看此类电影，至多是冲着明星而非剧情去看。第三类观众视之为"苦情戏"之一，庆幸于自己家人孩子的安全，电影院流泪一番心满意足地回家，对自己的法律观念无甚触动。第四类人是被触动被改变，在自己的人生中尽一切可能减少他人的苦难。怀着希望，而非绝望，致力于点滴改变。可是文学叙事功能止于这些，岂非浅薄？只能说，罗蒂把深奥的思想留给了私人领域，把浅显的道理留给了公共领域，深奥的思想对于公共领域而言没有什么意义。罗蒂希冀的这类"文学"，一定引来某些学者的嘲笑累落，视为文学艺术的堕落，文学成了"教化"的工具。然而实用主义文论就是立足于文学的教化功能，如同狄德罗对于戏剧道德教化作用的强调。

现代社会的人，可以信奉任何宗教（邪教除外），也可以无宗教信仰，没有什么争辩的必要。但是大家在一个问题上是一致的，即人应当尽量减少对他人的残酷，所以罗蒂主张"背弃理论，转向叙述"。通过文学叙述，提升敏感度，以"逐渐把别人视为'我们之一'而不是'他们',这个过程其实就是详细描述陌生人和重新描述我们自己的过程"①。只有心灵敏感,才能感受到他人在受苦,才有伸出援手之可能。一个感受迟钝的人,则难以感受他人的苦痛屈辱。但是要看到,敏感度和对他人苦难的同情,还是两个概念。现实中我们看到,一个有极高敏感度和审美能力的人,可能对他人更冷漠,就如钱理群先生所谓"精致的利己主义者"。这类敏感度高的人,可能更自觉地疏离他人,而不是将他人视为与自己一样的人,因为他们认可社会的等级划分,习惯了象牙塔内傲视芸芸众生。

现代人作为文明人与原始人相比理应是文明与野蛮的差异,但是人类历史反复上演着野蛮的行为,以至于令人感慨,生活在和平年代、安稳度过一生已是幸事。即使号称民主自由的美国,历史上发生过对于印第安人的屠杀、对于黑人的奴役。20世纪现代文明还发生了世界大战和纳粹的暴行。罗蒂对于世界状况并不乐观,而依然希望着未来的人类生活得更好,"对我们的后代,甚至每一个人的后代,生命终将拥有更多的自由、更少的残酷、更多的休闲和更丰富的财货和经验"②。今天,我们作为中国人,不仅拥有罗蒂上述的社会诉求,还有生态方面的诉求,还天空以湛蓝、还河流以清澈、还万物以生机。

第二节　自由主义者

受到杜威的影响,罗蒂认同的社会是西方自由民主社会,把民主制度视为目前最好的社会制度。这并非罗蒂的西方中心主义,而是说每个人都有解释学的视域。罗蒂主张的反讽主义,就是接受自身话语

---

① ［美］罗蒂:《偶然、反讽与团结》,徐文瑞译,商务印书馆2003年版,第7页。
② 同上书,第122页。

的无根基性，也暗含着向其他理论的开放从而不断自我调整。他作为一个美国学者当然有他的解释学视域，中国学者基于自身的现实处境和语境，可以对社会制度提出自己的理解。

近代以来，自由主义在西方政治思想中成为主流话语。以洛克、孟德斯鸠等为代表的古典自由主义持柏林所谓的"消极自由"观，认为自由乃是尽可能减少国家和社会对个人滥用权力；以杜威、罗尔斯等为代表的新自由主义则持柏林所谓"积极的自由"观，认为自由乃是个人主动地去做事情的权利；以哈耶克、诺齐克为代表的新古典自由主义代表的是古典自由主义的复兴。罗蒂强调其观点与下述学者的合拍：柏林的消极自由；弗洛伊德把人类看作大自然众多实验之一，而非大自然"设计之极致实现"；杜威以"实验"来描述美国民主制度。显然这些主张有相似的方面，就人与自然关系看，不是把人当作中心或自然的目的，只是众多生物之一。就社会制度而言，并不将民主制度绝对化为人类迄今最好的政治制度，而是充分地表露出人类自身的限度，是许多个偶然促使罗蒂之流知识分子相信这是目前所能想象的最好制度；由于深知人类认识的限度，即使民主制度不是最完美的制度，却是他们目前所能设想的最好制度，所以要捍卫它；捍卫它不是不允许批评，而是充分地允许批评，使其不断获得完善；并且认为它终将被新的制度超越，但是已经超出了当代学者的想象力，有待于后来者的努力。

罗蒂拒绝为自由主义提供基础，并非他无力提供基础，而是"反基础主义"在政治领域的体现，认为当今自由主义并不需要哲学基础，"自由主义社会的核心信念是：若只涉及言论自由而不涉及行动，只用说服而不用暴力，则一切都行"①。"一切都行"（anything goes，或译怎么都行）是后现代主义的信条，并不意味着虚无主义，

---

① ［美］罗蒂：《偶然、反讽与团结》，徐文瑞译，商务印书馆2003年版，第77页。

而是有多元、开放、自由之可能。"言论自由"不仅意味着要求表达的自由，而且是善于倾听他人的耐心，这样不仅保证自己权利的行使，也是对他人权利的尊重。充分的言论自由，使得封闭被打破，新的思维方式新的话语成为可能，新的替代性方案得以找到。理论上的反基础主义，实践层面则有可操作性，是一种自我修复的智慧。因此罗蒂不美化民主政治，不视为永恒的制度、标准，允许批评和解构。这与专制政体美化自身、只许歌颂不许批评相比是文明与野蛮的差异。自由的民主社会不需要基础，即不需要依据神性、普遍人性，而是依据"对话"，以对话的方式来"说服"或者"被说服"。"对话"之于当下中国而言，是非常急需的沟通方式。无论学术论争还是百姓日常生活中，都缺乏"对话"的谦虚恭敬之心，多的是傲慢暴戾之气。更不必说惨烈的社会事件了，无论是野蛮拆迁还是底层的报复之举，都丧失了任何对话的要求，把本来的"我们"变成了势不两立的"敌我"。

鉴于自由主义已经成为当今学界的共识，罗蒂推崇自由主义是顺理成章的事情，但是罗蒂对于"自由主义"没有进行理论界定，其"不要残酷"主张是对史珂拉思想的借鉴。罗蒂自称推崇"最低纲领的自由主义"，即"主张赞成自由提出的只是自由的底线不要残酷"，"我对'自由主义'一词的定义，转借自朱迪斯·史克拉尔（Judith Shklar），她说，所谓'自由主义者'，乃是相信'残酷是我们所作所为最糟糕的事'的那些人"[①]。如果按照上述"消极自由"和"积极自由"的区分，罗蒂理应属于"消极自由"观，即每个个体都要避免对他人的残酷行为。

朱迪丝·史珂拉（Judith Shklar, 1928—1992）是哈佛大学政治学教授、自由主义思想家，她的著作已经有几个中文译本，然而作者

---

① ［美］罗蒂：《偶然、反讽与团结》，徐文瑞译，商务印书馆2003年版，第6页。

名字译法并不一致：《守法主义：法、道德和政治审判》，［美］朱迪丝·N. 施克莱著，彭亚楠译，中国政法大学出版社 2005 年版；《美国公民权：寻求接纳》，［美］茱迪·史珂拉著，刘满贵译，上海人民出版社 2006 年版；《政治思想与政治思想家》，［美］茱迪·史珂拉著，左高山等译，上海人民出版社 2009 年版；罗蒂《偶然、反讽与团结》中文译本中译为"朱迪斯·史克拉尔"。除非引文，本书统一使用"朱迪丝·史珂拉"的译法。朱迪丝·史珂拉主张"残酷为首恶"（putting cruelty first）和她的人生经历有关，她是德裔犹太人，幼时从文学作品中感受到的恐惧、年少时跟随父母经瑞士和美国至加拿大的流亡经历使她体验到人生残酷的一面。作为一个敏锐善感的女性学者，她关注的是极少为男性同行关注的话题"寻常之恶"（ordinary vices），指的是"残酷、厌世、虚伪、势利和背叛"，其中"残酷"为首恶。因此史珂拉的自由主义是"恐惧的自由主义"（liberalism of fear，准确的含义应是：每个公民应该有免于恐惧的自由）；史珂拉也指出，相比历史和现实，要更好地理解残酷在人性中的体现，需要借助于文学比如戏剧的力量，"关于残酷，哲学家们谈论的是如此之少……历史学家、戏剧家和诗人在韵文和散文中并没有忽略这些恶，至少未忽略残酷"[①]。史珂拉的"寻常之恶"概念固然与阿伦特的"平庸之恶"（evil of banality）概念有相通之处也有根本差异，阿伦特的"平庸之恶"主要指盲目服从而不去思考（thoughtless）。

罗蒂对残酷的理解，不仅是肉体的疼痛，也包含灵魂的屈辱感受。何谓"残酷"？按照谱系学的观点，残酷是一个流动、变化、不断生成的历史概念，不同时代、国度、民族赋予其不同内涵。封建社

---

① Judith N. Shklar, *Ordinary Vices*, The Belknap Press of Harvard University Press, 1984, p. 231.

会，普天之下莫非王土，率土之滨莫非王臣，君主有生杀予夺之权，封建社会意识不到对于犯人肉体的酷刑、灭门等行为是反人道的；"文革"期间红卫兵不仅从肉体更从精神上虐待"右"派，也不会意识到残酷；即使当今时代，依然每天有残酷的事情发生，比如一再发生的留守儿童的悲剧，比如校园反复发生的身体伤害和语言暴力。

罗蒂认为人类团结的基础不是人类的"内在本性"，而是与动物共有的身体"疼痛"和人类特有的"屈辱"体验，因而主张人类应该尽量地避免残酷。"不要残酷"的主张无法论证、缺乏基础，是反基础主义的，即无法从理论上加以证明。如果非要找个理由，应该诉诸当下的解释学语境，即除了那些残暴的团体（如 ISIS）、反现代文明的专制政体，任何现代人都会认为人对他人的残酷是应该谴责的。罗蒂补充了非身体性的伤害，即"屈辱"（humiliation），这也是一个历史性概念，没有永恒不变的标准，罗蒂没有从理论上进一步探讨。作为后现代哲学家，作为反本质主义者和反基础主义者，罗蒂也不会为反对"残酷"和"侮辱"提供理论依据。

可以从几个方面探讨罗蒂将自由主义的底线界定为"不要残酷"的原因。首先，与罗蒂人生经历有关。自传《托洛斯基和野兰花》中提到，由于父母曾被划归"托洛斯基分子"，由于少年时期对托洛斯基案件和俄国革命的思索，"在 12 岁时，我就已经知道做人的意义就在于以人的生命与社会非正义做斗争"①。罗蒂最重要的意义在于指出，自由并非对早已存在的"真理"的趋同，而是对抗现实生活中的暴虐。人类历史上，为所谓的真理犯下了太多的罪行，自由的追求演变为暴政，正如罗兰夫人的名言"自由啊自由，多少罪恶假汝之名以行！"避免残酷，成为衡量自由主义的试金石。其次，与杜

---

① ［美］罗蒂：《后形而上学希望》，张国清译，上海译文出版社 2009 年版，第 361 页。

威影响有关。罗蒂深信杜威的观点，即个体能够积极地推进社会的公正和人道，推进社会的改革。罗蒂是杜威实用主义的追随者，延续了杜威对民主的关注、对时代问题的把握、对"说服"而非暴力的认同。罗蒂对自由主义者的界定是实用主义式的，即描述时代、把握时代、改变时代、参与社会的自由改革计划。再次，与史珂拉影响有直接关联，罗蒂对于自由主义的理解、对于文学功能的看法都受益于她的著述。最后，与"后哲学""后形而上学"文化有关，所谓"后哲学"即认为并无实在而只有对实在的种种描述，而且由于没有实在作为标准，种种描述不过是不同视角的产物；因此哲学不能作为其他学科的基础。罗蒂批判了"自由主义形而上学家"，认为他们的失误在形而上学而不在自由主义，他们对公正、权利、自由的辩护立足于宏大却空洞的"终极语汇"。作为一个新实用主义者和后现代哲学家，罗蒂警惕一切普遍性言辞，信奉的不是一场革命改变一切、终结过去、迎接全新的未来，而是逐渐的、温和的甚至微末的改变。罗蒂没有为自由主义提供一个普遍的基础，不是欠缺思辨能力，而是认为并不存在这样的基础；罗蒂不求助于真理、解放或革命的宏大叙事，而是求助于人之为人的底线，即痛感和屈辱。对其"相对主义"的指责是没有意义的，既然"绝对真理""普遍性"在理论层面讲是形而上学的思维方式，在实践层面一再地导向暴政。

罗蒂将福柯作为反讽主义的代表，将哈贝马斯作为自由主义的代表，认为他们各自代表了一种倾向，而不得兼顾。关于哈贝马斯对反讽主义者的批评，罗蒂予以反驳，"我反对哈贝马斯之类对反讽主义的质疑……我的辩护有赖于私人领域与公共领域的严格区分。哈贝马斯认为，上自黑格尔下迄福柯和德里达的一路反讽主义思想，对社会而言具有破坏性；反之，我认为这路思想，对公共生活和政治问题而言，大抵上是风马牛不相及的……一碰到政治，大致上是英雄无用武之地"①。这段话，罗蒂是在为反讽主义者辩护，认为他们的著作只是作用于私人领域，对于公共领域没有意义——对于公共领域而言既谈不上破坏，亦谈不上促进。笔者认为，由于罗蒂把私人领域和公共领域截然二分，其实是贬低了他所谓的反讽主义者的著作的意义。即是说，尼采、福柯之类哲人的思想对于社会而言确实有着罗蒂所言无关的一面，也确实具有哈贝马斯所言破坏性的一面（比如福柯对规训机制的质疑、为癫狂和犯罪的辩护），但是"破坏"不是贬义词，社会不能为稳定而稳定，思想也不能因循守旧，而是在解构旧观念的前提下求发展，这样才能使社会为个人发展提供越来越大的空间。

罗蒂谈道："哈贝马斯以及其他对于'哲学只是文学的一部分'一说抱持怀疑态度的形上学家们都认为，自由主义的政治自由要求人们对什么是普遍的人性，必须有某种共识。"② 而罗蒂对于"共识"的看法不是基于"普遍人性"，而是认为"共识"是"自由讨论"的结果，这种"共识"是"相信社会组织的目的，在于让每一个人都有机会尽情发挥他或她的能力来从事自我创造，而且这个目的所要求的，除了和平与财富之外，还有标准的'布尔乔亚自由'……这信念的真正深刻的基础其实是历史的"③，也就是说，罗蒂将"共识""自我创造"和"自由"理解为历史的、偶然的、不具有普遍性的，这的确是反讽主义者的论调，不提供稳固的基础，而是立足于偶然。这种观点的优势在于，能够弥补个人视域的局限、防范权力的滥用、在个人与社会之间达成暂时的协调。因此，对其相对主义、虚无主义的指责，都是毫无道理的。

罗蒂的"共识"之为社会的"黏合剂"，被批评为"实在不够厚

① ［美］罗蒂：《偶然、反讽与团结》，徐文瑞译，商务印书馆2003年版，第118—119页。
② 同上书，第119页。
③ 同上书，第120页。

实"。对此罗蒂的答复是，如果不是这样的"共识"，只能是形而上学的公共修辞，而形而上学公共修辞的瓦解，并不能导致自由主义社会的"削弱并瓦解"。笔者赞同罗蒂的观点，认为自由主义社会可以不需要形而上学公共修辞。此中道理，罗蒂以宗教的失效并未削弱自由主义社会的向心力作为类比。笔者认为，希特勒之类"元首"概念的失效，也可以作为类比。宗教信仰以神之名，"元首"以人造神之名，还有历代"替天行道"的把戏，都是把人类的意志美化为天、神的指令，不允许质疑、不允许抗争，只能完全服从，这样的思路不属于经过启蒙的公民。罗蒂对于形而上学的彻底解构，是否认形而上学能够为自由民主社会提供思想资源的。罗蒂的后现代哲学也为这类形而上学思考留下了可能性，即少数特殊天赋之人在私人领域的思考和新词汇创造，能够缓慢地渗透、作用于公共领域。

即使赞同罗蒂的"共识"论点，笔者还是认为，罗蒂未免乐观了。作为一个公民，尤其一个知识分子，即使有完全的善意、足够的是非判断力，他和谁达成共识呢？有什么渠道促使"共识"得以达成呢？"共识"或许是妥协的结果，或许有一部分人对另一部分人的压制，或许是几方声音相持不下、事情处于"胶着"状态。比如美国与反人类的 ISIS 之间如何达成共识呢？"人权高于主权"不能停留于纸上谈兵，对话不可能之际，行动是必需的。

第三节　人类团结

罗蒂对于"自由主义"的界定，包含了两个方面，"不要残酷"和"人类团结"。"不要残酷"是他一再强调的，甚至是他《偶然、反讽与团结》一书对于"自由主义"的定义，"人类团结"则是潜在的要求。

一 何谓人类团结？

按照罗蒂的观点，"人类团结"就是不断扩大的"我们"意识。而"我们"是谁？如果参照"不要残酷"的主张，即使对于敌人、战俘、罪犯的虐待都为文明社会所共同谴责。即使对于敌人、罪犯，都有宗教式的宽恕胸怀，期望将"他们"改变为"我们"，这是一个无限扩大的群体，"我们"是不断扩大的阵营，所以人类团结是最终的目标，超越民族、国家、团体的狭隘利益。罗蒂的这一思路是反基础主义的体现，"我们"是无限扩大的"单子"。与原始部落对"我们"的认同不同的是，原始人只有集体意识没有个体意识因而没有对"个人"的尊重，罗蒂却是从个体出发达至的群体认同。这并非罗蒂理论的弱点，恰好是他理论的实用之处。因此，罗蒂的"不要残酷"的主张看似陈腐，实则是防止群体疯狂的最后一道防线。罗蒂注重解释学视域，即不求助于共同人性，不需要依据稳固的基础，所谓共识也是暂时的、基于当下的情况的共识，当然也有相互理解的善意。

笔者赞同罗蒂的自我辩护，即罗蒂并不是虚无主义意义上的相对主义，他并不主张所有再描述都是同等的不可靠，而是主张在当下情境中，我们为何最认可一种描述而非其他；至于"我们"是谁，罗蒂不是以权威自居、以优等民族自居，或者孤立的单子，而是无限蕴含的"我们"。就如康德关于审美的普遍性从无功利关系角度分析一样，罗蒂对"我们"的强调，意味着这一描述既然对"我"而言是当下最被认可的，而"我"作为"反讽主义者"又是质疑"终极语汇"、随时准备自我改变的人，那么也就有理由相信，这一描述对他人而言也是有说服力的，所以期待"他人"成为"我们"。罗蒂对于"我们"的界定，的确没有"共同人性"作为基础，更无基督教的教义作为支撑，而是最低限度的，即"我们"尝试善意对待陌生人。

罗蒂所言的"我们"毕竟受制于时代、种族、民族、阶级、地域、文化传统、政治、家庭诸多因素，对事件的理解是有限的，对他人的感受也是有限的。恰恰是上述因素，使得冲突不可避免；即使传统不可避免，毕竟有达成共识之微末可能。

罗蒂本人隶属的"我们"是什么群体呢？从大的范围看，是美国公民，他有民族主义情结，要"铸就我们的国家"；从小的范围而言，是"自由主义的反讽主义者"，即知识分子——并不是所有的知识分子，而是少数的知识分子。罗蒂不是对少数人的美化，而只是表明一种倾向，一种时刻"不要残酷"并质疑"终极语汇"的倾向，因此说他的观点是"精英主义"是无意义的。由于"自由主义的反讽主义者"不断质疑一切终极语汇，所以对于狭隘的民族主义形成解构。他们将时刻警惕是否站在了民族主义立场，会时刻准备倾听他人，以改变自己的立场和话语，即使"他们"难以成为"我们"，至少不再是敌人。《哲学和自然之镜》中译本作者序中罗蒂说："在一切非西方的文化间，中国的文化无疑是最古老、最具影响力，也是最丰富多彩的。人们或许因此而可以希望，在西方理解自身过程中最近发生的变化，将有助于西方知识分子从中国方面多多获益。"① 罗蒂在 2004 年中国之行与学界的互动中表现得极为谦逊，他表露出对于中国文化的充分尊重。在扩大"我们"阵营之时，不是政治意义的扩大疆土、壮大国力或者增强凝聚力，而是在情感上的认同感，尽量扩大"我们"的阵营，从而避免对他人的残酷与漠视。原始人只有部落认同感，没有人类意识，因而对于其他部落的人可以肆意生杀予夺。文明人与原始人没有绝对的界限。试看 20 世纪的第二次世界大战，会发现文明人以国家、民族、种族的名义对其他国家、民族、种族的肆意掠夺杀戮。宗教、哲学和文学都是对人类心灵的守护，都超

---

① ［美］罗蒂：《哲学和自然之镜》，李幼蒸译，商务印书馆 2012 年版，第 13 页。

越了民族主义的狭隘性。罗蒂的出发点是以哲学和文学影响政治，不是制定具体的政策。

固然从理论上赞同超越民族主义，情感上还是有亲疏之分。作为中国人，内心对同胞有更多的情感认同，如看到一则标题很不幸的消息，打开页面看到是发生在其他国家的事情，就会松一口气，庆幸非我同胞；如果不幸事件的当事人是印度、非洲等落后地区的人，我们的心情会更放松一些，内心往往不视"他们"为"我们"；我们嘲笑着朝鲜人民的愚忠，内心也不把他们视为我们，对于朝鲜脱北诗人则有认同感，脱北诗人让世人明白，他们并非被完全洗脑，他们感受着痛苦。罗蒂的"同情心"和"我们"意识，如果以康德的道德形而上学之"义务"来衡量，将是轻飘无据的。然而，康德的道德形而上学，被福柯批评为空洞，在罗蒂那里也是因其形而上而被抛弃的观点。

二　如何达至人类团结？

罗蒂所言的"人类团结"就是一个无限扩大的"我们"，"如果没有像理性这样的人类团结的源泉，如果人类团结的观念只是现代人偶然幸运地创造出来的好东西，那么我们就不需要'交往理性'和'以主体为中心的理性'的概念"①。罗蒂反对哈贝马斯的普遍主义、理性主义，反对将"人类团结"的基础寄予"理性"之类宏大概念，而是认为"人类团结"意识不过是偶然的同情心使然。

论及对陌生人的同情，即使陌生人的宗教不被我们理解、其知识于我们是无法思考的盲区、其行为方式不为我们所接受，这些都不重要，重要的是他们需要帮助。罗蒂其实预设了对方的善意，预设了陌生人需要同情的弱者身份。就如同德里达和伽达默尔的论战中，伽达

---

① ［美］罗蒂：《偶然、反讽与团结》，徐文瑞译，商务印书馆2003年版，第97页。

默尔预设了对话者的善意一样。可是现实中，陌生人完全可能是潜在的犯罪分子，可以说我们今天严加防范的不再是野兽，而是野兽一般的人。如何同情他们、与其对话并达成共识？父母和学校都在教导孩子"不要跟陌生人说话、不要吃陌生人的食物、不要跟陌生人走"，这是保护孩子的方式。可是如此环境下长大的孩子，成年后能够相信并关爱陌生人吗？现实生活中，即使是成年人对于陌生人也是保持警惕的。可以说，现实生活不能验证罗蒂理论的无效，而是证实着罗蒂理论的必要性。一个良性的社会环境，是一个能够相信陌生人的环境；一个良性的社会环境，不会对陌生人见死不救；营造这样的环境，需要全社会的努力。

罗蒂的"人类团结"是不断扩大"我们"的阵营，而不是小团体为了一己私利的团结；小团体的团结根本不是团结，而是乌合之众，是出于内心恐惧必须排斥异己确立安全感，或者出于团体利益而暂时结成的同盟。罗蒂主张的人类团结，尽管没有宗教信仰作为终极依据，却是宗教式的博爱胸怀，是世界大同的构想。相比宗教意义的博爱，罗蒂的关爱陌生人显出其局限，不断扩大的"我们"前提还是"我们"，意味着达不到宗教意义的纯粹和无私。罗蒂的主张作为后现代理论，是"后神学"的产物，没有宗教作为支撑。回想现实中的我们每个人，即使具有宗教信仰，在做出同情、关爱的举动之前，不也是区分着亲疏远近吗？比如看到微信圈里的募捐，如果对方是我的熟人、亲朋，一定会多捐助一些，对方是完全的陌生人则少捐或者不捐。看到一则悲惨新闻时，我们还是体现出种族、民族、国家、阶层等各种角度的价值判断，无法一视同仁。

关于"团结"，罗蒂没有求助于宏大理论，而是诉诸文学的感召，"每当我使用'团结'一词时，我的意思是，他人和我们自己都是'自家人'，我们感到，打动他们的东西，也会打动我们，因为在某种程度上，我们和他们是一样的"①。他主张将社会"边缘人"纳入"我们"的队伍，其实罗蒂的"团结"不仅包含了边缘群体，更包含了不同民族、宗教、体制、阶层的团结，只是他并不诉诸共同的基础，"我认为，理论家空谈伟大人类团结的理论论证已经够多，但我没有看到团结因此有什么进展"②。罗蒂因此而推崇小说家的工作，因为小说能够提供细节，能够复活历史和现实中人物的生活细节，使其喜怒哀乐悲欢离合得以还原。小说能够"如实"地再现历史和现实，即使虚构的小说也能呈现本质的真实。现代主义小说虽然是艺术手法上的夸张、荒诞，却比现实主义小说更能体现生活的真实，而且表现与再现并非水火不容，既无绝对的再现，亦无完全的表现。人类缺乏上帝一般的视角，因此无法获取完全正确的科学知识，也永远完成不了形而上学大厦的建构。人类可以做的，是在有限的生命中、在特定的时空中，减少他人的痛苦和屈辱。所以罗蒂"避免残酷"的主张有更强的现实针对性、可操作性。比如关于拐卖妇女儿童，可以对民众进行普法宣传，这些不必考虑"人类的本性"之类哲学问题，也不必考虑人的生物学属性，而是诉诸我们每个人的同情心，我们每个人都能够体会到父母失去孩子时痛不欲生的感受。然而，相比政治和法律的力量，文学叙述的力量毕竟太过微弱。

当今中国，与罗蒂理论的语境有所不同。在"中国特色"语境下，我们迫切需要的，是法律的完善、民众的启蒙。社会最需要的，不是见多识广的文学批评家，而是有职业操守的法官、铁肩担道义的律师、妙手著文章的新闻记者。若论"同情心"，我们不需要文学经典唤起同情，每天的新闻都有令人动容的新闻事件发生，以至于为了保留自己可怜的"个人完美"，不得不为心灵套上一层保护壳。笔者

---

① [美]罗蒂：《后形而上学希望》，张国清译，上海译文出版社 2009 年版，第382页。

② 同上书，第383页。

敲下这些文字的时候，是 2016 年 8 月 25 日的中午，距清晨看到山东临沂 18 岁女孩因大学学费被骗而"心脏骤停"离世的消息已经几个小时过去了，心情依然沉重。只能说罗蒂的"诗性文化"设想在中国当下语境中显得天真。文学包括新闻报道固然可以培养同情心，可是并非所有人被唤醒了同情心，指望新闻报道能够让骗子们良心发现金盆洗手未免天真，这时需要的是健全的法律而非文学的启蒙。今天的中国，新闻报道比小说更能发挥直接的社会作用，因为新闻报道的真实性及时性，而唤起了整个社会的关注。当下的社会现实超出了作家的想象，而且读者更容易将新闻报道中的人物感知为同时空的鲜活生命来同情。新闻报道弱点是难以对人物的心路历程以深入挖掘。比如"心脏骤停"这是医疗术语，在新闻报道中没有情感色彩的医学术语，小说中可以事无巨细地展现一个乡村女孩的内心绝望。何谓残酷？残酷不是一个抽象的概念，也没有永恒不变的内涵。被骗取 1 万元的经历，对于一个贫穷淳朴的乡村女孩而言，是足以剥夺她生命的残酷，对于一个富裕家庭的孩子而言可能是短暂的难过。经由这类事件，重要的是整个社会要健全法律，减少、杜绝此类事情的再次发生，亡羊补牢犹未为晚，而非掩盖遗忘。罗蒂认为要挖掘谁在受苦，是新闻记者等的工作。确实，新闻报道的力量在于真实及时，不在于是否隐喻、不在于"再描述"是否新奇。我们每个人都在一个特定的小圈子里生活，特定的阶层、家庭、朋友使每个人的人生体验都很有限。比如都市居民难以想象大山里被拐卖女性的绝望，更难以想象印度妇女由于嫁妆在夫家被虐待致死的体验。由于互联网，我们能够体验到不同人的命运，并试图发挥自己的点滴力量影响人类文明进程。

三 为何寄希望于文学，尤其是小说？

罗蒂对于"文学"的界定并不严格，当他把哲学和科学都作为

"文学类型"的时候，他侧重的是语言的隐喻性，他有时又从"道德"角度定义文学，即一切与道德相关的都可以称为文学。罗蒂对于文学的界定也有狭义和广义之分，即使狭义的文学概念也是泛化的，除了传统文学理论对"文学"的界定外，还有新闻报道、民俗学资料等，而罗蒂广义的文学概念则包括了"文学批评家批评的一切东西"，广泛涉及政治、道德、心理各个方面，因此这种意义上的"文学"以"文化"代替或许更合适。尽管扩大了文学边界，罗蒂还是给予传统意义的"文学"尤其是"小说"以特权，认为小说能够提升心灵敏感度、培养同情心。

罗蒂认为文学能够详尽地展示受害者的痛苦屈辱，"使弱者深切地感受到他们的生活和其他人生活之间的对照（从而刺激革命），并且使特权者深切感受到同样的对照（从而刺激改革）"①。然而"革命"是有代价的，弱者有时选择了逃避。首先，往往是外来的因素使弱者反省自己的生活，比如朝鲜外派人员的孩子们由于随同父母体验到了外国的生活，才有了与国内生活对照的可能，当必须返回国内时他们试图逃避。其次，难以奢望这些孩子们有志于"革命"。有些脱北者选择了向世界诉说他们的悲惨生活，可是这些诉说不会被他们在国内的同胞看到，而且同胞们在多年被洗脑情况下已经难以有革命的可能性。再次，以为特权者能够感受到差距从而进行"改革"，未免是一厢情愿，特权者或许出台更严酷的政策对内封锁消息、推行个人崇拜。所以，罗蒂的设想对于一个民主社会是行得通的，对于专制社会则难以实现。罗蒂相信文学能够作用于人，需要自由民主的体制为保证，否则就是空话。

罗蒂指出人类与动物不同的是，"肉体疼痛"之外的"心灵屈辱"，"痛乃是非语言性的：人类与不使用语言的野兽之联系，就在

---

① ［美］罗蒂：《真理与进步》，杨玉成译，华夏出版社2003年版，第289页。

于痛。因此，遭受残酷的受害者，受苦受难的人们，并没有真正的语言"①。这里的"痛"不仅是肉体之痛亦是精神之创伤。由于受难者"已经痛苦到无法将新的语词组合在一起。所以，将他们的处境表达成为语言的工作，就必须由其他人来替他们完成。反讽主义的小说家、诗人或新闻记者善于此道，反讽主义的理论家通常反而没有办法"②。罗蒂这段话有道理，也有不足。认为受难者丧失了语言表达的能力，是一种偏颇。笔者认为，受难者可能暂时丧失表达能力，或者不允许表达，或者不愿再次撕开伤口，但是真正震撼人心的表达还是来自于受难者本人。我们看到，当集中营里的小女孩恳请纳粹将她埋得浅些，否则妈妈会找不到她，这一逻辑是儿童式的，更加震撼人心，成年人难以想象这样的场景或者写出来也显得矫情。比如郑念女士自传性小说《上海生与死》，她在监狱中关于女儿之死的猜测，读之令人心碎；凯尔泰兹的《祈祷文：给未出生的孩子》作为集中营幸存者的父亲对于是否让孩子来到世上的纠结心情，没有类似体验的人也难以想象；而我们想象中最为伟大的母爱，在脱北作家的描写中是那么不堪一击，作为少年的他由于饥饿把妈妈那份食物吃掉，被妈妈回来后用铁锹痛打，在物质富足的今天，我们难以想象饥饿对人性的塑造。

罗蒂作为后现代学者，没有现代哲学家的"乡愁"；作为历史主义者，没有因残酷暴虐的历史而失去对人类未来的信心，依然设想着一个乌托邦。这个诗性乌托邦，由于不以任何形而上学理论作为依据，由于其"反讽主义文化"的自我质疑，也就不会自我美化、自我封闭，而是能够自我完善、自我调整，所以不会走向实践中的"反乌托邦"。但是罗蒂对于这一乌托邦，既没有具体的实施方案，

---

① ［美］罗蒂：《偶然、反讽与团结》，徐文瑞译，商务印书馆2003年版，第133页。

② 同上书，第13页。

也没有详尽规划的蓝图，而是希冀着未来人类的想象力。

罗蒂之所以主张小说家相对于哲学家的重要性，在于前者能够发挥"不要残酷"的作用，而不仅形而上学的哲学家而且反讽主义的哲学家主要是对个人自我完善有益；罗蒂凸显小说家而非诗人的重要性，在于小说家能够事无巨细地展现残酷的各个向度，而诗歌往往是抒情而非叙事。因而罗蒂对于哲学和小说功能的比较，逻辑前提就是，哪个于社会更"有用"。有用，这是不是罗蒂对于哲学的苛求呢？应该说，与罗蒂对于哲学的看法有关。他将西方传统神学、柏拉图—康德形而上学视为过时的话语建构，他自己则是形而上学的终结者，他认同的哲学成为"作为文化政治的哲学"（philosophy as cultural politics），而海德格尔和福柯一路的哲学则被他归为个人完美向度的哲学。

如果说罗蒂对于文学有理论兴趣，也更多地出于实用的考虑，即目的在于增进社会正义。如果说罗蒂致力于让哲学"成为文化政治"的话，他为文学设定了同样的目的，即哲学和文学都成为社会进步的工具，以减少人类的苦痛、增强人类的平等、提升人类的幸福感。当然，罗蒂也为哲学和文学留下了空间，即个人完美的维度。现实生活中，每天打开电脑浏览新闻，都会看到残酷的事件发生，可是我们多少次回避了这类悲惨事件，因为它扰乱我们心情的平静，而我们又无力改变丝毫。我们会对自己说，心灵你再迟钝些再粗粝些吧！最好感觉不到痛苦。历史上的天灾人祸另当别论，现实中人对人的残酷足以令人震惊。至于纳博科夫《洛丽塔》主人公亨伯特对于理发师表现出的"残酷"，充其量是冷漠，准确点说是无意的忽略。

罗蒂之所以更推崇文学教化，如果从文学理论角度而言，按照伽达默尔的思路，艺术作品能够实现"本体论的倒转"，伽达默尔强调的是艺术作品与世界的关系，尽管艺术作品呈现一个世界，但此世界非彼世界，艺术世界并非现实世界的复制，而是对现实世界的本质展示，"我们称之为……解救，并且回转到真实的存在"①。伽达默尔有个观点是，艺术作品作为"向构成物的转化"，并不是说艺术家之手就像点石成金的魔棒，艺术作品就是从石头变化成的金子。如果这样理解，那么就会回归主观主义美学传统，将艺术家之手视为上帝之手。金子与石头不是一个东西，点石成金的是石头消失、是对石头的否定。伽达默尔主张"原型通过表现好像经历了一种存在的扩充"。艺术作品不只是模仿生活，作为"存在的扩充"，它有自身的意象、故事和逻辑。所以伽达默尔反复强调艺术作品不是摹本，或者说艺术作品不只是对已经存在的事物、已经发生的事件有模仿关系，而且可能是本体论意义上的倒转，即事物或事件的本质只能从艺术作品才能得到把握，艺术作品有相对独立性和自身价值，因此艺术作品能够超越现实的晦暗不明达到对现实事物的朗照。比如小说与现实世界的关系。伟大的作家并不局限于再现现实事件，而是达到对现实的本质洞察，因此具有普遍意义。卡夫卡《诉讼》中所言，一个无辜的人被法律杀死，耻辱将比他活得更长久。现实中很多人都陷于阿伦特所谓平庸之恶，不是大奸大恶之人的作奸犯科，而是冷漠麻木拒绝思考对他人造成悲剧。大多数人关注的是个人的感官享乐，对他人的命运麻木不仁。《洛丽塔》中的亨伯特相对于其他人而言，更能对于自身冷漠以自省，对周围人予以同情。亨伯特的冷漠，不仅是文明社会的常态，甚至这样的人可以称得上好人吧，毕竟他没有有意作恶。日常生活中，极端的恶不常见，常见的恰是缺乏同情心的冷漠，缺乏对他人生命的关注。比如2011年广东佛山的小悦悦事件，一个两岁多的孩子7分钟内两次被汽车碾压，18个路人却视若无睹。这种冷漠是最可怕的，因为它流动于每个人的日常生活，每个人都在冷漠的天罗地

---

① ［德］伽达默尔：《真理与方法》，洪汉鼎译，上海译文出版社2004年版，第146页。

网中无处可逃。这类事件不仅把 18 个路人钉上道德的耻辱柱，也让国人反省内心的冷漠，是什么原因让人见死不救？

罗蒂将"至于要发掘谁在遭受苦难"的任务给予了文学和新闻报道。专制政体的特征是不许受苦受难者发声，不许新闻媒体报道，所以苦难者的呻吟被淹没在一片歌舞升平歌功颂德之中。这类被迫沉默的声音，癫狂、犯罪、疾病，被自诩为理性、文明、幸福的社会压抑，而为福柯的考古学所发掘。文学恰似窒息时的一缕新鲜空气、沉沦之际的一根稻草、绝望之际的一线希望、黑暗之中的一点微光，这是文学的理由，尤其专制体制、黑暗年代的文学都是作家以生命书写文字。索尔仁尼琴的《古拉格群岛》让读者知晓苏联统治的残酷；凯尔泰兹《祈祷文：给未出生的孩子》展现了纳粹集中营幸存者的伤痕；尤为震撼的是《安妮日记》和集中营里孩子们的诗歌，就像春天的蓓蕾遇到突然的暴雪，它们还未来得及绽放生命的美丽，就被永远地扼杀了。可是后来者能够感同身受，并永远地记取人类历史上的残酷和耻辱，会尽力地减少现实中的荒诞暴虐。半个世纪前，我们的祖国大地上，还上演过集体的疯狂、发生过对所谓"牛鬼蛇神"的疯狂迫害，巴金老人的《随想录》力图还原历史荒诞的一面，力图反省历史、阻止荒诞事件的重演。这类文本还太少，不仅因为太过沉重的话题会破坏作者个人的现世欢乐。在文学中，不同文体抒发情感的方式不同、影响力也不同。小说和散文比诗歌更容易抒发情感，也更容易打动人心。所以，我们看到关于"文革"的文学作品，以自传和小说为主，诗歌需要意象营造、韵律的斟酌，也难以被普通读者理解呼应，自传由于其真实性更容易唤起读者的同情。比如野夫《江上的母亲》对其家族尤其是其母亲命运的书写，令读者潸然泪下之际，也进行思想的反思，启蒙得以缓慢进行。

以文学的方式，提升对他人痛苦的敏感度。从这个角度而言，影像可以发挥更直接的作用，比如逃难中丧生的叙利亚三岁小男孩，海滩上蜷缩的小身体触动了各民族、种族的人们，这一事件甚至被媒体表述为"很可能将改变欧洲历史"。但是文学对于人物内心隐秘的挖掘，远甚于其他媒介。比如遇难小男孩父亲的痛苦，需要深度新闻报道来传达，而小说将比新闻报道更加震撼。现代社会是一个图像时代，电视、电脑、手机等传播媒介的力量远甚于传统的纸质媒介，人们通过文学作品获得的影响远低于通过网络受到的影响，这是从文学经典向新闻报道的转移。然而达至个人完美，需要的仍然是阅读一本小说、一本诗集而非新闻报道，而且纸质媒介能够更深刻地触碰人的心灵。电子媒介更方便迅疾地提供信息，其报道的热点问题也容易迅速冷却而被遗忘。

四　罗蒂与女权主义对话之可能

罗蒂的实用主义有与女权主义对话之可能。首先，罗蒂式新实用主义对于女权主义最有启示意义的应当是反本质主义。女权主义不必寻找内在的、本质的东西，而应视"人性"为历史中流动变化之物，女性也就不会内向地审视发现自己，也不会将男性视为攻击的靶子，不能建构一个"反男权中心"的意识形态理论。其次，罗蒂式实用主义对于女权主义的启示是，不要局限于历史上女性受压迫的事实，而应该着眼于未来，即不要仅仅作为客观的研究者，而应该作为进行自我创造的女性。所以罗蒂高度赞扬女性学者作为历史主义者，在当下社会为了具体问题而发声。再次，这样的女权主义其实应该称为后现代的女性主义，放弃了本质追寻、力图自我建构、关注微观权力的运用而非权力理论建构的女性主义，这类的女性主义不是在男性社会里张扬女性权利，而是与男性携手为人类共有的压迫而抗争、力图建构美好的未来。

关于女权主义，罗蒂指出其遗憾之处即实在论倾向，比如对于女性学者的"女性在真理意义上是人，但是在社会现实意义上不是人"

的论点，罗蒂提出了批评，指出"在真理意义上"只能是"非历史的实在论"①。罗蒂给出的忠告是，要作为历史主义者，要对于当下发生的事物进行描述，立足于女性于当代社会已然取得的社会地位，进一步地推进社会进步。他的建议也是最底线的，"历史主义者认为，假如'内在的'意指'非历史的、不受历史变化触动的'，那么人类的惟一内在特点是他们与哺乳动物共有的特点——即忍受痛苦的能力"②。而罗蒂与某些当代女权主义者（后现代女权主义）则有更多的共同点，因为她们普遍接受了福柯的权力观，也接受了事物的话语建构性质。新的词汇的形成是困难的，但并非不可能。症结在于双方或许并不拥有伽达默尔所谓的"善意"。现实往往验证着伽达默尔、德里达之争中德里达的观点，即对话双方不是在寻求相互理解，而是在捍卫自己的观点。即使一个人意识到自己的错误，由于虚荣心、由于利益使然、由于团队意识，还是不断坚持自己的立场和观点，所以罗蒂的观点提醒我们，一切的语汇都是暂时的，都会很快地被超越，所以固执于自己的语汇是狭隘可笑的。

罗蒂建议女权主义吸收实用主义的观点，"实用主义的女权主义者将把她自身看作有助于创造女性的人，而不是看作企图更加精确地描述女性的人"③。这建议是外向的、面向未来的自我创造，而非内向地发掘所谓女性的本质，即女性不是解放自己而是创造自己。这与福柯的"生存美学"于女权主义的影响如出一辙，福柯也是主张人的自我创造而非自我解放。"解放"的措辞有本质主义的嫌疑，即自我有内在的本质等待发现、个体要做的就是摆脱异化回归本真。如果说人并没有本质，所能做的就是朝向未来进行自我创造，而现代女性

---

① ［美］罗蒂：《后形而上学希望》，张国清译，上海译文出版社 2009 年版，第 234 页。

② 同上书，第 230 页。

③ 同上书，第 239 页。

与传统女性受教育程度、社会地位、职场身份与自我想象都是截然不同的，所以现代女性面临时代特有的问题比如家庭与事业的冲突，具有现代的体验方式、表达方式、处境和命运。总之罗蒂对于女权主义的建议既有个人完美维度的自我创造，又有社会公正维度的道德关切。

在罗蒂，人类团结的基础不是"理性""共同人性"或共同宗教信仰，罗蒂不能给出"不要残酷"的形而上的理由，他给出的替代性方案是"感受"（feeling）。有的学者据此将罗蒂的"团结"称为"消极团结"，认为"有这么多可能的团结方式，但从未被罗蒂谈论"[①]。笔者不能赞同这样的评价，因为罗蒂在试图解开最难解的症结即对陌生人的团结，"其他的团结方式"自然不需讨论。关于"自我创造"，该学者接着举例说，12个孩子的家庭，由于贫困孩子们没有私人空间，如何进行个人创造？笔者同样不认为这是罗蒂"个人创造"的弱点所在，因为罗蒂的"个人创造"的确是有一定知识的、有一定闲暇的人士的权利，而且往往体现为语言的创造，对于现代社会而言，并非少数贵族的特权而是大多数人可以拥有的生活方式，为何一定要以极贫家庭来否认罗蒂的意义呢？极贫家庭，首先需要的是物质问题的解决、起码的私人空间，才能进而考虑个人创造吧。这不是一个话题，所以该作者的靶子打偏了。而且，看看当今中国，节日期间的人们丰衣足食并有闲暇，却并非在致力于个人创造，而是沉溺于感官享乐。

当今社会是一个多元的社会，人们有了更多选择的可能。生活在不同政治制度下、信奉不同的宗教信仰，在行动时不必去寻找"共同人性"作为理论依据，而是对他人痛苦的感同身受。比如天灾时

---

① Dianne Rothleder, *The Work of Friendship: Rorty, His Critics, and the Project of Solidarity*, State University of York Press, 1999, p. 53.

有世界各地伸来的援手；暴力事件发生，有来自世界各地的一致谴责。可是在"感受他人痛苦"问题上，罗蒂未免有些乐观了。因为"他人痛苦"毕竟是个历史概念，受制于时代、政治、环境诸多因素，还有更微妙的心理因素。罗蒂之所以为罗蒂，在于他并不认为人有固定不变的本性，既然一切都是偶然，那么历史完全可以成为一去不复返的历史，就让残酷暴虐的历史永不复返好了。可是，我们看到的景象是，历史一再重复地上演。罗蒂和其他后现代哲学家一样，过于轻松地处理了"人性"，也过于轻松地处理了"历史"。罗蒂的意义则在于其"实用"，启示我们对于当下事件做出回应。比如我们可能很难理解为什么 ISIS 如此凶残，但是我们可以对于身边的事件做出回应，减少不义暴虐。即使公众成就不了伟大，也能够作为普通人在周围营造安全的氛围。

罗蒂主张"背弃理论，转向叙述"。"背弃理论"的原因，是对"单一观点和终极语汇"的放弃，转向了一系列"偶然"；"转向叙述"是说叙述能够唤起同情，从而避免残酷。然而，人们的叙述已经足够血泪。而这些血泪叙述打动了什么人呢？能够打动的，会有那些刽子手吗？当年的迫害者，会有负罪感吗？文学叙述固然可能使读者产生同情心，也可能使作家和读者焦虑抑郁、产生对人性的绝望。华裔女作家张纯如对于南京大屠杀的书写，不仅使她经历着心灵煎熬，也使读者不忍卒读。固然忘记历史意味着背叛，而太过沉重的历史，有时使人丧失对于未来的希望、对于人性的信心。罗蒂的著述中，少见对于人类历史的回顾剖析，多的是对于未来的期盼。历史事件已经无法改变，因而与其挖掘历史上的残酷，不如对于现实中的残酷以密切关注；阻止正在发生的残酷，比任何事情都更为重要。

著名哲学家罗素在《我为何而生》（*What I have Lived for?*）一文中这样总结其人生："有三种情感，单纯而强烈，支配着我的一生：对爱情的渴望，对知识的追求，以及对人类苦难不可遏制的同情。"

关于第三种情感，罗素说，"我渴望能减少这些不幸，但无能为力，这也是我的痛苦"。

对于人类苦难的同情，以及无能为力的痛苦，是许多人都有的感受。只是，伟大的人物有能力减少人类的不幸，普通人却只能减少身边人的痛苦。伟大与普通，并非指的有社会地位、政治资本、明星效应，而是存在主义式的自我实现。比如堪称伟大的慈济慈善事业基金会，其慈善行为活动遍及全球，最初1966年证严上人于花莲创立时，是三十位家庭主妇每人每天省下5角钱开启这赈灾扶贫之事业。比如出身贫寒却成为穷人、病人、流浪者、临终者守护天使的特蕾莎修女所作所为更是为人敬仰。"人类苦难"指的什么呢？从罗素这番话里，可以看出他的例子是"饥饿中的孩子、被压迫和折磨的人们、给子女造成重担的无助老人，以及孤独、贫穷和痛苦的整个世界"，可见罗素所指的"人类苦难"是现实生活意义上的苦难，是疾病、贫穷和奴役。现实生活意义的苦难需要现实的解决方案，心灵意义上的苦难才需要宗教的或审美的慰藉。

罗蒂主张"人类团结"，但不是站在政治家的角度，政治家会出于国家、集团利益，罗蒂却是超越着狭隘的利益，其"同情"是后神学的博爱，向着全人类开放。罗蒂的问题在于，这种理想主义精神势必在复杂的现实面前受挫。罗蒂的意义在于，知其不可为而为之，虽败犹荣。相比之下，美国新实用主义的另一代表舒斯特曼在"通俗艺术""身体美学"方面尽管有所建树，但是在"人类团结"维度并无建树，"身体美学"只是属于罗蒂所谓"个人完美"的次要方面；舒斯特曼对于"隐喻""想象力""创造力"也缺乏足够关注，所以其理论与罗蒂的理论不可同日而语。

罗蒂的"不要残酷"主张主要是针对人类社会的残酷，力图减少由于人类的狂妄自大、贪婪无度等造成的战争、杀戮，减少现实生活中的冷漠。在笔者看到的资料中，并没有提及动物保护。动物保护，这是一个沉重的话题。动物作为人类的食品源源不断地被屠杀，而且人类根本不会顾及动物的疼痛与否。受到保护的只是被认为珍贵的，或濒临灭绝，或作为宠物的动物。罗蒂的"自由主义"和"人类团结"是在人类社会内部，是人与人的关系，没有延伸到人对动物的关系，但是罗蒂的"不要残酷"理论完全可以延伸到人对动物的态度，即动物伦理。媒体经常有报道，有的鸟儿面对受伤的同伴守候鸣叫不离不弃，大象妈妈会坚持拯救小象长达 11 个小时，熊妈妈为了不让小熊遭受活取胆汁之苦不惜扼杀小熊，可见动物和鸟类也是有情感的。"动物伦理"不同于"生态伦理"，前者基于"避免残酷"因而是情感性的没有更深层的依据，后者基于生态保护因而可以有科学依据。相同的是，都可以以文学的方式来进行；不同的是，生态伦理还可以进行理论论证，基于"不要残酷"的伦理无法进行理论论证。善待动物，有何依据？不必求助于佛教的教义，甚至不必求助于生态学。罗蒂的理论能够为动物保护提供依据。只是因为动物有疼痛、恐惧感受，所以"不要残酷"不应只限于人类社会，也应惠及动物。人类对动物的杀戮或是由于生存所需，或是仅仅为了取乐，就是对动物的虐待。为何善待动物，拟人化的文学可以提供辩护。不要试图从理论上论证为何人们能感受到动物的痛苦，甚至不必依靠宗教的教义，比如丰子恺先生的《护生画集》，最可靠的方式是付诸感受力，有时甚至无须想象力，只需感受其他生灵之苦痛。哈佛大学哲学教授玛莎·努斯鲍姆（Martha Nussbaum）在一系列论文和访谈中把善待动物提升到正义的高度，涉及"动物伦理"（animal ethics）和"动物权利"（ animal rights）问题。她的著作 Poetic Justice: The Literary Imagination and Public Life 已被译为中文（《诗性正义：文学想象与公共生活》，丁晓东译，北京大学出版社 2009 年版），与罗蒂的"诗性文化"对于想象力、对于文学与同情心的论述有很多相似点，遗憾的是笔者于书中并未看到她对于罗蒂思想以任何回应。

玛莎·努斯鲍姆《诗性正义：文学想象与公共生活》一书很多概念和罗蒂一致，她对罗蒂却并未提及，其实二人有太多的相似点，比如都推崇惠特曼、狄更斯和杜威，都推崇个体生命的独特性和文学的想象力、都推崇诗人之于社会的意义、认可文学的干预功能。有所不同的是，罗蒂强调人对他人的同情，使得他人从陌生人变为"我们"，因而促成人类团结。而玛莎·努斯鲍姆主张中立，承认群体的差异，要求文学裁判"是一个明智的旁观者"，同时她也认为这个"旁观者"是个富有想象力和同情心的裁判，即在法律领域，不仅是客观公正的法律条例为判决依据，还要考虑"诗性正义"。仅就此书而言，玛莎·努斯鲍姆此书并无深层学理依据，不能和罗蒂的著述相提并论。此书优点在于，对于群体区分以及歧视以担忧，比如对于女性和穷人可悲处境的分析，这点在罗蒂并未细致关注；她列举了不少鲜活例证，使得该书现实关怀更强烈。由于该书是法学院课堂的讲课稿，所以书中出现了大量的案件剖析，指出了文学想象力怎样引发同情。如同罗蒂对于"残酷"的关切，她也倾向于关注"不幸"的"个体"，认为每个个体都是独特社会环境的产物，因此要了解一个人的行为就要了解他的整个人生，"我已经论证，小说阅读的经验产生了一种强烈的信念，把每个生命都看作是独特的和独立于其他生命的"[1]。法律意义上不可理喻十恶不赦的罪犯，按照文学裁判标准，或许是走投无路四面楚歌的绝境使然。诗性正义是对法律的补充甚至纠偏，这个道理在文学作品中反复得以验证。如果说对罪犯的仁慈是对受害者的不公，试想有多少人是天生的罪犯呢？在没有宗教信仰的社会，诗性正义弥补了宗教的功能，试图给予每个人以理解、宽恕、同情。

---

[1] ［美］努斯鲍姆：《诗性正义：文学想象与公共生活》，丁晓东译，北京大学出版社2009 年版，第 133 页。

第五章

"自由主义的反讽主义者"：罗蒂
"诗性文化"的理想人格

罗蒂"自由主义的反讽主义者"意在为后形而上学时代的理想
人格定位。关于自由主义，罗蒂没有进行理论探讨，只是指出其底线
"不要残酷"。关于反讽主义，罗蒂的界定是消解了"终极语汇"。本
章力图对罗蒂"自由主义的反讽主义者"的内涵、理论及实践层面
的可能性进行探讨，并指出反讽于当今社会的意义。

第一节　"自由主义的反讽主义者"
理论上是否可能

罗蒂依然延续了将个人完美与社会正义的追求相联系的思路，其
独创性的概念"自由主义的反讽主义者"（liberal ironist）也是一种
调和。他不再试图从理论上结合二者，而是将个人完美和人类团结视
为两个领域的事情，一为私人领域，一为公共领域，二者不可融合，
不能以人类团结的名义否定个人完美，亦不可以个人完美之名忽略人
类团结。

一 公共领域与私人领域二分

个体在私人领域是不断质疑旧语汇、致力于新语汇创造的反讽主义者,在公共领域是认同"不要残酷"的自由主义者,两个领域可以并行不悖或相互渗透。罗蒂认为反讽主义者的信念没有任何基础,但至少有一个愿望(hope),即"苦难会减少,侮辱会终止"①,这使反讽主义者成为最低限度的自由主义者。理论上二者是分离的,各自有自己的所在领域,所以罗蒂不在理论上结合二者,而是主张在生活实践中结合二者。可以看出,私人领域内每个个体的人生意义在于成为审美主义者,而在公共领域个体则应该作为自由主义者。与后现代诸家"以审美代伦理"或"审美化的伦理"有所不同,罗蒂主张审美就是审美、是私人领域的事情,不能要求其通向政治或者伦理。比如热爱野兰花是罗蒂个人的事情,不必要求他人都喜欢野兰花,不必与他人达成共识。但是文学与野兰花有所不同,文学是人写的,文学是写人的,文学是写给人的,文学既然与人有关,就无法完全限定于私人领域,而是与公共领域发生关联。当然私人性质的写作作为个人完美的方式,并不完全独立于公共领域,而是缓慢作用于后者。

罗蒂所言的"自由主义者"与"反讽主义者"表面上似乎不相容,自由主义者有坚定的信念,反讽主义者则充满怀疑精神。比如,如果自由主义者也像反讽主义者一样"永远无法把自己看得很认真",对自己信奉的自由主义"抱持着彻底的、持续不断的质疑",他怎么坚守自由主义信念呢?罗蒂又是怎样把两个概念令人信服地结合在一起的呢?

罗蒂的"自由主义的反讽主义者"不仅延续了西方将个人完善

---

① Richard Rorty, *Contingency*, *Irony*, *and Solidarity*, Cambridge University Press, 1989, p. xv.

与公共事务尽力结合的传统，更是延续了哈贝马斯等对"公共""私人"领域的区分。罗蒂将从事形而上学研究的哲学家当作私人完美意义的新语汇创造，消解了他们工作的公共领域的意义，罗蒂将哲学转向了"文化政治"（philosophy as cultural politics）。关于对他的质疑，即反讽主义者并不能成为自由主义者，罗蒂指出其私人领域和公共领域的二分不能成为反驳的理由。其实罗蒂私人领域和公共领域的二分字面上是加强了这一质疑。罗蒂的解决方案并不是回归共同人性，而是寻找人类的共同感受，"如果我们相信，我们全部都有一个无上的义务，必须减少残酷，并使人们在遭受苦难的机会上是平等的，那么我们似乎必须承认，人类一定有某种独立于他们所说的语言的面向，值得尊重和保护。这就暗示，重要的是一种非语言的能力，亦即人们感受痛苦的能力，相较之下，语汇上的差别则不很重要"①。按照罗蒂的定义，"反讽主义者"是质疑一切"终极语汇"的人，"反讽主义者"是反基础主义者，与其形成对照的并不是"自由主义者"而是"形而上学家"，因此"反讽主义者"和"自由主义者"理论上并不冲突。笔者对于罗蒂为"反讽主义者"可能是"自由主义者"寻找的理由剖析如下：反讽主义者的特征是质疑旧语汇、创造新语汇，因此主要是"自我创造"即私人领域的意义，而与公共领域没有太大关联；由于"不要残酷"是自由主义的底线，一个反讽主义者如果能够将"不要残酷"视为底线，说明他也是一个自由主义者；一个反讽主义者之所以能将减少残酷视为底线，不在于与"他人"拥有近似的语汇，否则还是反讽主义者队伍内部的认同；一个反讽主义者将减少残酷视为底线的原因是"语汇"之外的因素，即认同每个人都有"感受痛苦的能力"；不妨继续追问，为何认同了每个人都有感受痛苦的能力，就导向反对残酷？只能说，来

<hr>

① ［美］罗蒂：《偶然、反讽与团结》，徐文瑞译，商务印书馆2003年版，第125页。

自于我们作为"文明人""现代人"起码的道德良知，来自于我们已然如此的事实；有时反讽主义的知识分子停留于理论的呼吁而难以采取实际行动，显出了一定的冷漠。并非反讽主义的知识分子比普通人更冷漠、更沉溺于内心、更无视道德准则，并非罗蒂所谓的知识分子道德与否是偶然的，更重要的原因是思想者耽于思考而弱于行动。或者说写作也是行动方式，反讽主义的知识分子的写作就是他们的实际行动。

按照罗蒂的逻辑，反讽主义者不断地为自己也为秉性特异的人士开拓生活空间，"我们很容易想像反讽主义者为着波德莱尔们和纳博科夫们，极力要求更多的自由、更大的开放空间，而另一方面，却完全忽略奥威尔的那种要求……"① 显然，罗蒂并不赞同大多数人对反讽主义者的偏见，即反讽主义者是可疑、危险、酷爱解构的。其实反讽主义者只是解构了应该解构的，比如形而上学。反讽主义者对于形而上学家的解构，使后者不免屈辱的体验，"反讽主义的根源乃是意识到再描述具有巨大的威力，但大多数的人都不愿被再描述，他们希望别人按照他们的意思来了解他们：对他们本来的面貌和他们所说的东西，都认真地当作一回事。反讽主义者则告诉他们，她或任何反讽主义者都可以任意操纵他们所使用的语言。在某种意义上，这主张潜藏着强烈的残酷性。因为要使一个人痛不欲生，最好的方法是侮辱他们，把他们认为最重要的东西变得一文不值、落伍过时，或毫无意义"② 。这里的"大多数人"是与反讽主义者相反的人，比如探讨终极问题的形而上学家，也包括历史上和现实中固执己见、自我中心的人士。

---

① ［美］罗蒂：《偶然、反讽与团结》，徐文瑞译，商务印书馆 2003 年版，第 126 页。

② 同上书，第 127 页。

二 "反讽主义者"与"自由主义者"的兼容

从理论上说，与"反讽主义者"不能兼容的是"形而上学家"而非"自由主义者"。

从质疑"终极语汇"的角度，罗蒂将"反讽主义者"（ironist）区别于"形而上学家"（metaphysician）。罗蒂所谓"形而上学家"，指的是"他完全相信，一个词语在他的终极语汇中出现，就表示该词语必然指涉某个具有真实本质的东西"①。相反"反讽主义者是一位唯名论者（nominalist），也是一位历史主义者（historicist）。她认为任何东西都没有内在的本性或真实的本质……反讽主义者花时间担心她是不是可能加入了错误的部落，被教了错误的语言游戏"②。反讽主义者与"形而上学家"不同，反讽主义者是怀疑主义者，质疑终极实在，只是在不同语汇之间进行比较。显然，反讽主义不是只有个人完美维度，还有其社会关怀维度，但是其语汇的社会关怀维度被罗蒂认为是无用、无益的，比如海德格尔的"欧洲""民族"等语汇。因此反讽主义者基于对自己现有语汇的质疑，产生倾听他人意见的渴望，同时对他人语汇保持质疑，然后达成暂时的"共识"："共识"的达成不是基于普遍理性而是各种偶然因素使然；"共识"也不是永恒不变的，而是针对特定的事件的共识，所以很快会失效；既然是暂时的而为何要坚持，因为它是当下能够找到的比较好的方案，更好的方案超出了大家目前的想象力，而且无法判断什么是最好，所以罗蒂说"最好是更好的敌人"。可以说罗蒂这一理论缺乏深度，却不能否认他的理论的实用性、可操作性。无论是哲学领域还是政治领域，各种"最""绝对""无限""完全""永恒"之类描述太多了，

---

① ［美］罗蒂：《偶然、反讽与团结》，徐文瑞译，商务印书馆2003年版，第107页。
② 同上。

事实证明要么是空中楼阁要么是自我美化，以至于一些"反乌托邦"小说描述了乌托邦设想如何成为现实中的地狱。

罗蒂对于"形而上学家"的"再描述"，把他们呕心沥血、穷其一生发现的"真理"贬低为只有私人意义，对他们而言将是最大的"残酷"和"屈辱"。其实罗蒂并非处于"影响的焦虑"中的儿子、并不具有"弑父"情结，原因是罗蒂作为后现代主义者会认可"影响"的无处不在、完全创新的不可能，"再描述"与前人的"描述"处于文本间性关系中。从罗蒂"反讽主义者"视角看，上述"形而上学家"只要能做到"不把自己看得很认真"，就能坦然接受自身的有限性，不会把后来者的解构视为侮辱。比如罗蒂自己，时刻自我质疑、谦虚地倾听他者的批评、时刻准备着自我改变，不提供永恒真理，只针对具体问题、特定语境提供自以为有用的工具。如若具备这样的心态，后来者的批评不会使他体验到"侮辱"反而使他欣慰，因为有助于他发现自己"终极语汇"的症结所在。所以，"反讽主体"作为一个不把自己看得太认真的人，并不是虚无主义者，而是对于自己的有限性保持清醒的意识从而不断进步的人。

罗蒂区分了年轻黑格尔（《精神现象学》时期的）和老年黑格尔，将前者视为反讽主义者，将后者视为形而上学家，"……我认为黑格尔的《精神现象学》首开先例终结了柏拉图/康德传统，而且为反讽主义者开发诸多巨型再描述可能性的能力立下了典范……由于发明了这种批评方式，年轻的黑格尔们脱离了柏拉图/康德一脉相承的传统，而为尼采、海德格尔、德里达等人开启了一个反讽主义哲学的传统。对这些反讽主义哲学家而言，他们的成就建立在他们与前人的关系上，而非在他们与真理的关系上"[1]。显然，与"前人"而非与

---

① ［美］罗蒂：《偶然、反讽与团结》，徐文瑞译，商务印书馆2003年版，第112—113页。

"真理"的关系，是罗蒂对他们的评价。从罗蒂对于"反讽主义者"的三条界定来说，反讽主义者最突出的特征是对于终极语汇的质疑。通过罗蒂对于"反讽主义者"的举例说明，会发现他有时突出反讽主义者创造新语汇的一面。

三　海德格尔：一个反讽主义者?

罗蒂将海德格尔称为"反讽主义者"，是罗蒂对于"反讽主义"界定上的不同侧重点使然。罗蒂有时侧重于反讽主义"质疑终极语汇"的方面，有时则凸显其"个人新语汇的创新"即"个人创造"的一面。就"个人新语汇创造"的角度而言，海德格尔是反讽主义者；就"质疑终极语汇"而言，海德格尔难以称为反讽主义者，因为海德格尔没有解构本体论问题，也一直在探讨"人与存在的关联"。这类哲人并非局限于个人新语汇的创造，其实他们心怀德意志民族乃至整个欧洲，只是在罗蒂看来是一种私人话语而已，是罗蒂将他们划入了私人领域。

罗蒂将分析哲学和现象学称为"一种返祖现象"，即试图回到康德式形而上学。罗蒂将尼采和普鲁斯特作为自我创造的典型，即都是新语汇创造。罗蒂只是强调他们再描述的对象不同：前者是日常生活，后者是哲学经典，但是罗蒂并没有突出尼采并不止于描述经典，还要建构他自己的形而上学即强力意志理论。好在罗蒂也看到黑格尔、尼采和海德格尔三人与普鲁斯特的差异，即三人是不彻底的反讽主义者，或曰前后期思想有差异。

罗蒂将黑格尔、尼采、海德格尔称为"反讽主义理论家"，以区别于一般的"反讽主义者"和"形而上学家"。笔者认为从罗蒂的思路来看，称他们为"形而上学家"应该更合适，或曰具有一定反讽精神的"形而上学家"。罗蒂指出，"形上学家……相信知识是人类和'实在'（reality）之间的一种关系……形上学家相信，外在的世界中存在着真实的本质，而我们有义务去发现这些本质，这些本质也倾向于协助我们去发现它们"①。从这个意义来说，三人后期都是"形上学家"。海德格尔固然没有将哲学与诗严格区分，却让哲学臣服于诗，他并不质疑自己的终极语汇。当罗蒂强调海德格尔"语言的偶然性和历史性"时，他忽视海德格尔语言观更重要的方面即语言的必然性和语言的真理性。海德格尔尽管在早期论述过此在的有限性和历史性，但是30年代转向后更重视的是寻求"原初的"和"本真的"语言，而且主张古希腊语和德语相对于其他语言的优越性。具体到美学建构，同样是柏拉图主义的余响，即审美是对存在的把握。

　　海德格尔"此在"的生存主义向度、此在与语言的关系是罗蒂注重的，是他把海德格尔界定为"反讽主义者"的原因。可是相比之下，与其说海德格尔是反讽主义者，毋宁说是形上学家更合适。罗蒂也认识到，"'此在'就是海德格尔给予反讽主义者的名字。但是，到了后期的海德格尔，'此在'一词就被'欧洲'或'西方'所取代了"②。即便在《存在与时间》"此在分析"部分，海德格尔也不完全是个反讽主义者，他的目的是探讨存在，是以现象学方法抵达存在，当然在罗蒂看来，所有这些词汇，包括"存在""存在论""现象学"都和神学词汇一样，作为形而上学的残余都应该被摒弃。学界一般将海德格尔的思想区分为前期和后期，认为其前期有主体性的残余，后期则注重"存在"。但是罗蒂认为，"前后期海德格尔之间的一贯性，就在于希望找到一个能够使他保持他的真诚性的语汇，避

---

　　① ［美］罗蒂：《偶然、反讽与团结》，徐文瑞译，商务印书馆2003年版，第108页。
　　② 同上书，第160页。

免他妄想与更高的力量合一"①。罗蒂的这一评价有其道理，就是说，海德格尔一方面试图摆脱传统的存在—神—逻辑学机制，另一方面不愿成为立足于偶然的反讽主义者，这使海德格尔处于从现代哲学向后现代哲学的转折位置，他的宏大叙事比如"欧洲""西方"也就作为形而上学的残余被后现代哲学解构。罗蒂对于海德格尔视为神圣的"基本词语"进行了如下质疑："如果他和我们所有的人一样，都是有限的，都在时空的束缚中，除非他又陷入形上学家的老窠臼，否则他如何宣称他能在听到一个词语时，就可以辨别它是不是一个基本的词语？"② 罗蒂的思路是，海德格尔在梳理西方形而上学史上著名人物的终极语汇，以作为不断上升的阶梯，而后试图扔掉梯子，即摆脱形而上学。其实，我们还可以从另外的角度来看，即海德格尔赋予了某些人士以特权，如荷尔德林式诗人，能够作为人和神的中介，能够逃脱个体的局限性，得以说出"基本词语"。这一思路，仍然与传统形而上学对于人的身—心、灵—肉二重性的区分相关。

罗蒂将海德格尔与普鲁斯特比较，认为他们都致力于"再描述"，不同的是，海德格尔有公共的野心，普鲁斯特只是满足于个人完美维度。普鲁斯特是以对无数生活细节的回忆、想象、体验重塑人生，相反地，"海德格尔相信他知道一些对每一个现代欧洲人都（应该）会产生共鸣的语词，这些语词不仅对那些凑巧读了许多哲学书的人的命运，甚至对整个西方的公共命运，都是息息相关的"③。其实，罗蒂何尝不如此！何尝满足于个人完美，而没有公共的野心！只不过罗蒂不是诉诸宏大的神秘的语汇，而是寻找最低限度的、为每个人能够理解的公共语汇。所以罗蒂敢于声称，海德格尔的语汇和思

① ［美］罗蒂：《偶然、反讽与团结》，徐文瑞译，商务印书馆2003年版，第160页。
② 同上书，第163页。
③ 同上书，第165页。

想，只是"他私人的东西"，充其量是他那个小圈子才阅读的东西，而"对于那些交际圈和他不同的人而言，海德格尔的思想完全无用武之地……如果我们要在自我创造的计划上有所成就，阅读海德格尔乃是我们所必须严肃面对的经验之一"①。也就是说，海德格尔的"欧洲""西方""命运"等宏大叙事，其实只是私人领域的事情，是对现实中欧洲和西方命运的个人想象而已。如此说来，大众只需要政治而不需要哲学吗？罗蒂是否对于大众的阅读水平太过轻视了呢？只能说，综合罗蒂的系列作品，可以看出他推崇"民主先于哲学"，是把民主视为首要的事情；他主张的文学具有两种功能，即促进个人完美和社会公正。按照罗蒂的逻辑，如果海德格尔的作品对于大众有用，也是大众中的少数，而且只是在个人内心的丰富方面有效。

在指出海德格尔反讽主义倾向的同时，罗蒂也指出其形而上学的倾向，在指出海德格尔对语言的重视的同时，也指出其对语言形而上的美化。也就是说，罗蒂区分了两个海德格尔，早期的"此在"说明了海德格尔是个反讽主义者，认识到人的有限性、必死性、偶然性，主张存在主义式的自我创造，以"向死而生"的勇气确立人生的意义。从人与语言的关系讲，《存在与时间》中主张个体质疑现有语汇，即是否陷于"常人"的"闲谈"以至于失却本真。其实，相比海德格尔对语言和人"历史性"的重视，对语言之为"本质的语言""最高的必然"的界定才是海德格尔的真正追求。关于"人"，海德格尔不是满足于生存主义主体性残余的"此在"，而是基于和存在的关联，后期是在"天、地、人、神"四方同在中人才找到自身归宿。海德格尔的确如罗蒂所言，在自我创造意义上，他是人们效法的榜样，但是在公共事务方面，海德格尔的思想难以发挥作用。罗蒂指出，海德格尔在纳粹时期对待犹太教授和学生态度，甚至可以称得

---

① ［美］罗蒂：《偶然、反讽与团结》，徐文瑞译，商务印书馆 2003 年版，第166 页。

上"残酷"（cruel）。关于这点，海德格尔的诸多学生如马尔库塞、阿伦特、雅斯贝尔斯都曾对他加以批评，美国学者沃林《海德格尔的弟子：阿伦特、勒维特、约那斯和马尔库塞》一书（张国清等译，江苏教育出版社 2005 年版）以海德格尔弟子们之言验证着罗蒂观点的正确，即海德格尔的冷酷。关于海德格尔思想与纳粹的关系，学者们亦从不同角度进行了剖析。如果这样，罗蒂提出的解决方案岂不成了问题？作为哲学家、大学校长的海德格尔见识不可谓不广、审美品位不可谓不高，如果他的品德是不可信的，如何能够期望其作品的教化力量？如果海德格尔是残酷的、卑劣的，他作品的"诗意"岂不是讽刺？

在海德格尔思想与纳粹关系问题上，罗蒂运用了"偶然"观，他认为海德格尔在思想上是原创性的，品德上却是不堪的，因为"知识分子与道德品行的关系，作家的著作与他的其他生活面向的关系，乃是偶然的"[①]。罗蒂剥离了"知识分子"一词的光环，因此"知识分子"道德败坏还是道德高尚不再是一个学术问题，而成为个体的偶然。按此逻辑，就没有一个阶层相对于其他阶层的道德水准高下问题，比如，我们不能说知识分子阶层比农民工阶层道德高尚，只能说是个体差异。这样，就使知识分子阶层褪去光环变得轻松，也使农民工阶层挺直腰杆，双方都可以轻松自由地建构自己。罗蒂把海德格尔归于个人创造的一类，而反对将其思想运用于公共领域，认为是互不相干的事情。鉴于海德格尔哲学家的身份，罗蒂对于海德格尔的批评实在是太犀利了。如果说一个哲学家的思想不能运用于政治领域，这并不是缺点，因为哲学与政治毕竟不是一回事，哲学是对政治的超越；但是把一个哲学家的著作视为文学创作，就等于说哲学家所

———————————

① ［美］罗蒂：《偶然、反讽与团结》，徐文瑞译，商务印书馆 2003 年版，第 171页。

谓的真理不过是语言游戏。罗蒂解构了传统哲学与"表象"对立的"实在"，也解构了海德格尔"显现""无蔽"意义上的"存在"，所以不仅是海德格尔，即使连柏拉图—康德也被归于自我创造的一类，只与私人领域相关，对公共生活没有什么作用，"根据我对反讽主义文化的描述，这一类的对立只能在生活中结合起来，而无法在理论中加以统一。……反讽主义者应该接受他们终极语汇中私人部分和公共部分势必分裂的事实，他们应该承认，从个人终极语汇的疑惑中获得开悟，事实上与想要帮助他人解脱痛苦和侮辱的企图，不存在任何特殊的关系"①。"接受他们终极语汇中私人部分和公共部分势必分裂的事实"对于海德格尔而言是困难的，"欧洲""德意志""天、地、人、神"等宏大叙事说明海德格尔还是建构着无所不包的"宇宙之书"，何尝满足于个体自我完善？

罗蒂认为海德格尔属于"反讽主义理论家"，区别于柏拉图—康德等"形而上学理论"，既区别于福柯之类"一般反讽主义者"，又区别于哈贝马斯之类自由主义者。问题的关键是，罗蒂将海德格尔作为"反讽主义理论家"而非"形而上学家"。在本书第五章的注释中，罗蒂指出海德格尔力图克服形而上学，即1962年《时间与存在》演讲的结尾，海德格尔指出"让形而上学自生自灭"。罗蒂据此将海德格尔称为"反讽主义理论家"的话，未免太过强调海德格尔解构形而上学的方面，却忽略了海德格尔更重要的倾向，即对形而上学的重建。其实，海德格尔批判传统形而上学，却又重构形而上学，他后期建构了一些"终极语汇"，比如"欧洲""人""民族"，力图赋予普遍意义而并不加以质疑。

罗蒂将尼采和海德格尔界定为"反讽主义理论家"，将福柯界定为"反讽主义者"，认为他们的意义在于私人领域，这种区分未免绝

① ［美］罗蒂：《偶然、反讽与团结》，徐文瑞译，商务印书馆2003年版，第168页。

对了。尼采、海德格尔和福柯的诉求，已经对政治、道德、文化产生了极大影响，已经给"自由主义"以启示，使得民主社会尽量地减少残酷。比如，海德格尔"诗意的栖居"已然成为知识阶层的口头禅，即使是小资情调的流露；社会对于同性恋者越来越理解，对于精神病人、流浪汉以更多的关爱，福柯著述应该起到了推波助澜的作用。所以如同罗蒂对私人领域与公共领域的区分，我们尤其应该区分福柯著作中"个人完美"的诉求与"人类团结"的诉求，至于这两类诉求的关系，有些是无关的，有些是密切相关的，某些个人完美的诉求需要社会的理解、宽容和认同。

罗蒂拒绝宏大叙事，拒绝形而上的追问，亦拒绝学科的划分。笔者认为，哲学领域和政治领域的区分还是必要的，哲学领域应该给形而上的追问留地盘，应当认同康德的主张，即"世界上无论什么时候都要有形而上学"，应该保留本体论角度的建构，也要保持终极价值角度的建构。政治领域则绝非哲学家所能掌控，哲学家倡导的"对话""共识"即使被政治家接纳，也许对外是外交辞令对内是愚民政策，所以哲学家和政治家达成"共识"是困难的。罗蒂之类哲学家对于政治领域的影响或许只能是监督、批评，哲学家的主张不会成为政策，而只是产生制衡作用。知识阶层并非铁板一块，有各种立场差异、派别之争而难以达成共识。即使达成了"共识"，具体的操作中也有太多的因素牵扯其中。比如叙利亚难民唤起了知识阶层、民众和政府的普遍同情，德国总理默克尔的移民政策给德国带来了很多的困扰，还有多少潜在的威胁动荡不得而知。

罗蒂的反讽主义侧重于语言层面的创造工作，不是现实活动；而自由主义的底线是"避免残酷"，是人与人的现实关系。既然如此，反讽主义不能发挥直接的社会作用，需要经过人的心理这一中介，其再描述是独创性的、于公共领域而言没有直接意义，因此被罗蒂归于私人完美领域。应该说，反讽主义者的话语建构也要有所区分，比如福柯的权力谱系学就剖析了一向被忽略的微观权力——家庭、学校等的权力关系，其对于公共领域产生极大影响。

笔者认为，罗蒂将反讽主义限于私人领域，弱化了其在公共领域的意义。《偶然、反讽与团结》一书中，关于反讽主义和反讽主义者，罗蒂过于强调了其私人向度，凸显了其与公共领域的疏离，对于反讽主义话语对公共团结、社会正义维度之影响不加涉及，可谓缺憾。此缺憾在一些罗蒂访谈中得以弥补。

第二节　"自由主义的反讽主义者" 实践上是否可行

罗蒂放弃了寻求一种统一的理论，以结合"自由主义者"和"反讽主义者"两个概念，代之以从社会实践角度结合二者。

一　时代因素

罗蒂指出，"自由主义的反讽主义者"概念能够成立的时代背景，"我认为这里所谓的自我怀疑（即怀疑'人类本身'概念——引者注），乃是我们这个时代的特殊标志，人类历史上第一次有许许多多的人……能够将你我是否拥有共同终极语汇的问题，和你是否正在痛苦的问题分别开来。一旦分开了这些问题，我们就能够区分公共和私人的问题、痛苦问题和人生意义的问题，以及自由主义者的领域和反讽主义者的领域。因此，这项能力也使一个人既是自由主义者又是反讽主义者成为可能"①。关于"我们这个时代"的特征，罗蒂说出了一个事实，即不仅是哲学领域对于古代哲学和近现代哲学"自我"的解构，而且在现实生活中也体现出了解构精神。人们不需要从哲学

---

① ［美］罗蒂：《偶然、反讽与团结》，徐文瑞译，商务印书馆2003年版，第281页。

上认可对方是具有"共同人性"的人，也不需要依据共同的信仰，而只需要确认对方是在受苦即需要救助。而且这个时代的特殊性在于，信息的高度发展，使得世界越来越成为"地球村"，人们利用电子设备迅疾地获知世界各地的信息，并可以迅速做出反应。"我们这个时代"，由于现代哲学和后现代哲学的解构，也由于社会文明程度的提高，"人类自身"愈益被更多的人视为"话语建构"，但是解构这些概念，不等于对社会公共事务的冷漠。

作为反讽主义者，罗蒂不去回答为何"不要残酷"是自由主义的底线，也不去回答为何"人类团结"是社会的目标，就是说承认所坚持的信念的无根基性，甚至减少残酷的无根基性。如果非要寻找一个答案，他的回答应该是：这是偶然的20世纪、一个偶然的民主社会、一个后形而上学时代的知识分子所能做出的选择。"不要残酷"并无必然的理由，没有什么内在的支撑，此话听似浅显，细究之下却非任何原则可以代替。相比孔子的"己所不欲，勿施于人"和康德的"要只按照你同时认为也能成为普遍规律的准则去行动"，罗蒂的"不要残酷"更为醒目、更为主动，也更为可行。

二　实践层面的融合

罗蒂将"自由主义的反讽主义者"是否可能的问题不仅归因于区分"公共"与"私人"两个领域，而且认为二者的结合不能在"理论上"，只能在"生活上"。"生活上"指的不应该是个人日常生活，而是与"理论"相对应的"实践"。无论是作为自由主义者还是反讽主义者，团结的基础是每个人都有的感受即人的肉体疼痛和精神屈辱，这里涉及的是自由主义的底线即避免残酷。这个概念成立的困难是，许多知识分子能够达到最低限度的自由主义，却难以成为反讽主义、难以摆脱成为"形上学家"的命运。这类知识分子不甘心只是说出了"意见"，因而被永恒的"知识"诱惑，同时力图捍卫自己的正确。

罗蒂指出, 找不到任何理论依据结合二者, 在实践中却可以调和二者, 所以要 "放弃理论, 转向叙述"。罗蒂意义上的自由主义者也是反讽主义者, 与他人团结的基础不是共同的理想、信念、义务, 而是共有的感受——肉体疼痛和灵魂屈辱; 罗蒂意义的反讽主义者也是自由主义者, 坚持人类团结, 不是怎么都行的虚无主义。罗蒂的自由主义与反讽主义其实是相辅相成的, 自由主义是允许反讽主义的, 扼杀反讽的绝非自由主义, 公共领域和私人领域的共同目的是自由。一个自由的社会必定允许反讽, 一个反讽的公民必定捍卫自由主义的底线。

罗蒂认为理论上私人语汇为私人所有, 其意义不能为公众分享, 但是又谈到 "最终" 的相互作用, 即某些私人语汇逐渐汇入公共语汇。在此, 笔者的解读是: 首先, 理论上讲二者使用不同的语汇, 私人语汇是独创性的隐喻、为私人独享, 公共语汇是僵死的隐喻、已经被大众接受, 因此二者不可通融。比如海德格尔对 "本真的诗歌语言" 与 "流俗的日常语言" 的区分。其次, 同一时代的私人语汇和公共语汇可能不可通融, 但是一个时代过去, 私人语汇已经渐渐成为公众语汇, 已经改变了公众的思维方式行为方式。就是说, "诗人或创造者" 思想的超前性使其语汇不能被同时代人理解, 却深刻地影响着后来者。我们看到, 按照罗蒂的区分, 理应纳入 "个人完美" 意义上的叔本华、尼采、卡夫卡甚至福柯和海德格尔的著作不仅在书店里摆在显赫位置成为畅销书, 而且他们的经典格言被广为传诵、被纳入了公共词汇, 甚至他们的思想不仅体现于语言上的改变, 而是影响到社会生活的各方面。知识阶层已经接受了生命的非理性性质、社会的规训性质, 并实践着 "诗意地栖居", 他们依靠一代代哲人的私人语汇, 在不断进行自身的启蒙。罗蒂所言 "诗人和创造者" 则往往不被同时代人关注。罗蒂将尼采、福柯等的著述称为私人的，这种区分是相对的不是绝对的，只能说相比杜威和哈贝马斯，此类话语较为私人而已，而且私人语汇与公共语汇都是历史的，私人词汇不断地成为公众语汇，某些公共语汇不断地被淘汰和遗忘。

专制社会的特殊性在于，其对私人领域和公共领域的划分与民主社会是不同的。私人生活成为政治、道德、经济的对象，上升到社会稳定、种族繁衍、敌我矛盾的高度。更为讽刺的是，专制社会里公共领域的话题不能公开地谈论而只能在私人领域里流传，以至于"国人莫敢言，道路以目"。在信息社会，只可能暂时地封锁信息，不可能彻底地、永远地封锁信息。所以，官方、媒体、民众、知识分子等进行着多方的权力博弈，在争夺各自的话语权。即使知识分子阶层内部，也有利益和派别之争。在此能够发现福柯权力分析的精微之处，权力在运行中、在较量中，甚至发生着暂时的权力关系的颠倒。福柯、罗蒂关于"知识分子"一词的解构是如此犀利，只要看下当今现实，就会发现"知识分子"有各样的道德水平、政治立场、利益关联，福柯的质疑"谁是知识分子"还是振聋发聩。顺理成章地，我们可以追问，当人们声讨或者赞美"知识分子"的时候，指的是哪些人呢？要说明什么呢？

当被问及，私人领域与公共领域的严格区分问题，罗蒂的回答是对《偶然、反讽与团结》的补充，"我并不认为私人信念能够被隔离[于公共领域]；可以这样说，它们渗透并影响人们对他人的行为方式"①。应该说这是更严谨客观的观点。即是说，罗蒂认为有一类哲学家比如海德格尔和福柯的贡献是开创了新的语汇，其文本对于读者的个人完美有效，但是在公共领域难以发挥作用；读者经由这类文本

---

① ［美］罗蒂：《哲学的场景》，王俊、陆月宏译，上海译文出版社 2009 年版，第242 页。

而发生改变，私人语汇汇入公共语汇，罗蒂在此也是乐观的。法兰克福学派曾经指出大众文化的强大力量使得一切异质的思想被整合，罗蒂则指出"私人信念"对公众语汇、公共生活的可能影响。罗蒂的这一观点是辩证而非片面的，寄寓社会进步以希望。比如，固然海德格尔的"诗意地栖居"和海子的"面朝大海，春暖花开"被房地产商利用于广告宣传，也并非完全地被商业利用，而是汇入了普通读者的语汇，从诗人的私人语汇进入了公共语汇，从而具有了一定的诗意提升功能，丰富了读者的想象力，深化了他们对世界和自身的认识，使其生存的界限得以扩展。

罗蒂反对将海德格尔式思想直接应用于公共生活比如政治，"我认为，从海德格尔、德里达或尼采那里获得一种政治信息的努力是注定要倒霉的……这并不是说，在公共意义上，这些人物永远是无用的。由于拥有巨大的想象力，并以不知不觉的方式改变了传统，他们将在市中心某处的公共事务中发生作用。我们并不知道会怎样发生"[1]。这也是马尔库塞设想过的审美改造的思路，即审美体验可以改变一个人，改变了的这个人又会改变社会环境。马尔库塞有审美乌托邦倾向，罗蒂也有一种审美乌托邦情结，只是对于其实现途径，他没有马尔库塞以审美培育新感性的明确主张，而是说明依靠诗人和未来人类的想象。罗蒂也的确将自己归为法兰克福学派一脉的左派，以区别于另外的一脉即福柯式对于民主社会不寄予希望的左派。

罗蒂认为，传统的形而上学希冀将个人完美的追求与社会正义的追求从理论上融合，历史主义的理论家则将二者视为对立或分离的，罗蒂在理论上并不试图融合二者，可是实践上他主张既要追求个人完

---

① ［美］罗蒂：《哲学的场景》，王俊、陆月宏译，上海译文出版社2009年版，第243页。

美又要注重社会事务，即区分开私人领域与公共领域。罗蒂也通过纳博科夫的形象说明二者的深层矛盾，矛盾在于一个注重个人完美的人可能不屑于社会事务，认为实际事务是对个人完美的损害。纳博科夫厌恶将文学与道德相关联，认为文学是"美感享乐"，而认为巴尔扎克式文学则是"话题垃圾"。美感享乐是容易的，关注社会公正则需要良知和勇气。比如尼采对哈姆雷特的分析，哈姆雷特拖延复仇不是由于性格优柔寡断而是心理上的厌倦，是他厌恶杀戮行为的人文主义情怀。

　　要落实自由主义"不要残酷"的主张，需要公众的知情权。比如中国近年的疫苗事件，是可忍孰不可忍的恶行，制造了许多家庭的悲剧。对谁而言这是残酷呢？对于受难家庭而言，是残酷无比的事情；对于稍有良知和同情心的人，也是不忍耳闻目睹，所以此事触碰了自由主义者的底线。可是对于疫苗链条上的既得利益者，他们不会觉得残酷，能够期待的是法律对他们的制裁，而非奢望与他们达成"共识"，或期望于他们同情心的唤醒、良知的发现。法律的制裁，需要新闻工作者的勇气以揭露黑暗，需要律师的良知以扶持弱势群体，更需要每个公民参与以形成合力。任何一个有良知有同情心的人，不能不对现实中的暴虐发出自己的声音。一个反讽主义者面对此种状况，需要的是作为一个自由主义者而发声，同时保留反讽主义者对一切话语的质疑。罗蒂批评福柯，认为他难以有"我们"意识。福柯一向警惕普遍性的称谓，可以有暂时的"我们"，没有作为利益共同体的"我们"，只是在特定语境中、具体问题上暂时地达成同盟，然后"我们"就解体了。扩大"我们"的阵营，不是认识的普遍可传达问题，更不是特定利益团体的抱团，而是针对现实问题，如何达成基本共识、如何采取行动。笔者认为，即使没有"我们"意识，出于纯粹的人道精神，也会赞同"不要残酷"的主张。

三 "现代知识分子"

从罗蒂的例证来看,"自由主义的反讽主义者"是"现代知识分子"。按照罗蒂的思路,反讽主义者并非无法作为自由主义者,只不过无法成为形而上学家意义上的自由主义者,他不能为"自由""道德""人性"等提供形而上的依据,只能提出具体问题的解决方案。

罗蒂将反讽主义者称为"反讽主义者乃是典型的现代知识分子,而且惟有自由主义社会才能给他展现异化的自由"[①]。笔者认为,罗蒂将反讽主义者与现代社会相联系的原因是,现代社会是后形而上学时代,此前的社会是形而上学主宰的时代,此前社会的精神领袖是形而上学家,现代社会才有反讽主义者之可能;"惟有自由主义社会才能给他展现异化的自由",是说唯有在自由主义社会,反讽主义者才有可能自由地发表言论,专制社会里反讽主义者不被允许质疑"终极语汇","反讽主义者"是需要语境的。在被精神压制几乎患上"斯德哥尔摩综合征"之际,再来要求对自身语汇的质疑,是何其困难之事!此时最需要的,是对自身信念、语汇的坚持。罗蒂论及,"自由主义的反讽主义者和自由主义的形上学家有两点不同:第一点牵涉到他们对于再描述对自由主义有何贡献的看法;第二点牵涉到他们对于公共希望与私人反讽的关联的看法"[②]。关于第一点,罗蒂说明反讽主义者只关心"什么能构成侮辱、如何避免侮辱"的问题,而形而上学家还要追问人类共同本性以解决"为何我要避免造成侮辱"的问题。在形而上学家诉诸"理性、上帝、真理或历史"等宏大叙事之处,"反讽主义者认为,人的道德性、人类的道德主体性,就在于人是'有可能遭受侮辱的东西'。她的人类团结感建立在对人

[①] [美]罗蒂:《偶然、反讽与团结》,徐文瑞译,商务印书馆2003年版,第126页。
[②] 同上书,第129页。

类共有的危险的感受上，而不是基于一种共通的人性或共享的力量"①。可以说，罗蒂把现实生活中最紧迫的问题抛了出来，是应该让大家都要关心的，至于形上学家对"共通人性"或"伟大力量"的追寻，反倒是次要的问题、私人领域的问题。比如20世纪末卢旺达两个部族之间的互相残杀，促成联合国"人权高于主权"共识的达成，就是对人类权利的保护捍卫，是文明对野蛮的阻止。我们可以希冀，每一个有良知的公民，都可以通过网络对社会事件进行重新叙述，以减少现实生活中每天耳闻目睹的疼痛、屈辱、苦难与不公，同时保持清醒、谦逊的自我反省意识。这类"自由主义的反讽主义者"对于推进当代的和谐社会建设，具有难以估量的意义。在信息社会，知识分子和普通民众的区分是相对的，区别或许是普遍型知识分子比普通民众多了道德关切，专业型知识分子比普通民众多了专业知识。比如孙志刚事件，被称为"以生命为代价推动中国法治进程"，并最终终结了中国的收容制度，这有赖于正直的法律工作者和新闻工作者的工作，他们以"公民"的名义发声，他们冒着危险揭露黑暗、张扬正义，他们以微弱的力量对抗肆无忌惮的公权力。社会的点滴进步，得益于力量的博弈而非恩赐。

就罗蒂人生而言，罗蒂成功地实践着"反讽主义者"和"自由主义者"这一结合。

罗蒂思考过个人完美与人类团结之间的关系。就他的经历而言，对野兰花的热爱，与对托洛斯基的关注如何能融合一起？对托洛斯基的关注，是否会干扰对野兰花的欣赏？对野兰花的欣赏，是否意味着将托洛斯基事件视为"话题垃圾"？就罗蒂的人生看，这两方面可以并行不悖。罗蒂对于个人自由与人类团结两个方面的调和，体现于他

---

① [美]罗蒂：《偶然、反讽与团结》，徐文瑞译，商务印书馆2003年版，第130页。

的人生道路，更体现于他的文学主张。如果说每个人的人生都有一张独特的装载单的话，那么罗蒂的装载单也有几个重要因素：家庭的影响促成其自由主义信念，对野兰花的热爱是他隐秘的个人爱好，广泛阅读的经验使得他从柏拉图形而上学转向杜威的实用主义。罗蒂自传《托洛斯基与野兰花》写出了他思想的困惑：一个人如何能够协调个人完美与社会正义？个人完美的追求，是否意味着对他人痛苦的漠视？社会正义的追求，是否要牺牲个人尘世的幸福？罗蒂的困惑也是生活中很多知识分子的困惑。其实罗蒂重要的启示在于，个人完美角度的构建可以是私人的、他人不必理解不必共享的，对社会正义的理解却必须达成最低限度的共识。一个人喜欢的生活方式、休闲方式都是个人的，不必向他人解释什么也不必向社会交代什么，可是除了私人领域，他还是一个国家的公民，有对国家、社会、他人的责任，这就需要最低限度的责任和规范。

　　就审美而言，罗蒂不仅是对野兰花的审美感受而已，一个人的童年怎么可能只有一种爱好呢？应该说以"偶然"来解释罗蒂对于野兰花的热爱是行得通的，就是说罗蒂生活的环境中恰好有野兰花，由于偶然的机缘每个人都有隐秘的对某种自然景物的热爱。且以罗蒂喜欢的词汇"隐喻"来说明，野兰花其实是一个隐喻，是罗蒂人生中那些与社会事务无关的、美妙事物的隐喻，代表的是人生神秘美好的一面。它不同于罗蒂倾心的文学作品，文学艺术还是涉及"残酷"主题，因此与社会事务相关，而野兰花则中断了与社会事务的关联，使人完全地沉浸于美好中。由于父母与托洛斯基的密切关系，罗蒂从托洛斯基被暗杀切身体会到斯大林式共产主义的恐怖。我们不必较真于罗蒂父母、祖父母、外祖父母是否严格意义上的自由主义者，因为自由主义也是一个历史的概念。如果按照罗蒂对朱迪丝·史珂拉"自由主义"的借鉴，即所谓自由主义者乃是相信"残酷为首恶"的那些人，可以说上述六位亲人的确都是这种意义上的"自由主义者"。

在一次访谈中，对于野兰花与托洛斯基在其内心孰轻孰重，罗蒂这样答复记者，作为少年他体验着与自然的美好关系，与此同时却又内疚于"我正在背叛托洛茨基和阶级斗争，因为我为对社会无用的花儿陶醉，且把时间都花在其上了"①。这样的心情，对罗蒂而言是内疚的，对当年的新中国社会主义建设者而言，则可能作为封建或资产阶级的余毒而招致批判。我们普通人也会有这样的两难选择。比如新闻媒体上报道的悲惨事件，几小时甚而几天内影响着我们，使我们无论赞美自然还是享受生活都觉得内疚。正如阿多尔诺影响深远的话，奥斯维辛之后，写诗是残酷的。当然对于这句话，可以有不同的解读。一种看法局限于字面，是说在残酷的事情面前，一切赞美之音、幸福感受显出冷酷。一种说法强调另外的可能，即面对残酷的事情，以诗歌揭露残酷、保持良知更是必须要做的事情。对个人完美和人类团结的追求，有时的确是矛盾的。在中国古代，有出世与入世的两种抉择，文人早年体会仕途险恶、力图救世而不得，中晚年归隐山林。体现在文学理论和美学，便有"审美"与"实用"的不同取向。但是两种看似矛盾的审美主张，也有深层沟通之可能：主张审美的文论有助于整体人类文明之提升，主张实用的文论也有修身之前提，修身途径可以是诗与乐。

第三节　"自由主义的反讽主义者"
代表人物——文学批评家

知识分子群体中，罗蒂赞扬新闻记者、小说家、文学批评家的工

---

①　［美］罗蒂：《哲学的场景》，王俊、陆月宏译，上海译文出版社 2009 年版，第260 页。

作。就新闻记者而言，他们能够敏锐地、及时地发现现实问题并迅速做出报道，唤起民众的关注；就小说家而言，能够揭露残酷、唤起同情；"文学批评家"见多识广，能够反观自身局限，也能够超越一己利害、同情他人，罗蒂所言的"文学批评家"可以兼有小说家之身份。

罗蒂指出过"后哲学文化"氛围内知识分子的特征，"没有人，或者至少没有知识分子会相信，在我们内心深处有一个标准可以告诉我们是否与实在相接触……在这个文化中，无论是牧师，还是物理学家，或是诗人，还是政党都不会被认为比别人更'理性'、更'科学'、更'深刻'……他们是兴趣广泛的知识分子，乐于对任何一个事物提供一个观点，希望这个事物能与所有其他事物关联"[1]。从上述界定可以看出，海德格尔很难称得上是体现历史主义立场的"文学批评家"，而依然是柏拉图主义者，还在推出人与神之中介的英雄人物，还在寻找超历史的"阿基米德点"。

罗蒂在《偶然、反讽与团结》中主张"自由主义的反讽主义者"要"放弃理论，转向叙述"。罗蒂将各人完美的追求和公共团结的愿望联系起来，方法是通过文学的"想象力"进行"再描述"。罗蒂的"自我创造"主要通过文学叙述实现，属于私人空间，但是文学叙述可以强有力地影响公共生活，"透过想象力，把陌生人想象为和我们处境类似、休戚与共的人"，将陌生人理解为"我们"。我们很难从理论上探讨为什么要减少他人苦痛，但是在现实生活中，依据情感感受而非理论探讨（注意新闻报道可以成为罗蒂所言充满"想象力"的"再叙述"），我们的确会把当事人从"陌生人"感受为"我们"——我们的朋友和亲人，就会切身地感受他人生命之痛而施以援手。但是也有例外，新闻报道中偶尔出现施以援手却被诬陷为肇事

---

① ［美］罗蒂：《后哲学文化》，黄勇编译，上海译文出版社 1992 年版，第 14—15 页。

者事件，反映出现实生活中各种的诈骗、倾轧和陷阱，以至于大家感慨这是东郭先生和狼的故事，甚至于不得不认同"中国人已陷入互害模式"，不得不教育孩子"不要跟陌生人说话"。文学能唤醒我们内心的爱，唤起我们对他人的认同感，唤起我们的责任心和力量感，文学叙述的震撼力超过任何理论和数字。文学叙述是意象的、具体的、共时的，把冰冷刻板的数字还原为鲜活的生命。奥斯维辛大屠杀的数字没有《安妮日记》引发的震撼强烈深刻；人类每年猎杀大象的数字，比不上文学作品中一头幼象在母亲尸体旁的哀痛无助令人震撼；歌曲《小熊》以人类儿童的口吻表达出的恐惧，让一切为活取熊胆的辩护显出残忍。文学作品，能使读者将数字还原为生命，将陌生人甚至敌人感受为"我们"，从动物感受到人性，从动物感受到生命共有的温情以及恐惧。对于普遍的概念、抽象的数字，人们无动于衷，对于具体的个人，人们则心生怜悯。地球本是宇宙万千星球之一，人类是地球上万千物种之一，每个人又是时空中匆匆的过客，所谓名利都是过眼烟云，所以每个人都理应珍惜生之机缘，并对苍生以悲悯。

本节拟从几个方面来分析：从罗蒂对纳博科夫和奥威尔的解读，看自由主义者和反讽主义者结合之必需；从罗蒂对批评家布鲁姆的推崇，看文学批评家作为"自由主义的反讽主义者"之可能；指出在当今信息时代，新闻报道比小说更能发挥直接的作用。

一　纳博科夫和奥威尔

罗蒂反对"审美—道德"的二分，是在"文学"的前提下做出的，即不要将文学作品截然二分为审美的和道德的，既要看到审美为主的文学作品的道德影响，也要看到道德为主的文学作品的审美要义。文学会产生社会影响，极少有作家会反对这种观点。但是这段引文，罗蒂却反过来声称一切有道德影响的都是文学，不能不说这是对"文学"的泛化。

相应地，罗蒂声称文学批评已经扩大到如此地步，"……它已扩及神学、哲学、社会力量、改革派的政治纲领，以及革命宣言。简言之，即扩大到凡是可能为人提供可选择的终极语汇的一切书籍"①。因此不是罗蒂扩大了"文学批评"一词，而是说出了一个事实。罗蒂也说明之不用"文化批评"是由于"文学批评"已是固定的称谓。文学批评在 20 世纪的确成为无所不包的"文化批评"，尤其后现代文学作品，比如艾柯《玫瑰之名》就是包容了各学科知识的文学作品。罗蒂指出文学批评不限于审美，而是涵盖了更多，"一旦将文学批评的范围延伸到那么遥远，再称呼它文学的批评便愈来愈没有意义"。但是鉴于"文学批评"已然成为一个普遍接受了的概念，所以罗蒂没有将"文学批评"修正为"文化批评"，反而扩大了"文学"的边界，"我们不把'文学批评'一词改为像'文化批评'一类的名称，反倒将'文学'（literature）一字扩大到文学批评家所批评的一切东西"②。这句话暗含着罗蒂捍卫文学审美价值的立场，即不要以文化吞没了文学，文学的审美价值是其核心所在。

罗蒂精心挑选了纳博科夫和奥威尔，作为两类作家的代表。纳博科夫作为反讽主义者，追求的是对细节的热衷和"纯粹诗意性"，是私人创造的典范，与社会制度、公民身份无关。纳博科夫是无根的浮萍，不关心任何社会亦不属于任何社会，自认为作品是"毫无意义之作"，认为文学的目的在于唤起美感，他自认为《洛丽塔》"不带任何道德信息"，只是提供"美感的喜乐"。罗蒂在此将纳博科夫称为"反讽主义者"，是强调其新语汇自我创造的一面、有助于个人完美的一面，而非他"质疑自身语汇"的一面。罗蒂指出《洛丽塔》之类作品也有道德启迪意义，即作品暗示出注重美感的人可能是冷漠甚至冷酷的。奥威

① ［美］罗蒂：《偶然、反讽与团结》，徐文瑞译，商务印书馆 2003 年版，第 116 页。
② 同上书，第 116—117 页。

尔作为自由主义者，其《1984》作为著名的反乌托邦小说，描写了集权主义的恐怖，而且他创造的一些新词汇"老大哥"（big brother）、"双重思想"（doublethink）也已经汇入公共语汇。奥威尔小说的现实意义至今没有过时，使得一代代读者懂得自由思想之可贵，当然不是纳博科夫所谓的"话题垃圾"。罗蒂的独特之处在于，看到奥威尔公共知识分子之外的反讽主义倾向：对普遍人性、内在自由、永恒爱情等宏大叙事的质疑；因此《1984》作为文学叙述既是反暴政的又是反讽主义的；暴政总是自我美化不许质疑，所以只有反讽主义才能最彻底地根除暴政。在此，罗蒂对"反讽主义"的理解，是奥威尔"质疑终极语汇"的一面，而非有助于个人完善的一面。

罗蒂认为，反讽理论对于政治、社会希望、人类团结的作用远弱于现代小说。关于普鲁斯特，罗蒂得出结论说，要了解人的偶然性和相对性，小说比理论更可靠，前者是人的人生轨迹、内心生活的细致展现，理论则是对人的普遍把握。不过罗蒂的《偶然、反讽与团结》初版于1989年，也就是说他思考写作于近30年前。现代技术的发展，人们对于纸质媒介的接受，远逊于电子传媒提供的新闻报道、网帖、图片和视频。在信息时代，上述电子媒介以其直接性直接触动人的心灵，新闻热点之所以激起网民的愤怒，在于大家难以忍受图片、视频中当事人的遭遇。当然文学文本也有优点，可以进行深度剖析，可以对图像资料进行来龙去脉的梳理。所以，文学经典往往成为了个人完美的方式，难以起到直接的社会作用。对于世界和人的本质，可以是反实在论者，各种描述都是有意义的，没有唯一正确的真理，只有共识；现实中的具体事件，却有唯一的"真相"，对其报道有真相假象之分。

罗蒂对于奥威尔《1984》的解读与学术界的解读路数不同。学界倾向于现实主义式的解读，即认为奥威尔的小说展现了一个专制制度的罪恶，因此是"实在论"的解读，即奥威尔的小说与社会现实的符合。罗蒂以奥布莱恩形象说明，在专制体制内部生活，不可能有真正的自由，言论自由应该是自由的应有之义，专制社会里人们没有言论自由。关于奥威尔的《1984》，罗蒂强调自由主义社会不仅是允许人们说出"2 + 2 = 4"的自由，问题的关键不是 2 加 2 到底等于几，而是说只要人们认为 2 加 2 等于 4，哪怕认为 2 加 2 等于 5，就有说出它的自由，"你有能力与他人谈论你认为真实的东西"而不会被阻止。而专制社会却不允许有独立思考和表达的自由，权力一定要摧毁温斯顿的信念，让他不能相信、说出他的判断。知识分子也有可能成为奥布莱恩，对于他人"为了折磨而折磨"，如果说折磨是为了统治的需要尚可理解，"为了折磨而折磨"则是从权力中获得快感。我们不能将民主社会与专制社会截然二分，将民主社会视为天堂，将专制社会视为不见天日的铁屋子，专制制度和民主制度是相对的而非绝对的区分。民主社会也有自身的问题，需要不断改进；专制社会在信息时代有了自身解构的可能性。当罗蒂声称"西方民主制度"就像阿司匹林"对每个地方折磨每个人的东西都有益"，他也只是说出了作为一个美国公民的看法，由于他的"反讽主义"以及他的"对话哲学"，使得他对民主制度优越性的看法并非傲慢的欧洲中心主义，而是需要诚挚的对话。比如，美国学者郝大维（David L. Hall）和安乐哲（Roger T. Ames）在《先贤的民主》（*The Democracy of the Dead：Dewey, Confucius, and the Hope for Democracy in China*, Open Court, 1999.）中指出了儒家和杜威实用主义对话的可能性，以及中国式民主的可能性。任教于美国库兹敦大学哲学系的黄勇教授努力使罗蒂思想与儒家思想进行深度对话，2004 年黄勇邀请罗蒂访华讲演，并在华东师范大学组织了"罗蒂与中国哲学"国际学术讨论会，会后编选文集《罗蒂，实用主义和儒家思想：罗蒂的回应》（*Rorty, Pragmatism, and Confucianism：With Rorty's Responses*, State University of New York Press, 2009），以使儒学和后现代精神相互观照、沟通。

罗蒂认为要实现人类"想象力方面的某种增长"和道德敏感度

的提升将不得不求助于文学。然而文学作品鱼龙混杂，有的倾向性或许相反，比如宣扬民族优劣、优胜劣汰、感官享乐、歌功颂德或粉饰太平之作比比皆是。所以罗蒂寄予希望的文学作品只能是文学经典，会将大量的文学作品排斥在外。罗蒂不具有权威意识也不具有精英意识，前者使他不会把观点强加给别人，后者使他不致排斥民众，然而在文学作品的选择上他必然还是精英主义的。尼采对超人的倡导对民众的敌视、海德格尔早期对"常人"的批判对"本真"的强调以及后期对负有拯救使命的诗人哲学家的呼唤，说明他们有很强的精英意识。罗蒂作为后现代哲人，不进行知识分子—民众的截然二分，其实还是暗含着文学家（包括了哲学家、科学家）相对于民众的引导者启蒙者身份。罗蒂不是书斋里两耳不闻窗外事的学者，而且要为时代做出诊断并力图影响改变社会。当然很多哲学家都是力图诊断时代并影响时代，比如尼采批评基督教对人肉体和精神的双重戕害而张扬强力意志，海德格尔批判现代科技统治主张诗意栖居，福柯揭示社会的规训机制主张伦理主体的自我重建。按照罗蒂的观点，尼采和海德格尔的解决方案太过诗意，对于社会的实际改造不会起到什么作用，而福柯则不相信自由主义社会之可能。所以上述三人被罗蒂划归反讽主义阵营，认为其思想对于社会公共领域无甚意义。对于罗蒂而言，知识分子不再是先知、守夜人、拯救者，而是社会的润滑剂、协调人、减压阀，以减少现实中的不幸和残酷。可是罗蒂的理论太过关注现实而不够浪漫，而且未免夸大了文学的教化力量。

二　布鲁姆

罗蒂对于布鲁姆评价很高，称其为"美国最睿智、最博学、最让人受益的文学研究者"①，不仅推崇他的"强健诗人"概念，而且

---

① ［美］罗蒂：《偶然、反讽与团结》，徐文瑞译，商务印书馆2003年版，第71页。

将他作为"文学批评家"的典范;不仅在于其对文学经典的捍卫,而且在于其包罗万象的文学批评,能够将众多学科领域纳入文学批评的视域。"我将把知识分子规定为呼唤布卢姆主义之独立的某种人,并足够幸运有钱和有闲做关于它的某种事情",其中最重要的事情就是阅读大量的书,"阅读大量的书的目的就是知道大量的选择目标,选择的目的就是成为一个独立的自我"[①]。可见,读书不是为了发现世界的本质、人的本质,也不是趋近神灵,而是发现人生的各种可能性,在各种可能性中做出最佳选择,以成就自我并避免对他人的残酷。

对于"反讽主义者最重要的德性是什么"的问题,罗蒂的答复是"宽容"——"宽容是反讽主义者主要的社会德性,而灵活性则是他主要的私人德性"[②]。宽容是意识到个体的差异,所以质疑自己的语汇与宽容地对待和倾听他人是合拍的。然而宽容并非没有底线,没有底线的宽容是放纵,真正的宽容以"不要残酷"为前提,即一个反讽主义者同时应该是自由主义者。罗蒂强调"避免残酷"之于自由主义的重要性,"在一个完全民主的社会,不必要的受苦不会存在"[③]。然而民主与否也是相对的区分,没有"完全民主"的可能性,所以"不必要的受苦"始终存在,重要的是唤起何谓受苦的意识,在朝鲜之类专制国家人民虽受苦而"被幸福",在从专制到民主的路途上,每个已经醒悟的人要发挥自己的力量以减少他人苦难。"灵活性"则是个体不故步自封因循守旧,而是作为审美主义者不断寻求新的体验、进行新的想象、寻求新的语汇,以福柯的话说就是不断逾

---

① [美] 罗蒂:《哲学的场景》,王俊、陆月宏译,上海译文出版社 2009 年版,第 63 页。

② [美] 罗蒂:《实用主义哲学》,林南译,上海译文出版社 2009 年版,第 329—330 页。

③ 同上书,第 332 页。

越界限，"对于我们来说，重要的事情是能够重新创造我们自己"①，这句话似乎是福柯的回声。《1984》里的温斯顿在老鼠的噬咬面前内心崩溃，让老鼠去咬他唯一的亲人——他的女友，他已经被彻底摧毁了，也被彻底洗脑而僵化了，不再有"创造自己"的任何可能性。

罗蒂认为，反讽主义者和其他人的团结"所依靠的不是一个共同语言，而只是人人都会有痛的感觉，尤其是其他动物所不可能有的那种痛：屈辱。在她看来，人类的团结根本不在于人人都认识一个普遍的真理或追求一个普遍的目标，而是大家普遍都有一个自私的希望……即不会被毁灭……除了强烈意识到人人都有可能遭受苦难危厄之外，不会有其他的结果，也不可能找到为什么要关怀苦难的理由。在自由主义的反讽主义者看来，重要的不是发现这类理由，而是当苦难发生的时候，她会注意到它的存在"②。可以说，当反讽主义者接受了自由主义的底线即"不要残酷"，也就顺理成章地成为"自由主义的反讽主义者"。不需要从理论上为避免残酷寻找理由，只需当现实生活中残酷事件发生之际加以关注，阻止事件发展或阻止类似事件再次发生。罗蒂所说"当苦难发生的时候，她会注意到它的存在"，在一个良性社会体制中，个体相信自己有力量来帮助他人；在一个专制的体制内，个体注意到苦难发生，却只能加重无路可走、无能为力的痛苦。

罗蒂理论的特点也是其困境，是试图将"现实"与"语言"协调在一起，即"反讽主义"是语言层面的、私人领域的，"残酷和屈辱"则是现实层面的、公共领域的。如果是现实层面的残酷和屈辱，语言层面的抗议显然无力。或者说，他只是为知识分子提供了一种可能，因为知识分子除了语言层面的工作，还能做什么呢？罗蒂把柏拉

---

① ［美］罗蒂：《实用主义哲学》，林南译，上海译文出版社2009年版，第330页。
② ［美］罗蒂：《偶然、反讽与团结》，徐文瑞译，商务印书馆2003年版，第131页。

图和康德的思想贬为过时的语汇，他也清楚自己的语汇很快随着当下问题的解决而过时，所以他根本不会在意后来者的态度。如果说布鲁姆《影响的焦虑》剖析了父辈诗人期望于后来者的"仁慈"，后来者则处于父辈诗人阴影下的焦虑状态，那么罗蒂则坦然接受了终将被后来者超越的事实。罗蒂认为，自由主义形而上学家以理论为关注点，自由主义的反讽主义者则以文学为关注点，主张"具备一种特别的实用知识"，主张"知识分子的任务乃是针对个人或社会幻想与生活所环绕的种种不同的芝麻小事，提升人们加以认识和描述的本领"①。

　　因此，对于反讽主义者而言，写作就是不断进行语言的比较和创造，而不是寻求符合，"惟一可以用来批评一个文化的东西，是另一个文化，因为对我们而言，人和文化乃是语汇的道成肉身，具体实现。所以，要解决或平息我们对自己性格或自己文化的疑惑，惟一的法门是扩大见识。而要扩大我们的见识，最容易的途径是阅读书籍"②。要比较专制制度和民主制度的高下，只需读读脱北人士的自述。如果没有民主制度的曙光，专制制度下的人民或许不知道还有另外一种生活之可能，就如脱北人士逃亡中国的唯一理由是听闻在中国能够吃饱。罗蒂说，"正由于文学批评家具备异常广阔的见闻，所以反讽主义者才阅读他们的作品，以他们为道德顾问……他们阅读较多的书籍，所以较不容易陷入任何一本书籍的语汇中而无法自拔"③。文学书写了各式人物、各种复杂人性、各种丰富人格，这些在现实生活中往往不被关注了解。如果没有阅读《洛丽塔》，谁会了解一个正派的中年教授内心的"萝莉控"风暴呢？如果没有阅读川端康成的

---

①　[美]罗蒂：《偶然、反讽与团结》，徐文瑞译，商务印书馆 2003 年版，第132 页。

②　同上书，第 115 页。

③　同上。

《睡美人》，谁会在意行将就木的老人"临终之眼"里的风景呢？人性中最黑暗最光明的部分，都在文学作品中揭示，唤起读者的敬意，也唤起读者的悲悯。罗蒂主张反讽主义者直接阅读"文学批评"而非"文学作品"的原因是，一篇文学作品只是给了我们一种描述，但是文学批评却可以将不同文学作品进行比较，因此不至于迷失于"任何一本书籍"。文学批评家不仅是对复杂人性的把握，而且对于历史、文化、政治等的了解更加透彻，看问题的角度会不同，不至于狭隘片面。然而，罗蒂的逻辑也有不够严密之处，批评家固然见多识广、不至于囿于任何一个视角，就意味他的立场一定是反讽主义的质疑一切语汇吗？现实中，毕竟有许多双重人格、双重思想的知名作家和批评家。罗蒂声称反讽主义者的社会德性是"宽容"，而私人德性是"灵活性"，遗憾的是现实中的许多作家和批评家却应验着钱理群先生所谓的"精致的利己主义者"，不可谓不聪明、不可谓不灵活，却为谋取一己私利，而对现实残酷不置一词。

罗蒂扩大了文学的范围，将"文学"理解为"文学批评的对象"，或曰"与道德相关的一切"，从学科分类角度是不严谨的，是对"文学"的泛化和对其他人文学科的弱化。从发挥"文学"和"文化"的现实功能角度，罗蒂的主张又是切合实际的，有什么事情比阻止人间的残酷屈辱更为重要呢！把我们的语言、良知和社会都视为时间和机缘的产物，由一系列的偶然，导向的并非虚无主义，而是反讽的姿态进而达到人类团结，可以说罗蒂的实用主义比尼采、海德格尔一路的主张更合理、更有用，不是把大多数人视为群氓与常人，而是着重每个人现世的幸福。

罗蒂既扩大了"文学"一词的范围，相应地也扩大了"文学批评"一词的范围。"'文学'一词现在所涵盖的书籍几乎无所不包，只要一本书有可能具备道德相关性——有可能转变一个人对何谓可能和何谓重要的看法，便是文学的书。这与该书是否具备'文学性质'

毫不相干。"① 这段话，罗蒂对"文学"的界定是从"道德"层面做出的，不是从作家是否具有道德意识、作品是否宣扬正确的道德观念，而是从作品产生的社会影响角度做出的。这里，我们轻易地就能发现罗蒂逻辑上的问题，按照他的逻辑，一切的伦理学著作都会涉及道德，很多的伦理学著作都会转变一个人的道德观念，那么这些都是文学作品吗？回想罗蒂能够将"哲学"和"科学"都纳入"文学"的领域，他也能将伦理学纳入文学领域。要区分的是，罗蒂在将"哲学"和"科学"纳入"文学"领域时，他是从语汇的"独创性"角度界定的，而他将"几乎无所不包"的"书籍"纳入"文学"领域时，他却是从"道德"的角度切入的。取消学科界限，结果是哲学成为文学，而且文学成为无所不包的学科种类，会导致混乱。维特根斯坦分析哲学致力于清理语言垃圾，力图使得哲学的任务明晰，而罗蒂则反其道而行之，解构了哲学语言的明晰之可能。

三　新闻报道

由于这是一个网络时代，我们未必每天阅读纸质书，但是一定每天浏览网页，所以新闻报道是当今最有影响力的方式。

罗蒂赞同黑格尔的话，哲学是"思想中对它自己时代的把握"。罗蒂的思想能够鼓励知识分子把握时代、关注时代，使社会得到改善。所以我们应该感激他的努力，他是一个积极的建设性的知识分子，而非只是批判社会的虚无主义者。这个时代与逝去的时代已经有根本的不同，反思逝去的时代、追寻已逝时代与当今时代的关系，不能只是书斋里的学问，而是对时代问题的解决。罗蒂说明在反讽主义文化中，人类团结和减少残酷"……被安排给那些专门从事私人和独特面向的具体描述的学科，尤其是小说和民俗志，让人们对那些不

① ［美］罗蒂：《偶然、反讽与团结》，徐文瑞译，商务印书馆2003年版，第117页。

使用我们的语言的人所经历的痛苦，能够感同身受。……团结必须从细微的碎片中建立起来"①。作家固然能够以文学的方式影响社会、启蒙公众，但是作家的倾向不同，所以作品发挥的作用也不同。最为显著的区别就是审美与实用的区别，比如中国现代文学史上的"为艺术"与"为人生"之争，比如西方的唯美主义对美的极端推崇。比如，中国当代作家余华原本作为一个先锋作家进行创新实验，作为一个有良知的公民，他关注现实苦难，以他的话说，面对人民疾苦，眼睛想闭都闭不上。他的姿态，可以作为罗蒂对于"自由主义者"的界定，即尽量地关注、减少人间残酷，也符合罗蒂对于"反讽主义者"的界定，即文学不仅能够发挥现实作用，还能够获得个人创造角度的审美愉悦和内心教化。从《18岁出门远行》揭示的人生荒诞，到《在细雨中呼喊》和《活着》，余华以细腻敏锐的笔触书写着人生。余华声称自己是现实主义而不是先锋派，原因应该是"先锋派"注重的是形式创新、对于现实很少关注、以游戏的心态虚构一个文本的世界，而现实主义却以荒诞的意象映射出现实的真相，比如他的《许三观卖血记》和《兄弟》就是关注现实残酷的作品。历史事件无法更改，逝者已逝不可复返，更需要关注活着的人，更需要阻止当下的残酷。余华此类现实主义小说的确能够唤起读者的同情心，但是其关注度、热度、灵敏度都远逊于新闻报道。比如河南某位走失儿童半年后成为干尸，比如甘肃母亲绝望中毒杀四个孩子，这些事件直接触及人们的心理底线，使人们出离了愤怒，开始思考是哪个环节的疏漏，才促成了这么可怕的事情发生。发现现实中正在发生的残酷，固然需要新闻记者和律师的工作，需要每个个体公民意识的觉醒，更需要罗蒂所谓"同情心"和"灵敏度"，即不要在现实残酷面前冷漠、逃避。

---

① ［美］罗蒂：《偶然、反讽与团结》，徐文瑞译，商务印书馆2003年版，第134页。

在当今中国，面对各种社会问题，我们应该学习罗蒂的坚守。这是我们的家园，我们生于斯长于斯的家园，不要说我们无法逃离，即使有能力逃离，还有我们的亲人、朋友，还有同胞，这些都是"我们"，因此我们需要的是建设家园改良社会。若说这类坚守、改良的声音太过理想主义，只能说我们已经麻木沉默得太久，以至于连理想主义精神都已失去。我们可以引入福柯《疯癫与文明》开头的引言，即陀思妥耶夫斯基的话，一个人不能以囚禁自己的邻居来证明自己的神智正常。人们也不要以"底层人""打工者"的"素质差"来证明自己素质高，需要切实地关爱农村老人、留守儿童，他们需要的不仅是生活保障，更是心灵的扶持关爱。良性社会环境的形成需要制度保证，但是制度的完善需要每个人的努力。底层人的生存状态得以引起广泛关注，往往是来自新闻媒体的报道，来自那些有良知、勇气的新闻工作者。社会的些许进步，都来自于权力双方的力量博弈。一个实用主义者罗蒂对于社会改良确实是有价值的。福柯固然使我们看到权力的无所不在，但是对于社会改良的意义确实不如罗蒂，就是说福柯敏感到权力的无处不在，解构意义有余而建构意义不足。当福柯指出微观权力的存在，比如师生、父母孩子之间的权力关系，应该说有其意义，但是在当下的语境中未免显得小题大做，而忽略了更为严酷的权力关系。另外，罗蒂所言的"文学批评家"并非限于文坛上少数以"文学批评"为职业的人，而是具有开放性，罗蒂本意是召唤着无数的普通读者、通过多读书获得自我教化、与他人达至基本共识。

美国学者卡弘从另外的角度指出了罗蒂的乐观主义，"从我的角度看，罗蒂的观点不在于他的悲观主义，而在于他的乐观主义。罗蒂让普通人和后现代知识分子自由地持有信念，不去面对这些信念所引起的无法回答的问题。……罗蒂虽然批判超越的欲望，他的反哲学常识主义却提出了自己的灵魂拯救术，一个未来的天堂……"①卡弘批评的是罗蒂的反基础主义和反本质主义，是他终结了哲学的"后哲学文化"的无根基性，而不去为自身信念寻找依据。

---

① ［美］卡弘：《哲学的终结》，冯克利译，江苏人民出版社 2001 年版，第 383—384 页。

第六章

比较研究

关于罗蒂的思想，有很多比较角度。比如中外学界已经从很多角度进行了比较：罗蒂新实用主义与古典实用主义的比较，罗蒂与伽达默尔"教化"思想的比较，罗蒂与儒家思想的比较，罗蒂与阿伦特思想的比较等。在此，笔者拟从学界较少进行比较的角度即反讽、同情、审美主义进行论述，避免重复学界已有的研究，以尽力进行差异思考。

第一节　"反讽"：罗蒂与苏格拉底

反讽是西方文化中最古老而难以捉摸的概念之一。从古希腊至今，反讽概念从未停止发展，对反讽各维度的研究从未停息。克尔凯郭尔《论反讽概念》和 D. C. 米克《论反讽》是对国内学界影响最大的反讽研究著作。还有一些重要理论流派和著作涉及反讽，如维柯《新科学》中的反讽、英美新批评的反讽、保罗·德曼后现代的反讽、弗莱神话—原型理论中的反讽、致力于中西哲学比较的汉学家郝大维的《爱欲与反讽》等。上述学者对于"反讽"的理解并不一致，甚至存在严重的分歧。笔者在此无心亦无力梳理反讽概念在西方文化中的谱系，甚至仅仅局限于文学理论和美学的角度也无法进行，只能从罗蒂对苏格拉底反讽精神的继承关系角度粗略比较。

国内的反讽研究也相对薄弱，仅有的几本专著是从语言学角度和文学批评角度进行的研究。论文集中于几方面：一是语言学角度研究，二是以新批评和米克《论反讽》的反讽概念进行的作家作品研究（多见中国现当代作家作品研究），三是具体理论派别的研究（如德国浪漫派、新批评的反讽概念研究），四是国外反讽理论在中国的译介和影响研究。总之，国内学界的反讽研究或者停留于语用学和修辞学的层面，或者局限于具体派别的解读，远未达到西方的哲学、政治、伦理层面的深度研究，而且对罗蒂的反讽研究几近空白。本节笔者也只能做极为粗略的梳理。

一　苏格拉底意义的反讽

反讽是西方哲学、美学和文论史上的重要概念之一，源于古希腊喜剧角色类型，即"佯装无知，说出的却是真理"。反讽在苏格拉底哲学中得以发扬，他不同于修辞学家的玩弄辞令，而是将反讽贯彻于生存论向度的人生实践。在苏格拉底，反讽言辞可能出于不同的理由，更深刻的原因在于认识到人类生存境遇中的缺憾、悖论甚至荒谬，所以反讽有其伦理向度，即人应该谦逊而节制。马克思青年时期的博士论文中十分赞赏苏格拉底的反讽哲学，认为他强调了主体意识在认识中的能动性，也十分欣赏他实践着哲学作为生活方式的自我塑造主张。古罗马学者西塞罗和昆体良从文学、修辞领域建构反讽概念，影响到中世纪、文艺复兴时期的反讽观。

论述苏格拉底哲学的困难在于，他没有任何著作，后人只能通过间接的资料了解他。后世对他的了解主要来自三方面：柏拉图的对话，色诺芬的记载，还有阿里斯托芬的喜剧。由于柏拉图的作品大多以苏格拉底为对话主人公，因此辨别哪些观点是苏格拉底对话的客观记录、哪些又是柏拉图借苏格拉底之口阐发个人见解，就成为学术界争论不休的问题。一般而言，学界将柏拉图的早期创作界定为对苏格拉底观点的如实记载，而中后期对话则是阐发其个人观点。按照这一思路，可以看出，柏拉图对话中能够体现反讽的《申辩篇》《欧绪弗伦》都是属于早期创作，因此可以理解为体现了苏格拉底的反讽观点。

苏格拉底被认为是反讽的源头。作为反讽的形象，苏格拉底被论辩对手和敌人认为心怀恶意、心口不一、毒害青年、破坏城邦稳定。其实我们从柏拉图对话中苏格拉底的言辞，看到的并非他假装无知，而是他深知人类知识的限度。哲学追求"真理""根本""绝对的知识"，但人只能爱智慧，真正拥有智慧的只有神灵。苏格拉底面对神谕"没有什么人比苏格拉底更智慧"，苦苦思索而不得。遍访名流的结果，他发现拥有智慧名声的人往往徒有虚名，所以对神意的领会是"你们人中间最聪明的是像苏格拉底一样明白自己的智慧实际上毫无价值的人"[①]。其次，苏格拉底并非心怀恶意。苏格拉底向人请教，不是出于虚情假意，而是虚心倾听他人；苏格拉底确实善于提问，也确实将对方驳得哑口无言，然而苏格拉底并非"佯装无知"，而是深知自己的无知，因此决非出于智力的优越感才向人提问，而是虚心请教；对方之所以被驳倒是由于不知自己无知而轻易给出答案，而对话者的反应，不是苏格拉底能决定的；苏格拉底把对话称呼为"助产术"（反讽、归纳、诱导、定义），可见对话的结果事先并不知晓，也就谈不上他事先的优越感。再次，苏格拉底不是理性人的典型，认为一切靠人的理性可以解释和阐明。尼采认为苏格拉底理性人的出现毁灭了悲剧，其实苏格拉底是个理性又怀疑的形象，他始终对已有知

---

① 《柏拉图全集》第一卷，王晓朝译，人民出版社2002年版，第9页。

识进行质疑。苏格拉底呈现的固然是日神的清醒而不是酒神的沉醉，但是苏格拉底的形象又是复杂的，他的多重性被德里达剖析，既是魔法师又是替罪羊、既是良药又是毒药。

黑格尔曾说，谈到苏格拉底，问题不是哲学，而是他的人生。丹麦哲学家克尔凯郭尔论述苏格拉底意义上的反讽时，试图说明"恰如哲学起始于疑问，一种真正的、名副其实的人的生活起始于反讽"①。可见，克尔凯郭尔不是从语言修辞的角度，而是从生存伦理角度理解反讽，即反讽是一个人的处世方式，是一个人人格成熟的标志。克尔凯郭尔将苏格拉底的人生视为反讽的人生，苏格拉底的反讽体现于哲学、美学、伦理各方面，克尔凯郭尔侧重的是其伦理的维度。黑格尔强调反讽把什么都不当真，因此反讽体现出消极的一面。事情的另一面在于，反讽体现于苏格拉底对话，既不断揭示对方的言论站不住，也不断地否认自己现在的答案，体现出的是积极的肯定的方面：向普遍性道德、真理、美的不断前进。因此他体现的不是虚无，而是否定中的肯定。

18 世纪末 19 世纪初德国浪漫派的出现，反讽再次被提升到哲学高度，施莱格尔兄弟和佐尔格都对此做出贡献。关于德国浪漫派的反讽，学界认为思想资源之一是费希特哲学，二是苏格拉底哲学。浪漫派的反讽源于费希特的自我哲学，也与苏格拉底反讽之间有历史与逻辑联系。除了费希特哲学外，"古希腊的苏格拉底反讽是弗·施莱格尔阐发的反讽观的又一个重要来源"②。反讽在德国浪漫派是一种世界观，一种消解有限和无限、主体和客体之间矛盾的诗意思维，也是基于世界观的美学原则，即主体对自身的"自行限制"，体现于艺术

---

① ［丹麦］克尔凯郭尔：《论反讽概念》，汤晨溪译，中国社会科学出版社 2005 年版，第 2 页。

② ［俄］加比托娃：《德国浪漫哲学》，王念宁译，中央编译出版社 2007 年版，第 83 页。

创作，意味着艺术家不会滥用激情，而是有客观、超然的清醒意识。

20 世纪中叶，新批评使反讽应用于文学批评，反讽成为与悖论、复义、张力密切相关的概念。布鲁克斯的解释最有代表性，即"语境对于一个陈述语的明显的歪曲，我们称之为反讽"，将反讽扩展为诗歌语言的基本原则，并将其作为文学审美价值的标准。新批评对古希腊反讽的继承是修辞层面的，即字面意义与实际意义的对立，其对古希腊反讽的严重偏离是哲学层面的，忽略了反讽更为重要的哲学、美学及伦理学意义，是新批评作品本体论的巨大缺陷。哈特曼在《荒野批评》中犀利指出，新批评反讽理论剥离了反讽在传统上所具有的哲学内涵，而变成一个随意贴在作品上指明其价值的标签，是新批评研究的巨大缺陷。

20 世纪下半叶，反讽成为西方文论研究热点之一。卡勒的结构主义诗学、罗兰·巴特的符号学美学、哈特曼的解构主义批评、弗莱的神话—原型理论、哈桑后现代主义文学理论都对反讽作出新的阐释。上述反讽研究要么陷入语言学研究的思路，要么忽略反讽的生存伦理向度，或者看到反讽的伦理向度，却强调其消极的、解构性的方面。在此背景上，罗蒂的反讽概念可谓一枝独秀，罗蒂的"反讽主义"既从语言入手，理解为反讽是不断质疑现存语汇、开创新的语汇，又突破了语言内部研究的思路，与古希腊"认识你自己"和浪漫派"自我限制"的智慧相通。与其说反讽精神是后现代的，不如说后现代是反讽的，后现代将反讽发挥到极致。

二 罗蒂对反讽概念的发展

关于反讽的意义，当今学术界有完全不同的观点。韦恩·布斯在《反讽帝国》中，指出在当今社会中，只有反讽具有人际"凝聚力"，因为在反讽中，"我们比任何时候都更加接近两个心灵的认同"。但是更多学者看到的是反讽的破坏力，如保罗·德曼警告说反讽是一种疯狂的意识。罗蒂则有所不同，他把反讽看作是人类文明的理想状态，认为反讽意味着个人人格和思想的成熟，也意味着社会的文明进步。保罗·德曼看到的是反讽的消极方面，即主体的疯狂和毁灭，而罗蒂则强调反讽积极的方面。历史上反讽的含义一直在发展，在罗蒂"再描述"意义上，在罗蒂要开创新的语汇意义上，罗蒂完全可以发展"反讽"概念为其赋予独特内涵。笔者认为，罗蒂并非无意地曲解了反讽，而是有意地赋予新意。他也不是完全地背离了反讽的固有含义，而是经由语言对于主体进行了解构与重构，在"主体的自我解构"方面与古希腊反讽是合拍的，一方面是解构的倾向，认可自己并非现有词汇的主人、反而可能被现有词汇操纵，一方面力图开创新的词汇、重构主体性，同时清楚这些新的词汇又将被后来者解构。因此，罗蒂这里的"主体"建构并未有布鲁姆所谓的"焦虑"，并未有"弑父情节"，而是坦然接受人生的有限性。每一代人都站在前人的肩膀上，而非阴影之下，因而可能对前辈心怀感恩而非嫉妒憎恨。

美国学者郝大维（David L. Hall）的著作《罗蒂：新实用主义的预言家和诗人》（*Richard Rorty: Prophet and Poet of the New Pragmatism*, State University of New York Press, 1994）一书对于罗蒂的浪漫主义倾向、文学功能观等进行了细致剖析。郝大维是德克萨斯大学哲学教授，其对中国哲学的研究在国内学界影响很大。而且郝大维写过《爱欲与反讽——哲学无政府主义绪论》（*Eros and Irony: a Prelude to Philosophical Anarchism*, State University of New York Press, 1982）一书，所以对于反讽应该有足够的发言权。郝大维认为罗蒂严重曲解了"反讽"（a strong misreading of irony），那么郝大维是在什么意义上界定"反讽"一词的呢？"反讽"有本质性呢，还是必须与其原初的含义符合呢？

艾布拉姆斯指出，"'反讽'一词在大多数现代批评的使用中仍保留了其原意，即不为欺骗，而是为了达到特殊的修辞或艺术效果而掩盖或隐藏话语的真实意义"①。从这个意义上说，罗蒂的确背离了反讽一词的"原意"。罗蒂不是"佯装无知"，而是深知无知，不仅认可自己的无知而且质疑一切的知识，认为知识是暂时的共识；罗蒂的反讽主义，其意图不是修辞，也不是隐藏话语的真实意义即表面陈述和真实意义的对立，而是恢复了苏格拉底反讽哲学，将哲学作为一种生活方式，质疑一切终极语汇，获得不断进步之可能。

三　罗蒂反讽与苏格拉底反讽的异同

克尔凯郭尔《论反讽概念》一是"以苏格拉底为主线"、注意到苏格拉底的反讽精神，二是对反讽体现于个人生活的关注，三是指出了反讽主体的自我解构意识。这些都在罗蒂的反讽主义中得到体现。反讽主体体验的是"消极自由"，"作为消极自由的主体，他摇摆不定地漂浮着，因为没有任何东西支撑着他。然而正是这种自由、这种漂浮给予反讽者某种激情，因为他陶醉于无穷无尽的可能性中，因为倘若他眼看一切覆没、灭亡而需要慰藉的话，他总可以去投靠取之不尽、用之不竭的可能性"②。克尔凯郭尔引入反讽的原因是，对于宗教的怀疑、对于人在现实中地位的理解，"没有任何东西可以支撑他"，所以求助于无限多的"可能性"，而这可能性是什么呢？是浪漫主义的激情吗？

我们注意到，罗蒂对于"反讽主义者"的三个规定，是从语言角度入手的，不是结构主义意义上的语言系统，而是"语汇"（vocabulary）；不是对他人语汇的质疑，而是对自己语汇的质疑；当然，对自己终极语汇的质疑不是目的，如果这样的话，就会陷于彻底的无

---

① ［美］艾布拉姆斯：《文学术语词典》，吴松江等编译，北京大学出版社 2009 年版，第 271 页。

② ［丹麦］克尔凯郭尔：《论反讽概念》，汤晨溪译，中国社会科学出版社 2005 年版，第 226 页。

为，而是开辟了对话的可能，时刻准备倾听他人、以修正自己的语汇；目的不限于语汇层面，而是实践领域；是对自身局限性的认识，当然也包括对他人局限性的认识，而绝对的知识亦不存在，没有现成的"实在"等待符合。《后形而上学希望》中罗蒂指出他受到左右两面夹击的原因是：左右两派都不是反讽主义者，都把他们自己看得太认真，都拼命证明自己的正确而不肯倾听他人。

不难发现，罗蒂的"反讽主义者"与苏格拉底之间有内在联系。克尔凯郭尔为反讽总结了两条特征：第一，"这里我们已经能够看到一个贯穿所有反讽的规定，即现象不是本质，而是和本质相反"。第二，"看一眼谈话的主体，我就发现了另一个贯穿所有反讽的规定，即主体是消极自由的"①。这里的"消极自由"是主体对自身、世界的实在性的超越，克尔凯郭尔举例说甚至严肃的罗马天主教会也会反讽地看待自己，"因此，在中世纪它常常在特定的时节推翻自己绝对的实在性而反讽地看待自己，驴子节、愚人节、复活节玩笑等等便是很好的例证"②。因此，这样的反讽主体根本不是体验着内心的优越感，而是完全相反的自我解构，蕴含的可能性是谦恭心态及对话需要。

克尔凯郭尔属于广义上的存在主义（Existentialism，或译生存主义），其对于反讽的分析凸显了反讽的生存论向度，是反讽主体的"悲剧性英雄"气质，是不断地朝向未来的自由追求。罗蒂的"反讽主义者"与克尔凯郭尔对反讽的第一条规定并不一致，即并无本质现象二分，却与第二条理解相通，即主体的"消极自由"，当然"消极"并非消沉被动之意，而是罗蒂所谓对终极语汇的质疑。

《偶然、反讽与团结》一书中，罗蒂多次提及苏格拉底，将他作

---

① ［丹麦］克尔凯郭尔：《论反讽概念》，汤晨溪译，中国社会科学出版社 2005 年版，第 212 页。
② 同上书，第 217 页。

为反讽的形象。罗蒂与苏格拉底在反讽上的相通是摧毁个人在认识和伦理上的狂妄自负，让人认识到自身的限度。不同之处在于，苏格拉底是从人与神的比较角度谈的，只有神有真正的智慧而人只能爱智慧，人对于绝对、普遍的事物只是有限的知识；罗蒂则是后现代哲学背景，既否定神的存在，也解构认识主体，指出每个人的语汇都是在特定时代、特定境遇下形成的，具有偶然性。

苏格拉底的反讽哲学有双重性，既坚守哲学的使命即追求智慧，又以恰当方式将智慧转向低处，即民众的日常生活。苏格拉底是罗蒂"自由主义的反讽主义"的鼻祖，既坚守哲学的超越性，又心怀城邦、注重社会正义。罗蒂与苏格拉底在反讽上的相通是摧毁个人在认识和伦理上的狂妄自负，让人认识到自身的限度。不同之处在于，苏格拉底是从人与神的比较角度谈的，只有神有真正的智慧，人只能爱智慧，人对于绝对、普遍的事物只是有限的知识；罗蒂则是后现代哲学背景，既否定神的存在，也解构认识主体，指出每个人的语汇都是在特定时代、特定境遇下形成的，具有偶然性。按照加比托娃的说法，"在古希腊的苏格拉底同时代人眼里，恰恰是反讽的东西代表着不正直、不真诚、也就是阴险、诡诈、狡猾、城府甚深"[1]。在此意义上，苏格拉底拒绝承认自己是反讽主义者。而在罗蒂反讽主义意义上，可以说苏格拉底是反讽主义者。

在苏格拉底与罗蒂之间有内在的一致：不以自己为知，不以自己为真理的代言人、道德的法官；尽管反讽主义者"永远无法把自己看得很认真"，却不是人云亦云、随波逐流，而是时刻意识到自己可能是错的，是在特定的处境、文化、个性等诸多因素影响下做出的判断；所以时刻准备倾听他人，以改变自己的立场、观点及行为。

---

① ［俄］加比托娃：《德国浪漫哲学》，王念宁译，中央编译出版社2007年版，第85页。

第二节 "同情心"：罗蒂与叔本华

罗蒂对于"想象力"的界定，是基于一个后现代哲学家的立场，既与康德、浪漫主义，也与杜威有明显的差异；罗蒂对于"同情心"的论述，也是从反形而上学的立场，是对道德形而上学的反动。本节拟比较罗蒂与叔本华对于"同情心"理解的异同。康德的思想对于罗蒂而言作为"柏拉图—康德典律"应该被超越，而叔本华作为非理性主义哲学家，其对于同情心的论述则既有形而上学遗留又有现代哲学的特质，因此通过叔本华和罗蒂"同情心"概念的比较，能够窥见现代哲学和后现代哲学的异同，也能看出罗蒂思想的现实意义。

一 叔本华的"同情伦理学"的哲学基础

因瓦根《形而上学》一书中，根据形而上学是关于"终极真理"的含义，发展出他对形而上学的 3 条理解：世界的最一般特征是什么？为什么世界存在？在世界中我们的位置是什么？[①] 并且提供了对这三个问题的个人式回答。将叔本华思想纳入形而上学哲学传统，就符合因瓦根对于形而上学的上述规定：对世界本质的解答；对世界为何存在的解释；对人在世界上位置的解答。叔本华的"同情"基于其意志本体论。叔本华把形而上学分为"大自然的形而上学"（本体形而上学）、美的形而上学和道德形而上学。在奠定意志为本体形而上学理论基础上，叔本华构建了其伦理学和美学；没有本体形而上学，伦理学和美学建构就缺乏依据；没有伦理学和美学建构，本体形而上学对现实人生的意义就得不到解决。叔本华将意志作为世界的本质，不仅是对康德物自体不可知的回应，更是对黑格尔以绝对精神建

---

① ［美］因瓦根：《形而上学》，宫睿译，北京大学出版社 2007 年版，第 5 页。

构哲学大厦的倾覆。康德区分了现象界和物自体，叔本华相应地区分了意志与表象。叔本华认为他上承康德，在《作为意志与表象的世界》第一版"附录"的《康德哲学批判》中他更是直言不讳地表示，"不管怎样，我不承认在他和我之间，在哲学上已发生过什么事情，所以我是直接上接着他的"①。其实，叔本华和黑格尔之间，并没有叔本华所言的那么水火不容，海德格尔就曾指出叔本华对黑格尔及谢林思想的继承，海德格尔将叔本华的"意志"理解为隶属于"德国哲学最好、最伟大的传统路线之中"②，即是对莱布尼茨、谢林、黑格尔传统的继承发展。叔本华首先肯定康德对形而上学的贡献，即划分现象界与物自体，又指出康德的不足即康德划分现象界和物自体后，对物自体不做探究。

叔本华认为，现实世界中的客体作为表象服从充足理由率（或译充分根据率，简称根据率），表象总是处在特定时间、地点、因果关系之中，变化着的个体形式只是表象，意志才是它们最真实的存在，意志在叔本华是一种非理性的力量，是世界万物包括人类的本质。《作为意志和表象的世界》开篇即是"世界是我的表象"，"凡已属于和能属于这世界的一切，都无可避免地带有以主体为条件（的性质），并且也仅仅只是为主体而存在"以及"一切一切，凡已属于和能属于这世界的一切，都无可避免地带有以主体为条件［的性质］，并且也仅仅只是为主体而存在。世界即是表象"③。这一宣称当然基于主体性哲学，叔本华并不避讳这一点。叔本华论及康德、柏拉图与印度佛教的契合点：康德的"现象"、柏拉图的"阴影"、佛教教义的"摩耶"表述的是同一个道理，这应该也是叔本华在书的序

① ［德］叔本华：《作为意志与表象的世界》，石冲白译，商务印书馆1997年版，第567页。

② ［德］海德格尔：《尼采》，孙周兴译，商务印书馆2010年版，第35页。

③ ［德］叔本华：《作为意志与表象的世界》，石冲白译，商务印书馆1997年版，第26页。

言中说明受三者影响的原因。叔本华进而指出康德相比前人的独特性，"可是康德现在却不仅只是在一个完成新的独创的方式之下表出了这同一学说，而是借最冷静最清醒的实事求是的论述使这学说成为被证明了的，无可争辩的真理；而柏拉图和那些印度人……与其说是在哲学上明确地，不如说更是神话式的，诗意地表出了他们的主张"①。叔本华在继承康德基础上也批评康德，认为康德哲学的缺陷是没有认识到物自体可以认识，叔本华将康德的物自体改造为意志，认为意志作为世界的本质是一种盲目的、非理性的力量，在任何充足理由律之外。世界不仅是表象而且是意志，意志才是世界的本质。叔本华将康德的"现象"改造为"表象"，并将意志个体化于表象世界，从而将康德的二元论改造为意志一元论，"……作为表象的世界，不是世界唯一的一面，而仅是这世界外表的一面；它还有着完全不同的一面，那是它最内在的本质，它的内核，那是'自在之物'"②。叔本华将意志的特征归结为是一种力、不服从充足理由律、能够客体化为不同的级别。

在叔本华看来，康德哲学和柏拉图哲学的内在旨趣是一样的，即都区分可见的现象与不可见的本质；两种学说都认为，对本质的认识需要理性。在意志与表象之间，叔本华加入了柏拉图的"理念"，而且强调是在"原始的，道地的，柏拉图曾赋予过的意义"上来运用，"所以我对理念的体会是：理念就是意志客体化为每一固定不变的级别，只要意志是自在之物，因而不与杂多性相涉的话。而这些级别对个别事物的关系就等于级别是事物的永恒形式或标准模式"③。关于理念，叔本华尽管宣称"在我用这个词时，总要用它原始的、道地

---

① ［德］叔本华：《作为意志与表象的世界》，石冲白译，商务印书馆1997年版，第571—572页。

② 同上书，第63页。

③ 同上书，第191页。

的、柏拉图曾赋予的意义",但是叔本华的理念与柏拉图的理念并不完全相同,理念在柏拉图是本体、是最高的概念,在叔本华意志是本体、理念只是意志的直接客体化,是特殊的表象("独立于充分理由律以外的表象"),"应该说理念只是自在之物的直接的,因而也是恰如其分的客体性"①。因此,叔本华吸收改造了柏拉图的理念与康德的物自体,"在事物和自在之物中间还有理念在",意志不能直接客体化为表象,理念是意志与表象的中介,理念是意志的直接客体性,具体事物是意志的"间接客体化",意志才是最高的本体、世界的本质。在叔本华,意志的直接客体化是柏拉图意义的理念,理念尽管摆脱了充足理由律,但是对于认识主体仍然是客体,而且理念分为不同的级别,因此"意志—理念—表象"是依次降级的三个概念。意志客体化最低的级别是普遍的自然力,如重力、电力、磁力、弹性。在植物界,意志表现出的级别稍高,植物为了得到阳光而拼命生长,爬藤植物为了发展自己不惜使寄主枯萎,但是植物仅仅体现出求生意志,还没有认识能力。动物作为意志更高一级的客体化,体现出令人惊奇的生存本领,也有一定的认识能力,却还是受本能驱使。只有到了人类,才是意志最高级的客体化,人不仅可以感性认识,还可以抽象思维,更能认识自己并弃绝意志获得自由。人有双重性,一是生命意志,性为极端;一是自由主体,大脑为标志。叔本华将人的大脑和性视为两个极端,前者摆脱意志,后者受制于意志,美国新实用主义美学家舒斯特曼则将性爱视为审美经验之一种。叔本华将人与动物的区别界定为人类感性、悟性之外的反省思维。但是人类认识能力的高超不仅是幸事,同时可能是灾祸。意志客体化的每一级别都在进行着无穷的斗争,在植物界、动物界、人类世界之间,每一表象都在体现

① [德]叔本华:《作为意志与表象的世界》,石冲白译,商务印书馆1997年版,第252页。

其生命意志，在生存、繁衍、抢夺。叔本华提供了一幅弱肉强食的画面，不仅意志客体化的不同级别之间相互争夺，而且同一级别内部也在上演着你死我活的争斗。尤其在人类社会，由于人类才智，人对人可能成为狼。意志作为求生意志和种类繁衍是明确的，作为具体欲求也是有目标的，但是整体来看是盲目的，因此人类是可悲的。意志作为万物的本质，人类概莫能外，尽管人类是意志客体化的最高级别，但是毕竟深陷争斗的深渊。这是叔本华悲剧人生观的前提，也是他倡导以审美弃绝意志的理由。

二 叔本华"同情伦理学"建构

在伦理学角度，叔本华批评了康德的理性概念，否定理性是道德的基础；否定了个人意志是自由的，因为人作为被客体化的意志，行为必然以因果律为根据。叔本华不仅提倡审美静观，使个人获得内心的自由解脱，而且发展出了"同情伦理学"，为现实生活中人与他人的关系提供了行为依据。

叔本华区分了三种意义的自由：自然的自由、智力的自由和道德的自由。叔本华着重分析的是道德的自由，主张道德应该有形而上学基础。既然意志是人的本质，那么人就处于无限的欲求与有限的满足的苦痛中，处于短暂的快乐与长久的空虚的交织中，处于暂时的安宁与持久的争斗的轮回中，人本质上作为欲求着的意志主体是不自由的。而如何摆脱意志的纠缠、实现自我超脱是叔本华哲学、伦理学、美学的共同趋向。

在叔本华的理论中，人类作为意志个体不是自由的，而是受制于意志的操纵；作为意志客体化的最高级别，人类与万物一样有形体、置身于特定时空中，受制于欲望；人活着就有欲望，欲望不得满足会痛苦，欲望满足会得到暂时的快乐，然后产生新的欲望，人生的苦痛与厌倦远远大于短暂的满足，如果没有了可以欲求的对象，则是空虚的。人生对于大多数人而言，就是陷于天罗地网中无可逃脱。人生的悲剧性在于，只有人有自我意识，能够清醒地认识到人的本质、人类的宿命。动物也有死亡，却不会有死亡意识，不会以死亡为终点反观一生。叔本华犀利地指出人类的宿命，无论如何努力"到了最后必然还是死亡战胜，因为我们的诞生就已把我们注定在死亡的掌心中了；死亡不过是在吞噬自己的捕获品之前，［如猫戏鼠］逗着它玩耍一会儿罢了。在这未被吞灭之际我们就以巨大的热诚和想方设法努力来延长我们的寿命，愈长愈好，就好比吹肥皂泡，尽管明知一定要破灭，然而还是要尽可能吹下去，吹大些"①。由于人生旅途中的千难万险，更由于死亡这可怕的终点，生命成为一场注定的悲剧，甚至连悲剧都难以谈起，如果悲剧意味着沉重、意义。其实生命就像大海上转瞬即逝的浪花，不留痕迹。叔本华对于存在主义哲学有很大的影响，但是存在主义接受了他对人生的悲剧性分析的前提，却扭转了他对人生的悲观看法。尼采对生命意志的肯定与海德格尔"向死而在"的分析都是对叔本华的发展。

叔本华延续了康德的思路，一是意志个体，受制于根据律，一是认识的纯粹主体，能够获得自由，"那认识一切而不为任何事物所认识的就是主体"。从认识主体而言，人在世界上有特殊性，即一方面人有身体性，人与万物一样作为表象受制于根据律，另一方面人有意识，因此能够暂时进行纯粹观审以摆脱根据律。人能够成为认识的纯粹主体，把全部力量献给直观，沉浸于直观，从而成为一个无意志、无时间的纯粹主体，"作为个体，人只认识个别事物，而认识的纯粹主体却可以认识理念"②。认识的纯粹主体是对意志个体的否定，不再是欲求着、与世界发生关联的生命，也不是囿于根据律的认识个

---

① ［德］叔本华：《作为意志与表象的世界》，石冲白译，商务印书馆 1997 年版，第 427 页。

② 同上书，第 250—251 页。

体，而是放弃意志、作为这世界的一面镜子而静观，这时看到的不是表象的世界，而是理念的世界。

就人和万物的关系来看，当认识的纯粹主体沉浸于对自然的直观，摆脱了自己作为意志主体的身份，摆脱了意志主体与自然的功利关系，叔本华指出，"他也就会由此直接体验到〔他〕作为这样的主体，乃是世界及一切客观的实际存在的条件，从而也是这一切一切的支柱"①。在叔本华，这只是认识事物的一个角度，这时是主体自失于对象，也是对象为主体所拥有。纯粹认识主体此时超越了个体的偶然、有限、必死性，体验着对理念的永恒观照。此时的体验也是理解尼采美学的关键，尼采接受了叔本华从表象到意志的分析，却把对意志和理念的宁静观照扭转为对强力意志的赞美和肯定。

就人和自身关系来看，人不仅是世界万物的观察者、认识者，也是自身的观察者、认识者，人的自我认识这里出现了分裂，人类有双重意识，即人作为意志个体的现实意识与认识的纯粹主体的自由意识之双重性。作为意志个体，他陷于"个体化原理"；作为认识的纯粹主体，他得以运用"永恒的造物之眼"，得以摆脱"个体化原理"，"亦即依赖个体借以认识事物，把事物认为现象的方式"。反过来说，就是"个体化原理"不能认识世界本体，不能明白万物为一的道理。综合叔本华的论述，可以看出其所谓"个体化原理"有这样的内涵：将自己与其他个体区分开，认为自己的真实存在就在自身，看不到自己与他人和万物根子上的同一。因此个体化原理相应地有如下特征：自我保存；利己主义和自我中心；种类繁衍。由于个体化原理不仅是动植物也是人类的天性，所以万物为了个体的保存而时刻警惕外界的危险，时刻顾及自身的安危，为了种类繁衍不惜自我牺牲。就万物出

---

① 〔德〕叔本华：《作为意志与表象的世界》，石冲白译，商务印书馆1997年版，第253页。

于同一意志而言，同一意志客体化的万物却处于相互吞噬状态，叔本华称之为"意志和它自己的内在矛盾达到了可怕的公开表现"。关于意志，叔本华有时称为自由的，有时称为盲目的。现象服从根据律，意志则在根据律之外，从这点说意志是自由的，不受任何约束；从意志的"无目的""自我伤害"角度说，"盲目"则更为恰当。

人类在强烈的意志冲突中，追求感官的快乐，也经受空虚的折磨，认识不到这只是同一生命意志的不同方面。人类会尽力避免他本人个体的痛苦，局限于个体化原理，依赖个体化原理的人，就像依赖波浪汹涌大海上的一叶扁舟。人类除了身体，还有大脑，除了受制于个体化原理，摆脱个体化原理，在任何生物中看到的都是自己，所以叔本华推崇"仁爱"，主张"一切仁爱（博爱、仁慈）都是同情"，还有"永恒公道"意识，意识到迫害者和被迫害者是一而非二，既承担痛苦又承担罪过，个体会献身于永恒公道意识，不仅能够弃绝个人享受，还能够牺牲个体以体现最高的善。既然意志是人的本质，既然意志意味着痛苦，自由即是自我否定，"欲求的否定，亦即进入自由"。

生命意志作为自在之物是不可见的，但是生命意志作为世界本体能够客体化为万物，万物作为个体，其生灭不能使生命意志有所增减，大自然是客体化的生命意志，人在大自然最高度的自我意识中，以叔本华的话说，就是"以时间为形式的客体"和"不以根据律的任何一形态为形式的主体"的当下幸遇。然而，作为认识的纯粹主体对世界的观察毕竟是暂时的，一旦人意识到对象与自己的利害关系，马上回到他熟悉的观察认识世界的方式。因此作为认识的纯粹主体可能是瞬间的福分、生命中暂时的安慰解脱。

由于需要立于直观地位的本领，同情心的产生就需要天才，即摆脱个体化原理，这是只有少数人才具备的能力。叔本华对人生不幸的分析，基于生命意志本身的盲目性，基于死亡这一无可回避的终点，也基于人的双重意识。然而叔本华不仅仅是看到人的悲剧处境，他也是在寻求解脱之道。将世界作为表象与将世界作为意志，这不是自相矛盾而是不同的研究视角。个体化原理，是囿于表象世界的逻辑，但是人类还有另外一种可能，即直观认识到自我与他人都是同一个意志本体驱使，因此自我与他人都是偶然的现象，在根子上是同一的。所以人就可能洞悉个体化原理的虚妄，从而摆脱利己主义，对于自己的毁誉得失不再计较，纯粹作为世界的一面镜子。之所以对他人同情而非其他，源于人生的虚幻和痛苦，所以其伦理学基于意志形而上学，或曰伦理学有形而上学基础。叔本华的"个体化原理解体"体现于哲学、宗教和审美领域，得到的都是形而上的慰藉。具体到伦理领域，叔本华发展出同情伦理学，主张"一切真正的、纯洁的仁爱，甚至于一切自发的公道则相反，都是从看穿个体化原理而产生的。个体化原理的看穿如果发挥充分的力量就会导致完整的神圣性和解脱"①。《伦理学的两个基本问题》也谈到如果一个人"直接在另一个人内认出他本人，他的真实的真正存在就在那里"②，那么就会放弃利己主义。所以，消解个体化原理不是对现实个体的忽略，而是伦理学的起点。叔本华声称要将哲学和伦理学合一，也即找到伦理学的形而上依据。叔本华在现实领域走向了"同情伦理学"，"同情伦理学"和"美的形而上学"都是建立在本体形而上学基础上，都是对意志本体的否定。但是，由于叔本华对意志主体的消解，确立的是个体作为纯粹认识主体的自由，个体意志被泯灭，个体与世界没有了冲突和纠葛，这样无欲无情的状态可以使个体免于痛苦，同时使个体没有了生之热情。叔本华的"同情伦理学"在理论上是成立的，实践

① ［德］叔本华：《作为意志和表象的世界》，石冲白译，商务印书馆1997年版，第546页。

② ［德］叔本华：《伦理学的两个基本问题》，任立、孟庆时译，商务印书馆1996年版，第21页。

上可能体现为无为与无情。

随着人类文明发展，人类生命过程中的苦痛很少来自物质匮乏，很少来自战争，而是来自同类相残，叔本华对这点说得可谓透彻，有时同类相残不是出于利益争夺，而是日常生活中"无事的悲剧"。王国维正是根据叔本华对人生、人性的理解，得出《红楼梦》是"普通之人物、普通之境遇"下看似无事却不可避免的人生悲剧。叔本华对人生悲剧性的分析，根本的着眼点不在社会状况；如果说悲剧性起因在社会环境，那么就有一种可能，即一种良性的社会环境能够终结人类的悲剧性；叔本华对人生悲剧性的分析，其实是形而上的，类似宗教的原罪，认为人的出生注定了其悲剧，是意志自身的矛盾冲突，最终解决之道是意志的弃绝。就人与自己的关系而言，个体要弃绝意志、获得自由；就人与他人的关系而言，个体要有对他人的同情。这两点都基于意志本体论，就是说要摆脱个体化原理。

在叔本华看来，"同情心"的基础就是共同的人之理念，是盲目的"意志"注定了人类的"原罪"，每个人概莫能外。所以个体彻悟到这点后，在摆脱意志操纵、获得自身自由的同时，会对他人乃至万物产生悲悯同情之心。即使一个恶人，也是"人"之理念的体现，比如麦克白的野心不只是个人的悲剧，而是人性中的权力欲在历史长河中的波光 闪，明白这点个体就会从 切人中看到自己，对于 切人有了悲悯之心。

叔本华的"同情"伦理学依据其自然形而上学，伦理学（善）以哲学（真）为依据。罗蒂则是形而上学的解构者，其"不要残酷"不是以形而上学为依据的伦理学，而是学科界限模糊的主张；不是探讨伦理学的永恒不变的信条，而是立足于现实状况提出的平和而坚定的口号"为了今天的伦理学"（an ethics for today）。

三　叔本华与罗蒂"同情心"之比较

叔本华作为反理性主义哲学的开创者，依然在形而上学传统中；罗蒂作为后现代哲学家，则是形而上学的终结者。在叔本华看来，本体形而上学是道德形而上学的哲学依据，即道德形而上学是基于其意志本体论，也就是说无论是个体自由还是同情心的发挥都是对意志的放弃，是"个体化原理"的解体。相比叔本华的观点，罗蒂"人类团结"的主张更有可操作性。

罗蒂作为反形而上学家、反基础主义者，没有"共同人性"之类概念作为"同情心"的终极依据，而是依据于人类共同的"感受"即疼痛和屈辱。当然，罗蒂作为历史主义者，其"屈辱"概念是变动不居的，今天的"屈辱"可能是封建社会的"荣耀"，专制体制中的"荣耀"可能是民主体制中的"屈辱"，而且"屈辱"与否不仅有时代因素也有个体理解的差异。

罗蒂理论中的"同情心"和"想象力"是相关的，文学以"想象力"唤起读者对他人的"同情"；"同情心"既不必以宗教信仰为基础，也不必以共同人性作为依据，更不能以血缘或利害关系作为前提；如果非要为人类同情心找个理由，那么在罗蒂，应该是"历史主义"，当今文明社会里的人类会有个心理底线即自由主义的规定，不仅认同残酷是最大的恶，而且会将心比心地将他人感受着"我们"、有一种对于人类的认同感。文学能够唤起同情心，这点无须多言，无论是此前的文学理论还是读者的审美经验，都能说明这点。关于"同情心"的由来，则将罗蒂与一切形而上学家区分开来。比如中国传统的道德形而上学，孟子主张"恻隐之心，人皆有之"，恻隐之心作为"仁"是"我固有之也"，张载"民吾同胞"、王阳明"吾心之良知，即所谓天理也"是对于"同情心"和"良知"从形而上高度的界定，与康德道德形而上学原理的思路是一致的。

罗蒂既推崇弗洛伊德"生命偶然"的观点，也认同他对"良知"的论述，即每个人由于成长过程的偶然，其对"良知"的认知就有差异。罗蒂说弗洛伊德关于"同情心"的有关论述"……提供我们了解同情心的一种方式，即认为同情心不在于认同我们和其他同类成员共具的普遍人性核心，而在于以非常特定的方式对待非常特定的一些类型的人，和非常特别的事情"①。这些话虽不那么动听却真实，现实中的人和事验证着罗蒂的逻辑，比如福柯对于疯子、罪犯、边缘人群的同情，源于他青少年时期动荡不宁的内心体验，就像戈雅的《疯子》透露的激情和反抗，所以福柯才说其作品都是自传；比如海德格尔将木匠的词汇"上手""在手"纳入哲学思考，源于他的家庭背景、成长经历。这些可以作为佐证，但并非必然如此。每个人对于他人的同情心，都有特殊的机缘，有些是有意识的，有些则是无意识的，来自于各种人生经验和心理积淀。后现代哲学确实运用着尼采的谱系学，注重细枝末节，注重看似微不足道的事情对于个人生命和历史事件的影响。罗蒂意义上的"同情心"不是限于弗洛伊德意义上的，弗洛伊德意义上"非常特定的一些类型的人"在社会中毕竟是少数，比如同性恋者；也不是现实意义上的底层人，对于底层人的同情心有时是侧重其物质的匮乏，却并未在意其心灵感受。罗蒂的"同情心"却是基于对所有人情感上的关怀，他之所以突出对"陌生人"的同情，源于人们会提防陌生人、对于陌生人表现出冷漠，而对于"我们"则会表现出关心。

罗蒂的"同情心"没有形而上学依据，比如"人的本质""人的自由"等，只是从现实人生角度激起的对具体个体的同情，所以具有可操作性，罗蒂主张经由文学激发读者的想象力和同情心，对于大多数读者都是有可能的。叔本华主张认识主体作为无欲无求的镜子而

---

① ［美］罗蒂：《偶然、反讽与团结》，徐文瑞译，商务印书馆2003年版，第49页。

静观，这是天才具有的本领，对于大多数人而言很难实现。罗蒂式实用主义解构了形而上学，消解了形而上的慰藉，其"不要残酷"和"同情心"的主张有现实意义。叔本华的终极关怀是其思想魅力所在，也是其现实弱点所在，正如罗蒂的现实关怀在理论上的乏味却是其现实力量所在。

第三节　"审美主义"：罗蒂与福柯

罗蒂调和了个人创造和人类团结，弥合了福柯和哈贝马斯。罗蒂没有福柯激进的反叛，没有为边缘群体（精神病、少数民族、同性恋、罪犯）辩护的情绪，其主张对于社会进步更加可行、更具有可操作性。哈贝马斯曾经是罗蒂的论辩对手，曾对罗蒂的反讽持严厉批评的态度，却在罗蒂死后表示了极大敬意，赞同他"民主先于哲学"的口号。

本节拟梳理剖析：福柯和罗蒂都是审美主义者；福柯在解构知识主体和权力主体后，以"生存美学"进行审美主体的重构；罗蒂将审美主义的意义限定于私人领域；罗蒂除了在私人领域进行"个人完美"意义的主体重构外，还在公共领域进行着以"人类团结"为目标的主体间性建构；作为后现代主义哲学家，他们都没有走向虚无主义，而是有"自我控制"和"自律"的主张。

一　审美主义

福柯之为审美主义者没有疑问，已为中外学界所广泛认可。罗蒂之为审美主义者，不仅哈贝马斯和沃林都有界定，而且罗蒂自己的著述中也有这一自我定位。

关于审美主义的内涵，国外有些学者分析得非常到位。先来看美国学者麦吉尔的观点，对于人们将"审美主义"理解为一个不同于现实世界的、自足的审美王国，麦吉尔不以为然，他说："我理解的'审美主义'不是指一个封闭的、有限的美学领域的状况，而是指尽力扩展美学疆界至包括整个现实世界的努力。"① 他将尼采、福柯、海德格尔和德里达作为"审美主义者"加以分析。美国学者沃林认为"审美主义主张审美态度而不是科学和道德在生活中的主导地位"②，进而他把福柯的思想称作"泛审美主义"（pan-aestheticism）和"审美决定论"（aesthetic decisionism），因为它们意味着"美学超越其它价值的迫切努力"③。两个学者所言的"审美主义"都不限于狭义的美学概念，而且包括了对人生的审美态度。刘小枫则指出："作为现代性的审美性的实质包含三项基本诉求：一、为感性正名，重设感性的生存论或价值论地位，夺取超感性过去所占据的本体论位置；二、艺术代替传统的宗教形式，以至成为一种新的宗教和伦理，赋予艺术以解救的宗教功能；三、游戏式的人生心态，即对世界的所谓审美态度（用贝尔的说法，'及时行乐'意识）。"④综合三个学者对审美主义的理解，共同之处是认为审美主义强调对世界的审美态度，不同之处是刘小枫突出了审美主义的感性内涵，也即后现代维度。尼采、海德格尔和福柯都是麦吉尔、沃林意义的审美主义者；尼采和福柯也是刘小枫意义的审美主义者，海德格尔却不是。

哈贝马斯和沃林对于罗蒂的审美主义都倾向于批判。哈贝马斯指出，审美现代性的"精神和规则"都能在波德莱尔作品中体现出来，他总结了审美现代性的一些特征：变化的时间意识，反叛传统，依赖经验等。他宣布说："现在，这种美学现代性精神最终步入了而逾古

---

① Allan Megill, *Prophets of Extremity*, Berkeley, 1985, p. 2.

② Richard Wolin, "Foucault's Aesthetic Decisionism", in Barry Smart, ed., *Michel Foucault: Critical Assessments*, Vol. 3, p. 251.

③ Richard Wolin, "Foucault's Aesthetic Decisionism", in *Michel Foucault: Critical Assessments*, Vol. 3, p. 251.

④ 刘小枫：《现代性社会理论绪论》，上海三联书店 1998 年版，第 307 页。

稀之年。"① 他还激烈地说："所有这些将艺术与生活、虚构与现实、表象与实在拔高到同一平面；这些试图取消人工制品与使用对象之间的差别；这些试图宣布凡事皆为艺术，凡人皆为艺术家；这些试图取消所有的标准，将审美判断等同于客观经验的表现。诸此许诺，都已证明自身是胡闹的实验。"② 哈贝马斯不仅把尼采和福柯，也把罗蒂视为"审美现代性"（亦是审美主义一脉）的代表。沃林指出："罗蒂立场的唯美主义方面——作为一种社会精英的高雅游戏的哲学的观念，在其中，对'趣味'问题的热衷更甚于对'真理'的思考——逐渐地在他的论点中占据了举足轻重的地位。"③ 沃林对罗蒂的审美主义倾向予以鞭挞，"他的思想接近于某种'现世快活'的哲学，那是专门为迎合后现代时代的需要而炮制的一种哲学……它的信条是既自怨自艾又唯唯诺诺的享乐主义"④。上述评论是对于"后现代"的偏见，后现代哲学不同于后现代文化，前者的反基础主义、反本质主义是在严肃地解构着传统哲学，不是后现代文化的狂欢无度和虚无主义；若说"现世快活"是不对的，那么后现代哲学已经解构了宗教和传统形而上学，只有大地没有天堂，只有现世的幸福没有永恒的慰藉；"享乐主义"更是对于"审美主义"的曲解，罗蒂的"个人完美"有"自由""自律""自我完善"的内涵，岂是"享乐主义"所能涵盖的？

在写于生命终点的《生命之火》短文中，罗蒂谈及他得知患有无法治愈的胰腺癌后与表亲（cousin）和儿子的一场谈话。当身为牧师的表亲问是否将转向宗教，罗蒂拒绝了；当儿子问他，是否将转

① ［德］哈贝马斯：《论现代性》，参见王岳川、尚水编《后现代主义文化与美学》，第 12 页。

② 同上书，第 19 页。

③ ［美］沃林：《文化批评的观念》，张国清译，商务印书馆 2000 年版，第 232 页。

④ 同上书，第 233—234 页。

向哲学，罗蒂的回答同样是"不"，认为无论是伊壁鸠鲁还是海德格尔关于死亡的沉思都不能提供意义；当儿子问什么能对他起作用，罗蒂脱口而出的是"诗"，是诗歌使他得到安慰。罗蒂对于人生旅途中没有花更多时间于诗歌表示了遗憾，因为"拥有丰富词汇的文化比拥有贫乏词汇的文化更有人性（more fully human）、也更脱离动物状态（farther removed from the beasts）；当每一个男人和女人回忆中满是诗篇，他们将成为更完满的人"①。可以清晰地看出，罗蒂将私人领域里个人生命的意义置于审美主义，因为对自然和艺术的审美可以丰富个体的感受和体验，使人生得到细微处的感动和美丽。如此，无须神灵，无须永恒。

二　福柯的审美—伦理主体重构

本节将从"主体"角度梳理福柯"生存美学"的理论背景及其内涵，也将指出罗蒂既有福柯审美主体意义上的建构，也超越了福柯审美主体的孤立和封闭性，构建了人类团结意义上的主体间性。福柯对于主体的解构与重构之路非常清晰，相比之下罗蒂没有这样鲜明的主张，其实是在应和着福柯的工作，《哲学和自然之镜》中对于"心"的解构，其实就是解构着知识主体。

本节并不涉及福柯思想的宏观理论背景（与古希腊思想的关系、与启蒙的关系、与尼采和海德格尔的关系），而是从福柯自身思想角度考察福柯怎样在解构了知识主体和权力主体之后，把主体的可能性放在了审美—伦理主体的重建。福柯的"生存美学"和罗蒂的"个人完美"都有伦理和政治向度，都主张自我创造（self-creation）的人生。

在《主体与权力》一文中，福柯谈到自己工作的兴趣不是权力，

---

① Richard Rorty, "The Fire of Life", *Poetry Magazine*, November 18th, 2007.

而是主体，"我的目的是要创立一种据以在我们的文化中把人变为主体的各种方式的历史。我的工作是研究将人转变为主体的三种客体化方式"①。以主体为立足点，我们能够看清：福柯表面上非常散乱的学术领域，是有一条线索贯穿其中的。这条线索就是：人不是历史、知识和他人的主体；人是怎样"被构成"为主体的；人如何成为真正意义上的主体。福柯以对主体的考古学研究（话语分析）和谱系学研究（权力分析）而解构了知识主体和权力主体，他把主体的唯一可能性放在了审美—伦理主体即自我构成的主体。

第一，知识主体的解构。

福柯对于知识主体的解构体现于以考古学方法写就的两部著作《知识考古学》和《词与物》（英文版更名为《事物的秩序》）。福柯的考古学，是对西方哲学传统中先验主体概念的放弃，主张文本中心论。福柯作为后结构主义者，凸显的是"文本间性"概念，解构了知识主体的地位。他试图说明，一个人的话语和作品是怎样密密地交织在他人的话语、作品里，以至于难以搞清到底是谁的思想。在一次讲座开场白中，福柯说过这样一番清醒而无奈的话，"我希望我能悄悄地进入我今天应当开设的讲座……我希望我无须开始，而宁可发现我被语词所包围，宁可接受并超越任何可能的开始。假如没人注意的话，我倒是希望在我的前面长久存在一个无名的说话声，以便在我转身之际，我只得接受它正在谈论的东西，只能延续语句，只得将自身置于它那无人注意的缝隙，仿佛它凭借暂且的终止创造了某个对我来说是开始的符号"②。福柯的"生存美学"却肯定作者的独创性，他对能开创新的话语规则的人比如马克思和弗洛伊德十分推崇。在话语

---

① ［法］福柯：《主体与权力》，作为附录载于德赖弗斯、拉比诺《超越结构主义和解释学》，张建超、张静译，光明日报出版社1992年版，第271页。

② ［英］阿兰·谢里登：《求真意志——密歇尔·福柯的心路历程》，尚志英、许林译，上海人民出版社1997年版，第159页。

的缝隙里，福柯也属于开创了新的话语规则的人。福柯在《知识考古学》中着重话语分析，而在《词与物》中则提出了一个新的概念"知识型"。他认为作为知识主体的"人"以前并不存在，只有到了18世纪末19世纪初即现代知识型时期，作为知识主体和知识对象的"人"才被建构出来。福柯断定，随着新的知识型出现，"人"这一话语建构将趋于消失，知识主体不复存在。

如果说尼采的"上帝之死"使得传统欧洲人赖以寄生的真理、信仰荡然无存，从而逼迫他们成为超人的话，那么福柯的"人之死"则使得现代欧洲人引为自豪的理性、主体性不再有效，从而逼迫他们创造自我。"人"和"上帝"都是人类的发明，是人类最大的"元叙事"，并都允诺给人一个特权位置。福柯甚至认为尼采的"上帝之死"已经暗示了"人之死"，也许正是在此意义上，我们能够理解福柯将"根除人类学的第一次尝试"的殊荣给了尼采。"尼采重新发现了人和上帝相互属于的点，在此，上帝的死亡与人的消失同义，超人的出现表明人之死的紧迫性"①。如此，人才能开始自由地思想。

第二，权力主体的解构。

如果说福柯在《知识考古学》和《词与物》中论证了知识主体的式微，那么在以谱系学方法写就的《规训与惩罚》《性经验史》等著作中则揭示了权力主体的式微。

如果说福柯的考古学理论摒弃了主体的中心地位（或者说人不是知识的主体），那么他运用谱系学方法具体考察了"主体"在现实社会里的处境，即人处于无处不在的权力网络之中。福柯对权力如何作用于人的最好阐释，见于他的《规训与惩罚》一书。福柯写作此书，不仅要提供一部监狱的历史，福柯指出他要借以理解现在，"如

---

① M. Foucault, *The Order of Things*, London: Tavistock Publications Limited, 1970, p. 342.

果这意味着从现在的角度来写一部关于过去的历史，那不是我的兴趣所在。如果这意味着写一部关于现在的历史，那才是我的兴趣所在"①。可以说福柯的所有历史著作（包括《性经验史》《癫狂与文明》和《临床医学的诞生》）都不是对过去的考证，而是对现在的反省，福柯作为一个思想家的意义也正在这里。福柯以"规范化"（normalization）一词来概括当今社会权力的特征，他以边沁的"全景敞视建筑"为例，它是一个环形建筑，中间是中心瞭望塔；环形建筑被分割成一个个小囚室，犯人之间不可能交流，犯人也不知道是否正被监视；久而久之，犯人就无意识地看管自己，从而确保"权力自动化和非个性化"。如果它仅仅是一座监狱，如果它的用途只在囚禁犯人，也许人们会为这一天才设计感到高兴，可是福柯以此作为整个社会的缩影，"全景敞视模式没有自生自灭，也没有被磨损掉任何基本特征，而是注定要传遍整个社会机体。它的使命就是变成一种普遍功能"②。就是说，规训并不限于监狱，它广泛扩展到社会的各个角落，工厂、学校、军队、精神病院成为与监狱最为相似的地方，乃至整个社会奉行"监狱体制"。长久以来，我们默认甚至赞同这种规训机制，是因为它保证了社会稳定，而不去思考它对人性的囚禁是在弱化着人类。

需要指出的是，福柯没有普遍的权力理论。福柯的权力概念，不是某个阶级、团体、党派对另一阶级、团体、党派施加的暴力，而是涉及众多方面的一种复杂关系网络，是一种力。如果权力像财富一样可以被拥有，那么就有权力主体的可能性。实际上没有人能够拥有权力，也没有人能够站在权力的对面观察、分析、清除它，甚至知识分子也是权力的一部分。福柯以边沁环形监狱为例说明权力深入犯人的

---

① ［法］福柯：《规训与惩罚》，刘北成、杨远婴译，生活·读书·新知三联书店1999年版，第33页。

② 同上书，第233页。

肉体乃至无意识，犯人长久被规训以至于成为自己的看守，保证了权力的自动实施。推而广之，最高统治者也在被看，也置身于权力网络，没有不受约束的主体性。如果个体的意识、无意识乃至肉体都留下权力作用的痕迹而浑然不觉，那么福柯对权力的揭示就非常重要了。福柯一再指出，权力不仅压抑，而且制造。传统的监禁通过限制、处罚罪犯来达到目的，可能使得罪犯产生逆反心理，给社会增添新的不稳定因素。而实行规训机制的现代社会表面上看来更文明、更人道，实际上更可怕，它从根本上扼杀了对立面出现的可能性，"社会成为一个规训性社会正在于这样的事实：规训不产生对立面"①。或者说，社会不再需要以暴力来对付异类，社会的"规训机制"使得异类被扼杀于摇篮。而觉醒的个体在与社会的冲突中使权力松动，就是说在个体自由与社会稳定之间存在一种张力，彼此制约、抗衡，福柯曾用过一个极形象的词"格斗"来说明二者的关系。

福柯不仅否定了知识主体的可能性，从历史观上否认人是历史的主体，更重要的是他运用谱系学方法揭示了主体是怎样"被构成"的。就是说，人们怎样将自己构造为知识主体，怎样自以为权力主体却无从逃脱权力机制。由此出发，他洞悉了一系列隐秘的连接：知识与权力、规范化与权力、性与权力。福柯对主体如何构成的展示，比"拥护主体""解构主体"的宣言有力得多。只有消解了虚妄的所谓"主体"，每个个体自我构成为主体，才有必要和可能。

福柯逐渐克服从话语层面来理解知识，而是看到知识与权力的关系。培根说过一句名言"知识就是力量"，福柯却指出了事情的另一面即知识与权力相关。福柯在谈知识—权力的时候，往往指的是人文和社会学科的知识而非自然科学的知识，比如，他列举的往往是精神

---

① Francois Ewald（ed.），"A Power Without Exterior", in *Michel Foucault Philosopher*, New York: Harvester Wheatsheaf, 1992, p. 170.

病学的知识、监狱的知识、癫狂的知识、性的知识等。这类知识的产生的确有着权力背景，在《规训与惩罚》中，福柯在考察了监狱的诞生后，围绕着司法程序中精神病学和心理分析的涉入（如精神病学家可以对犯人进行正常与否的测试），得出结论：权力在扩散、渗透，产生了一系列自封为"科学"的知识。他批判知识与权力截然二分的传统看法，他有一段名言，"权力制造知识（而且，不仅仅是因为知识为权力服务，权力才鼓励知识，也不仅仅是因为知识有用，权力才使用知识）；权力和知识是直接相互连带的；不相应地建构一种知识领域就不可能有权力关系，不同时预设和建构权力关系就不会有任何知识"①。当然，对福柯的这番话，不能简化为"知识就是权力，权力就是知识"，而是要进一步弄清：知识与权力到底是怎样微妙的关系。从这个角度，我们就比较容易理解福柯对"心理分析学家""精神病医生""教师""家长"等身份的怀疑了。联想到康德对"监护人"和"牧师"的拒绝，我们不难看出福柯与启蒙精神的血缘关系。要理解福柯的权力概念，最便捷的途径莫过于阅读卡夫卡的小说，据福柯的好友德菲尔说，福柯在临终前几天的日记里写满了卡夫卡作品里的句子。其实我们不难发现，他们思想上的确有共同之处：对权力的抵抗；对被排斥者（罪犯、疯子）的同情；对正常/反常界限的质疑等。尤其是，如果我们以福柯的"微观权力"来分析卡夫卡的作品，一些扑朔迷离之处将变得明朗。福柯没有通常意义上的权力理论，而是注意细节上的、具体的权力运作，他称之为"微观物理学"。权力分析停留在宏观的政治层面太久了，对于个体来说意义不大；对于权力的微观分析，是福柯的独创，对于个体来说意义重大。福柯不是从宏观的理论入手，而是诉诸我们的体验。他揭开了

---

① ［法］福柯：《规训与惩罚》，刘北成、杨远婴译，生活·读书·新知三联书店1999年版，第29页。

监狱、精神病院的一角，让我们看到当代文明中的"奥斯维辛"。要问是谁在行使权力，也许我们只能同意福柯的说法，即权力是一种力，它是来自各方面力量的扭结。

福柯批判了下述权力观点：权力是被占有的；权力是以镇压（压抑）的方式实施的；权力是自上而下的。他提出了相反的权力观点：首先，微观权力"不应被看作是一种所有权……这是一种被行使的而不是被占有的权力"；其次，权力不是固定的，或者说不只是压抑的，而是在运用过程中得以传播、扩散；权力不仅是自上而下的，不仅是集中于某些机构或阶级，而是有无数的作用点，"每一点都有可能发生冲突、斗争，甚至发生暂时的权力关系的颠倒"①。意味深长的是，福柯对于"被规训的孩子"感到恐惧，而对流浪汉和罪犯表示了同情甚至赞美；他从前者看到的是"既驯顺又能干的肉体"，从后者看到的则是热爱自由的精神，犯罪体现出人性与社会的冲突和较量，它体现着自由的光辉，它动摇着僵化的社会体制。就是说在个体自由与社会稳定之间存在一种张力，彼此抗衡、制约，福柯曾用过一个极为形象的词"格斗"来说明二者关系。福柯和卡夫卡都是从积极方面理解犯罪和罪犯的。在这一角度，福柯的确更为强调的是社会对个体的控制和个体对社会的反抗，个体和社会的关系往往是冲突、对立的权力关系，所以罗蒂对于福柯的理解是正确的，即福柯没有对于自由民主社会以信心，因此难以在此角度确立人的主体性。

罗蒂将福柯称为"无政府主义"，批评福柯没有在私人领域和公共领域之间做出区分，也批评福柯没有在民主主义和专制社会之间做出区分、没有作为一个"公民"提供适用于他人的"公共的、平凡

---

① ［法］福柯：《规训与惩罚》，刘北成、杨远婴译，生活·读书·新知三联书店1999年版，第29页。

的、道德的语汇"①，是非常中肯的评价。

第三，审美—伦理主体的重构。

福柯把主体性确立的唯一可能性放在后期的"生存美学"建构。"生存美学"（the aesthetics of existence）是福柯晚期思想的重要组成部分，它具有如下内涵：注重个体与自身的关系，而非个体与社会的关系；注重个体与自身的美学关系，而非认识关系；注重感性体验，尤其是身体体验；主张生活是艺术品；美化现在，既不怀旧，也不将希望寄托于未来；主张个体确立自身的生存风格；主张个体去创造自己，不是去解放自己；主张个体自我构成为主体。在西方学者的研究中，福柯的这一思想通常被划归"伦理学"，但其真正的学术性质却并非如此。而且，西方学者也注意到了福柯这一思想的特殊性，有的学者以"作为伦理学的美学"来概括，有的以"泛美学"来概括，有的则以"审美主义"或"审美决定论"来总结福柯的理论倾向。其实福柯的"生存美学"不属于传统伦理学——传统伦理学是从个体与社会关系角度谈的，注重的是道德规则的制定，福柯的"生存美学"注重的是个体与自身的关系，是个体的审美生存；福柯的"生存美学"也不是传统意义的美学——传统美学或是研究美的本质，或是研究艺术规律，或是进行艺术批评，福柯的"生存美学"是把人的生活当作艺术品，通过审美经验而提高生活质量。因此，我们应该将福柯的"生存美学"放在"生存"层面上加以考察。放在"生存"这个层面上，哲学、美学、伦理学是相通的，并不存在明确的分歧，福柯的"生存美学"应该是伦理学—美学—哲学浑然一体的"生存美学"或"生存哲学"。

与以往的美学家不同，福柯并不注重体系的建造、范畴的设定，

---

① Richard Rorty, *Essays on Heidegger and Others: Philosophical Papers Ⅱ*, Cambridge University Press, 1991, p. 196.

他甚至对艺术实践也没有投入太多的热情。相反地，他倾心于一种琐屑的、日常生活中的审美经验，以及由此而产生的感觉、气质和行为方式的变化。福柯认为，现代文明关心的是制造"驯服而能干的肉体"，而不顾及个体的感受和体验。与此相反，他的"生存美学"就是要注重人在日常生活中的精神感受乃至身体体验。在他看来，身体体验是独一无二的个人体验；身体体验，不仅是反抗权力的手段，也是把自我作为艺术品的途径；身体体验，并不意味着对本能的依赖，而是改变自身的方式。在身体体验和精神感受的基础上，人们要做的，不仅是欣赏艺术，更要能动地去创造艺术，即把自己的日常生活变为艺术。

福柯的"生存美学"基于个体与自我的关系，这里的"自我"不是现代哲学中的"先验自我"，而是具体的、实践中的、具有个体差异的"自我"。如果"自我"能够是"自我构成"而不仅是"被构成"的，那么个体的自我创造就十分重要。这些独特的个体在各自际遇里的生存实践，构成了"生存美学"千姿百态的景观。福柯的重要贡献就在于，他把"自我呵护"作为"生存美学"实践的命题之一提了出来。对于康德而言重要的是形而上的道德准则，对于福柯来说重要的是每个人寻求通向美好生活方式的途径。或者说，福柯否定了"道德准则"的形而上学基础，他关心的是每个个体确立自己的生存风格。既然道德没有先验的根基，那么个人如何自我呵护就成为紧迫的问题。福柯的"生存美学"在狭义上被称为"伦理学"，但远远超出了"道德与否"的评价尺度，也超越了现代哲学以"伦理学"的名义谈论的东西。福柯不是以"伦理"替换"道德"，不是回避矛盾，而是将伦理学纳入"人的生存"这一广阔的领域。尽管福柯不愿给"生存美学"提供规范性基础，我们还是能发现他对"自律""自主""自由"的推崇。福柯所言的自主、自律含有自我创造、自我约束之意，是个体性的，不具普遍性。福柯不仅提倡自我创造为艺术品，还强调"身体"的直接体验；体验，作为当下的、一己的东西，能摆脱种种规范性指令，做出自己的判断。福柯关心的是将生活变为艺术，或者说，基于美学和自由的关系，他把主体确立的唯一可能寄托于美学。

在对古希腊的研究中，福柯往往不加区别地使用"生存艺术"（the art of living）或"生存美学"（the aesthetics of existence）这两个概念。在《性经验史》第二卷《快感的享用》导言中，福柯指出古希腊的"生存艺术"包括"那些反思的和自愿的实践，人们通过它们不仅确定了各种行为的规则，而且还试图自我改变，改变自己独特的存在，把自己的生活改变成一种具有审美价值和反映某些风格标准的作品"。① 在古希腊人那里，将生活变为艺术，既包括日常生活中衣、食、住、行的风格化，也包括人的自我控制。一个公民，只有能控制自己，才能证明自己有能力过高尚的和美好的生活，才能证明自己能做领导者。福柯发现在古希腊，道德主要指的是人与自己的关系，而且对于作为社会规则的道德，他们很少做出规定；对于被后世的人们严加惩罚和诋毁的"不道德"行为，他们却很宽容，甚至根本不当作问题；对于被后世的人们所忽略甚至遗忘的人与自身的关系，他们却非常重视。正是古今道德观的鲜明差异，让福柯重新反省道德问题：道德，究竟应该立足于普遍规则还是个体的行为方式。福柯在《快感的享用》一书中，以古希腊人对待快感的态度，说明他们的道德不是提供规则，而是追求一种风格、一种生存的美学。在与自我的关系上，人能够控制自己的激情和欲望，以自我塑造。

在 1984 年即他去世那年，福柯曾做过题为"生存美学"的访谈。他说，"当然，古代道德中也有制约个体行为的规范。但是在古代，那种成为道德主体的愿望，那种对伦理的追求，主要是为了证实

---

① ［法］福柯：《性经验史》，佘碧平译，上海人民出版社 2000 年版，第 125 页。

人的自由，并赋予人的生活一种形式……在我看来，古代的道德努力把人们的生活塑造成一种个人艺术，即使仍需服从某种集体性的准则"①。因而，他认为古希腊的规范与基督教的规范有本质区别，前者是自律，后者是他律。就是说，古希腊人在自我控制中体现意志力和责任感，基督教徒则恐惧着外在惩罚。福柯说这番话，当然不是对古希腊一厢情愿地美化，而是有事实根据的。如前所述，他对古希腊人的生活方式、价值观念做了极为详尽的考察。福柯根据古希腊的"生存美学"而提出了当代人的"生存美学"问题。从福柯研究态度看，他的目的是理解当代和当代人，对古希腊的研究出于同一目的。福柯晚期的访谈和短文，的确贡献出了有别于古希腊伦理的另一种伦理，尽管它并不系统。福柯的伦理主张与古希腊伦理并不存在一一对应，其中有偏差和背离。由于后现代哲人都对主体性、普遍性、规律性、进步之类话语表示过怀疑，所以由此造成的误解是他们只解构不建构，事实并非如此。尤其在福柯这里，探讨人怎样构成自己、呵护自己，让生命变为艺术，是他晚期研究的重点。但是，相比他对知识、权力的研究，福柯的"生存美学"思想显得十分薄弱，甚至未曾展开。福柯的早逝使他未能对自己的观点做出更详细的说明，福柯作为后现代理论家亦不可能提供一种规范性的美学思想。福柯放弃引导者的身份，在于他明察到，人生并不存在适用于所有人的"生存美学"模式。

　　对于福柯而言，一个成熟的个体，是具有启蒙态度和自律精神的个体。福柯提倡"自我构成为主体"，以此减弱道德相对主义的危险。笔者拟从"审美—伦理主体"视角，梳理一下福柯"生存美学"体现的"主体重构"。第一，"生存美学"确立的是个体与自身的关

---

① M. Foucault, "An Aesthetics of Existence", in *Politics*, *Philosophy*, *Culture*: *Interviews and Other Writings 1977–1984*, New York: Routledge, 1988, p. 49.

系，不是个体与世界、社会的关系。福柯"生存美学"关心的是实践中的自我，不是神、理念、群体、意志。自我作为具有启蒙态度和自律精神的个体，可以在"生存美学"实践中不断地深化、构成自己。第二，"生存美学"确立的是自我与自身的美学关系，而非认识关系。在自我问题上，福柯已彻底完成了从认识论意义的"先验自我"到波德莱尔艺术家模式的转换。福柯不想创立一种美学理论，而是身体力行一种将日常生活美学化的实践。对于福柯的"自我呵护"主张，有的学者不以为然，觉得它太集中于"自我"，而忽略了与"普遍性""理性"的关系。[①] 的确，福柯不强调普遍、群体，他寻求的是个体差异；他重视的是个体的日常体验。物极必反，也许是西方哲学过于强调"理性""普遍性"和"真理"，才造成福柯趋向另一极端吧。福柯所提倡的"自我呵护"不是不关心他人，而是呵护自己的过程就包括了呵护他人。第三，"生存美学"确立的是每个个体成为自身的主体。如前所述，福柯一直是解构主体的，但是在晚期思想中却致力于主体的重建。福柯所言的"主体"不是认识论的主体，而是生存论的；不是哈贝马斯的"交互主体"，而是着眼于人与自己的关系；它确立个体的自我创造、自我控制、自我实现。人与自我的关系，可以借鉴古希腊"自我技术"和"自我控制"的方面，它内含着个人行为的自由，而非束缚于外在规范。个人自由自足的生存美学追求，是个体摆脱规范化现实、实现主体性的可能途径之一。这一努力是可贵的，实践中却存在诸多问题。福柯对古希腊的"自我构成"方式做了梳理，却没有给当代人提供可资借鉴的模式。对于福柯而言，能够确立自身主体地位的人必须是启蒙了的人，必须具有独立、自尊、成熟的品格。康德曾过激地将拒绝启蒙的人称为"牲口"，认为是懒惰

① Pierre Hadot, "Reflections on the Notion of 'the Cultivation of the Self'", in *Michel Foucault Philosopher*, New York: Harvester Wheatsheaf, 1992, p. 230.

和怯懦使得人们拒绝成熟。如果我们理解了康德的痛心，我们就能理解福柯对康德此文的重视，也能理解福柯将"生存美学"与主体性联系的苦衷。人生在世，或听命于神，或盲信于权威，或由于长久规训而患上了"斯德哥尔摩综合征"。这是多大的悲哀！正是对人的爱与痛心，才使康德倡导启蒙，才使尼采发出"超人"的呼吁，才使海德格尔重视"此在"，才使福柯将"主体"作为学术研究的目的。福柯不是将主体作为一切的起点，而是分析主体的历史构成；不是谈论抽象的自我，而是将重点放在了自我在特定际遇里的实践。第四，个体通过"自我技术"构成为主体。1982 年法兰西学院的课程中，福柯曾专门谈到"自我技术"。他首先区分了人们借以理解自身的四种技术形式：生产技术；符号体系技术；权力技术；自我技术，"自我技术"是"允许个体以自己的方式、或通过他人的帮助，对自己的身体、心灵、思想、行为、生存方式施加影响，以改变自己，达到某种快乐、纯洁、智慧、美好、不朽的状态"①。他只对后两种技术感兴趣：人与他人的相互作用；人通过自我技术对自己发挥作用。重点是福柯所言"自我技术"的目的："达到某种快乐、纯洁、智慧、美好、不朽的状态"，可以说是一种生存智慧。当代人的"自我技术"与古代不可能一样，也不必一样，当代人应探讨为己所用的"自我技术"。另外，福柯的主体是对以"话语—实践"的方式"被构成"的反动，是"自我构成"的概念，"自我构成为主体"的古典智慧可以被当代人借鉴，只有这样的主体概念才谈得上与"自我技术"的关系。随着时代发展，"自我技术"的内涵会有所变化。比如福柯有"身体政治"概念，这一概念的前提是由于 19 世纪以来"规范化"程度加深，权力深入肉体。此前没有哲学家将"身体"提高到"政治"的

---

① M. Foucault, "Technologies of The Self", in *Ethics: Subjectivity And Truth*, New York: New Press, 1997, p. 225.

高度。参照福柯对"性意识机制"的分析，福柯希望大家摆脱各种意识的引导，而以自己的身体去直接体验。福柯的"身体政治"从理论角度无可厚非，在实践层面如何避免低俗成为当务之急，即是说如何成为美学的而非生理的。第五，"生存美学"是生存风格的选择。古希腊贵族的行为方式有鲜明的审美品格，"一个人的精神气质可以通过衣着、外貌、步态、应对每件事的镇静等来体现"①。对于福柯来说，风格不是无关紧要的事情，它是个体对抗规范化的切实可行之路，也是个人自由的体现，所以福柯重提人的风格这一古代论题。福柯没有提出一种对每个人适用的规范性风格，而是希望每个人探讨自己的生存风格。既然不曾限定风格的含义，那么，福柯的这一计划就是开放性的：它允许每个人探索自己的风格。在当代，通过自身实践，个体完全可以确立自己的生存风格。生存风格不是千篇一律的，而是各异的；生存风格不是被给予的，而是不断探索中的；生存风格不是固定的，而是不断变化的；生存风格不是服饰等外在方面的风格追求，而是内外一体的。而且，一个人的阶层、职业、文化不决定其风格。风格，区别于时尚。时尚是流行的、转瞬即逝的，往往由明星或传媒引导，它是一种消费；风格是个人化的、独特的，不以市场和媒介为转移，它是一种创新。至于为什么风格的培养是必需的，也许我们只能同意福柯的观点，即风格能使一个人变得完美，能使人体验到自由。第六，生活是艺术品。1983 年，在伯克利的讨论会上，福柯说过这么一句发人深省的话，"从自我不是被给予的观点出发，我想只有一种实际的结果，即我们必须将自己创造为艺术品"②。对福柯谱系学而言，人是历史的产物，宗教对人的解释仅是众多解释之

① M. Foucault, "The Ethics of the Concern for Self as a Practice of Freedom", in *Ethics*: *Subjectivity and Truth*, p. 286.

② M. Foucault, "On the Genealogy of Ethics: an Overview of Work in Progress", in *Ethics*: *Subjectivity and Truth*, p. 262.

一。接受后现代哲学观，每个自我从外在束缚中解脱之时，也面临自我创造的重任。此前许多学者提倡审美教育，比如对于席勒来说，通过审美教育，人们可以达到人性的完满状态；对于马尔库塞来说，通过欣赏作为"异在"的现代派艺术，人们可以克服只有物质需要没有精神需要、只有肯定能力没有否定能力的"单面人"状态。福柯不是提倡去艺术殿堂欣赏艺术，而是希望每个人将自己的生命变为艺术。这就等于说，每个人都是潜在的艺术家。在这个问题上，福柯的确很像尼采。在福柯看来，规范化已经无孔不入地渗透进社会有机体，所以生活细节处的反抗与超越就是必要的了。福柯不是以艺术装点生活，而是把生活变为艺术，可以说他真正关心的不是艺术而是生活。一次访谈中，福柯甚至感慨道："让我吃惊的是这样的事实，在我们的社会里，艺术已变成了只与客体、不与个人或生活有关联的东西。艺术被专业化，只由搞艺术的专家来做。为什么每个人的生活不能成为艺术品呢？为什么灯或房子能成为艺术品，而我们的生活却不能呢？"① 这话听似天真，细想之下却异常深刻，我们习惯了去美术馆、音乐厅欣赏艺术，为什么不能将生活变为艺术呢？然而，对于能成为艺术品的"生活"领域，福柯并未做出具体的说明。这不能不说是种遗憾，它既造成福柯"生存美学"实行上的困难，也往往招致理论上的误解。第七，"生存美学"是对现在的美化。福柯既继承了斯多葛学派关注现在的特点，也继承了审美现代性精神，即美化现在、享用现在、把握现在，把现在当作转瞬即逝的、无比珍贵的礼物来热爱。对于"生存美学"的实践者而言，世界是一个神奇的礼物，偶然、多变、发出炫目的光彩。不必从它寻求意义，也不必与它合一，就把它作为出乎意料的礼物来接受吧！福柯的这一

---

① M. Foucault, "On the Genealogy of Ethics: an Overview of Work in Progress", in *Ethics: Subjectivity and Truth*, p. 261.

主张并非享乐主义，"生存美学"是将个体塑造为主体，享乐主义依赖平庸的、当下的感官体验，福柯的"生存美学"和罗蒂的"个人完美"并非享乐主义在20世纪的新版本。第八，"生存美学"提出了一种新型伦理学。这种伦理学不同于传统伦理学，而是关注个体生命完美的美学，个体经由审美不断自我改变、自我完善。或者说，福柯的"生存美学"与其说关心"道德"，不如说关心"美"和"自由"。福柯提出道德没有先验根基，认可这点不会导致道德混乱，只会发展出多元的道德观念，目的是给予个体以越来越多的自由。福柯将道德从与社会、他人的关系转向了与自己的关系，这一转向意义可谓深远。在当代，人们辛苦工作之余就是消费，将生命消耗了却浑然不觉，更可怕的是，人们在自我消耗之际从来不会认为：这样对待自己是不道德的！福柯将伦理实践与自由相连，"伦理学，如果不是自由实践、不是有意识的自由实践，还能是什么呢？"① 显然，福柯不是着重道德规则的指定，而是注重伦理实践的重要性。第九，福柯的"生存美学"指向的是朝向未来的自我创造，不是人性解放。对于福柯而言，"解放"之类字眼是大而无当的，等待着恢复"本真"的、盼望"解放"的"人"并不存在。而且"解放"以法律意义的外在自由取代个体与自己关系上的自由。个体的真正自由，需要的是内心的醒觉。叔本华以皇帝和囚犯观看日落的例子说明这道理，陀思妥耶夫斯基则以监狱高墙内外的体验为例说明这道理。

福柯将主体性的唯一可能性放在每个个体的审美实践，按照罗蒂的思路，这是属于私人领域的个人创造，福柯并没有哈贝马斯意义上的主体间性建构。罗蒂除了在私人领域进行审美主体意义上的建构之

---

① M. Foucault, "The Ethics of the Concern for Self as a Practice of Freedom", in *Ethics: Subjectivity and Truth*, p. 284.

外，还有对人类团结的追求，即哈贝马斯意义上的主体间性建构。主体间性概念在现代西方哲学中有不同的含义，就社会哲学角度而言，有哈贝马斯的人与人之间的现实交往关系；就认识论角度而言，是认识主体和其他认识主体的关系，即认识的普遍可传达问题和认识主体如何将他人作为主体而非实在之物的问题；就美学角度而言，可以是欣赏者作为审美主体与审美对象（自然、社会、艺术）之间的关系，也可以是把人生作为艺术品来创造的倾向，福柯和罗蒂都应和着尼采把人生作为艺术品来创造的主张。

三　福柯为何不是自由主义者？

在《偶然、反讽与团结》中罗蒂为了说明反讽主义者的特征而引入了福柯。罗蒂认为福柯是不愿成为自由主义者的反讽主义者，究其原因，罗蒂首先引入了哈贝马斯对于福柯的评价，即"哈贝马斯认为，拒绝解放企图，乃是尼采留给海德格尔、阿多诺、德里达和福柯的传统。这无疑是一个灾难性的传统，它已经使哲学反省变得对自由主义的希望而言，好则毫不相干，坏则深怀敌意"①。罗蒂显然赞同哈贝马斯的上述观点，即福柯对自由民主社会可能性的否定。

然而，正如郝大维所言，按照罗蒂对于自由主义的界定，即史珂拉的主张"残酷为首恶"，那么福柯不应被排除于自由主义者之外，因为关于疼痛和屈辱"没有现代哲学家像福柯一样写得如此生动感人"②。至于罗蒂为何将福柯排除于自由主义者行列，郝大维认为源于罗蒂对于"自由主义者"的界定，即除了认同"不要残酷"还应该有"人类团结"的渴望或曰"我们意识"（we-consciousness），而福柯缺乏对"我们"的认同感，没有"公共道德身份"（a public

---

① ［美］罗蒂：《偶然、反讽与团结》，徐文瑞译，商务印书馆2003年版，第90页。

② David L. Hall, *Richard Rorty: Prophet and Poet of the New Pragmatism*, State University of New York Press, 1994, p.155.

moral idendity）建构。笔者认为，罗蒂对于"自由主义"从"不要残酷"扩大为"我们意识"，其实是把很多同路人排除出去，是不恰当的。尤其是一批敏感高傲的艺术家和哲学家，当他们从理论上呼吁、从行动上阻止残酷事件的发生，确实不必要求他们对于受苦受难者的"我们意识"。

　　具体到罗蒂的分析，他与哈贝马斯有所不同的是，肯定福柯对自由主义社会的批判，也肯定福柯等人的个人创造。相比哈贝马斯的上述言论，罗蒂的评价是温和而辩证的，"福柯的著作中，有一大部分——我认为是最有价值的部分——就在显示自由主义社会所特有的教养方式，如何把古老的前现代社会所无法想像的种种束缚，强加在其成员身上。不过，福柯却拒绝承认，这些束缚确实从痛苦的减轻得到了某种补偿……我不赞同福柯的地方，就在于我相信这种痛苦的减轻确实带来了那些束缚的补偿……我想现代自由主义社会已然包含它自我改良的制度，这种改良能够缓和福柯所看到的种种危险"①。福柯对"规训机制"的揭示，说明了现代社会的"监狱"性质，但是福柯没有说明，从肉体虐待到精神规训，社会是否有了进步；精神规训是否也有合理的一面；"监狱"是否有自由之希望。因此笔者赞同罗蒂对福柯的剖析，即福柯揭示了现代社会的规训机制，却没有看到自由主义社会之自我完善的一面。罗蒂对于民主制度表示了乐观，认为它能"自我改良"，前提当然建立在罗蒂"反讽主义"立场，即民主制度也能像反讽主义者一样，质疑自己的终极语汇并倾听吸纳批评意见。罗蒂自己的终极语汇是，个人完美和减少社会苦难，"穆勒曾建议，希望各政府全心全意致力在让人民恣意支配自己的私人生活与让苦难尽量减少之间，寻找到最佳的平衡点。在我看来，这建议大抵

　　① ［美］罗蒂：《偶然、反讽与团结》，徐文瑞译，商务印书馆2003年版，第91—92页。

已是最终的定论了。至于要发掘谁在遭受苦难，可以留给自由的新闻界、自由的大学，和开明启蒙了的舆论去做"①。

可以说，福柯思想不止于私人领域的意义，而是有自由主义之"不要残酷"的主张。福柯的书不仅获得知识分子的广泛认同，而且被普通读者广为阅读，甚至被现代政治采纳，注意不是"整合"而是"采纳"，"整合"是说一种思想被强大的力量化解了，"采纳"是尊重这一思想的特质并加以吸收因而自身得以改变。当然也有可能，某些书籍永远地湮没无闻了，某些人也被彻底地遗忘了。比如大陆学界对于木心的接受，得益于陈丹青的引进，仅仅是命运的偶然。我们阅读了木心的书，我们的语汇相应地得到部分改变，阅读的此类书籍越多，我们的词汇改变得越多，慢慢地告别了旧的词汇，成就了新的体验方式和表达方式，成就了新的自我。

置于哈贝马斯和福柯之中，罗蒂更接近哈贝马斯而非福柯。罗蒂与哈贝马斯不同的是，罗蒂作为反基础主义者，其自由主义并无深层依据。在个人完美问题上，罗蒂与福柯都是审美主义者，但也有明显的差异。不仅意味着，福柯主张的个人完美与公共领域无关，其实罗蒂也将个人完美定位于私人领域，以区别于公共领域。在何以是个人完美的定位上，他们也都是多元论者，主张不同的人有不同的自我完善途径。罗蒂对于福柯的批评，在于福柯没有看到任何以现代形式出现的社会进步。福柯毕竟需要在专制制度和民主制度、要在不同的规训方式之间做出高下区分。按照罗蒂的逻辑，从对罪犯的残忍刑罚到现代社会的规训制度，一定是进步的。在福柯被认为是隐蔽的"规训"，在罗蒂却可能理解为必需的"教化"。罗蒂是致力于现实福祉的美国公民，福柯则是法国式的敏感浪漫、反抗权力的艺术家型哲人。罗蒂对于民主制度优越性的强调，既是罗蒂作为美国学者的视域

① ［美］罗蒂：《偶然、反讽与团结》，徐文瑞译，商务印书馆 2003 年版，第 92 页。

使然，也是罗蒂历史主义主张使然，因为"自由"是一个历史的概念，人类难以超越时代精神设想新的自由概念，难以看清现在的自由观的弊端，因为人类缺乏上帝一般的视域，只有受制于时代、制度、个人知识种种偶然因素下的视域。罗蒂作为后现代哲学家，会充分地认可自身信念的无根基性、暂时性，也会充分地尊重批评，这种立场在他 2004 年中国之行中可以看出，他虚心地听取不同文化背景、不同社会制度、不同视域学者的观点，并一一予以回应。罗蒂对于"终极语汇"的质疑解构，对于个体、团体、党派、国家都有启示。一切的专制制度都不会自我质疑，也不会允许质疑，更不会倾听对立面的声音，那样就会丧失自我修正的机会，不能及时地纠正错误。一个开明的学者，应该倾听他人，就像德里达和伽达默尔之争中伽达默尔表明的，要善意地进行对话沟通，而非如德里达所言对话不过是要证明自己的正确。对自身终极语汇的质疑，不同于虚无主义。如果在倾听他人并自我质疑之后，还能认为自己是正确的，那就要坚持自己的立场，并尝试说服他人。可是，在严酷的政治环境下，当个体不断地"被自杀""被幸福"时，所谓的"共识"也将是"被共识"。

罗蒂要复兴的是爱默生和杜威美国式的浪漫主义。在记者访谈中，罗蒂声称，美国的浪漫主义从爱默生延续到杜威，但是遗憾地在越战期间中断。"美国知识分子忘记了哲学。这一点一直到 60 年代才有了改观，当时，哈贝马斯、加达默尔、福柯、德里达等人使美国人重新想起了哲学。"① 可以看到，罗蒂的著述中，一直回应哈贝马斯他们的观点，与他们进行深度对话。在上述哲学家中，罗蒂尤其推崇海德格尔和福柯。关于福柯，在回答记者的提问时，罗蒂这样回答，"他是个了不起的人。他有伟大的想象力。他写了许多令人难以

---

① ［美］罗蒂：《后形而上学希望》，张国清译，上海译文出版社 2009 年版，第 391 页。

忘怀的著作。福柯是对美国左派文化产生最大影响的作者。但是他的影响是危险的……福柯在美国思想界所起的是一种激发不满的作用"①。关于福柯，罗蒂注重的不是他作为一个哲学家的工作，而是他的"再描述"，"他的最优秀著作之所以打动我，不是因为他是特别的哲学的。其工作最有趣的部分，在于对疯人院、监狱、医院文化的细致描述。……他比别人更出色地探讨了一些难以探讨的特殊事物"②。这些是传统哲学所忽略的事物，一些不能登大雅之堂的事物，被福柯以敏锐的笔触表达了出来。这里，我们再次看到个人领域—公共领域区分的模糊，福柯的这类描述，基于其特殊的感受、心性、禀赋，似乎是他个人领域的事情。但是福柯的著述，似一束光划破黑暗，让世人看清文明的另一面——癫狂；理性的另一面——非理性。他的著述，得以促进人类更加宽容。福柯之类敏感人物的益处是，让公众体悟个体感受的差异，以换位思考，社会也将更宽容更人性化。

　　按说，福柯是罗蒂的同路人，他们都既对传统形而上学进行了深入批判，也对康德和胡塞尔哲学进行了批判，都在摧毁"理性""主体""真理"等宏大叙事；从定位来看，中西学界也把他们一同划归"后现代哲学"阵营。正如福柯对于"后现代"的称谓不以为然一样，罗蒂也对"后现代""后现代性"等含糊的概念表示不满，"我并不认为在现代性和后现代性之间作出区分是必要的。……我从来都不明白后现代主义这个词是什么意思。……我一直认为启蒙时代的价值是每个人都需要的。所以，我认为现代性仍在继续。我们仍然在试图实现法国大革命和美国解放运动时确立的社会政治理想，包括民

---

①　［美］罗蒂：《后形而上学希望》，张国清译，上海译文出版社 2009 年版，第 392 页。

②　同上书，第 398 页。

主、自由、平等、公正等"①。该访谈中罗蒂认为，福柯"没有为政治思想增加任何新东西"，其实福柯的思想已经撼动了公共领域，不仅在理论上影响了人文学科各领域，而且"微观权力"的揭示和"微观政治"的实践都是福柯对于现代政治的贡献。

　　罗蒂的"个人完美"和福柯的"生存美学"都是在私人领域的美学倡导，都把人生的意义赋予美学领域的自我创造。不同之处是福柯以古希腊为参照，提倡伦理主体、自我呵护、自我控制，罗蒂的"个人完美"却没有更深入的理论依据，也没有具体的实践途径。福柯的"生存美学"主张有一定的危险性，但其重要性却远远大于其危险，因为福柯的"生存美学"思想隶属于审美主义传统，这种传统因过多地注重个体的感性体验，有可能导致对本能的依赖；这种传统因过多地强调个体的独立自主，有可能导致对道德的敌视。福柯没有回避这一危险，实际上，他试图化解这一危险。福柯的意义既在于他指出了身体体验的重要，更在于他试图融合感性与理性、肉体与精神；福柯的意义不在于他置身于审美主义潮流，更在于他发展并纠正了这一潮流，他在审美中融进了古典智慧和启蒙精神，使得自由和自律得以统一；福柯的意义不仅在于他发现了道德的相对性，更在于他致力于将个体与社会的摩擦降低到最小的程度。罗蒂的纳博科夫解读，从解释学视域看，文本的意义不限于作者赋予的意义，而是视域融合，是意义的不断增生。罗蒂对于《洛丽塔》从"残酷"视角的解读与福柯对于古希腊贵族"自我控制"的解读相通，都主张一种审美化的伦理，都有一种"自我限制"的智慧。在福柯对古希腊的考察中，依然是审美而非道德的考虑，即自我放纵是"不美"的。罗蒂对于《洛丽塔》的解读说明个人不能唯我独尊、自我中心、只

---

　　① 衣俊卿、丁立群：《走进罗蒂——与罗蒂先生关于分析哲学、后现代主义和文化哲学的对话》，《求是学刊》2004 年第 5 期。

考虑自己的美感享乐而忽略他人的感受、造成对他人的残酷。

罗蒂不是注重福柯"生存美学"建构，而是将其作为"新的语汇开创者"；对罗蒂而言，福柯这类"新的语汇"不是社会团结意义上的，而是个人完美意义的，当然罗蒂在后期访谈中也注意到尼采、海德格尔、福柯等"反讽主义者"思想的公共维度。我们甚至可以说，福柯思想的公共维度，远超其个人完美意义的影响。福柯的"生存美学"，不仅是语言维度的，包括了各种生存美学实践。而罗蒂的"个人完美"也不仅是语言维度的，是生命内在的深度和丰富，如同他对野兰花的热爱以及生命终点对于诗歌的留恋。从罗蒂对尼采式超人的分析中，我们不难梳理出以下的结论，超人将自己拔高到众人之上，甚至将超人与庸众视为不同的物种，所以超人在现实生活中无法立足。这种无限超越的冲动，是一种神圣悲壮的疯狂，罗蒂作为后现代哲人已经接受了人生的有限性，所以得以避免此类疯狂，接受了人生的两重性，"人生乃是这种永远无法完成、却又时而英雄式地不断重织的网"[①]。罗蒂已经消解了传统英雄，把英雄降低为凡人，凡人更接近当今社会的现代人。罗蒂对尼采的纠正，貌似合情合理，只能说是中庸的智慧。在此问题上，只能说罗蒂是个冷静的学者，不是尼采式艺术家，既无法抵达尼采超越的狂喜，亦难以抵达尼采式超越的悲壮。这是深渊边缘的舞蹈，恰因生命的无根基性，生之舞显示出飘忽、绚丽、悲怆之美。作为对世界对人生的描述，尼采式描述是天马行空的洒脱不羁，杜鹃啼血一般真诚和恳切。罗蒂则采纳了弗洛伊德的理论，即人类本我、自我、超我的多重性，大众可以不断趋向自我造就，也就不是与超人对立的物种。罗蒂运用了布鲁姆论强健诗人的观点，认为强健诗人既受前人创作的影响，也依赖于后来者对自己作品的阐发，因此强健诗人也是一个处于"影响的焦虑"状态的

---

① ［美］罗蒂：《偶然、反讽与团结》，徐文瑞译，商务印书馆 2003 年版，第 63 页。

人，其作品处于与其他文本的"文本间性"关系之中。罗蒂式自由主义的反讽主义者，其"公共领域"和"人类团结"处理的是现实世界的问题，尼采式诗人哲学家体验的是强力意志，是审美形而上学。只能说尼采的思想对于罗蒂已经充其量是私人领域内心语汇的创造。罗蒂倾向于弗洛伊德，即不在尼采式天才艺术家与康德的普遍义务实践者之间做出非此即彼的选择，而是看到每个人自主选择、创造的可能性，从而更具民主性，也更切实可行。

　　具体到福柯，固然如罗蒂所言，福柯不相信社会正义，福柯对微观权力的分析，对规训社会施予个人的压抑的分析，对启蒙与现代性对于当今社会意义的分析，才是福柯的价值所在。作为自我创造的模式，福柯的一生短促而绚烂。这一模式对福柯而言不是唯一的，对我们而言更不是。福柯一度迷恋禅宗，"最使我感兴趣的是禅寺中的生活，比如修禅、训练方法及其戒律"①。如果福柯遵循了禅宗的生活方式，那么福柯的生命就是另外一种结局。当然，还有很多可能的模式。罗蒂作为新实用主义者，缺乏福柯的激情、深度、敏感、神秘，多的是平和、睿智、宽容、谦虚。应该说，从个人完美角度，福柯是一个令人膜拜的艺术家典范，他的光辉使罗蒂显出平凡；从人类团结角度而言，罗蒂却是一个有益的智者，他的平和使得福柯显出艺术家的极端。罗蒂在看到"我们"作为"我"的复数有可能是放大的"单子"之时，提出单子与单子并非自说自话，而是对于单子间的沟通以信心。在一个反常的时代，个体就像滔天巨浪中的一叶扁舟难逃厄运，或者就像笼中螃蟹一样相互牵扯无从逃脱。审美不仅成为个体心灵慰藉之途，也成为保持良知的方式。

----

　　① ［法］迪迪埃·埃里蓬：《权力与反抗——米歇尔·福柯传》，谢强、马月译，北京大学出版社1997年版，第349页。

罗蒂说，"我认为自由政治的目标就是要尽可能地为隐私留下地盘"①。"保护隐私""尊重隐私"当然是现代社会文明的体现，"隐私"并不是说私下里怎么做都行。罗蒂的倡导是，个体生命的自由、自律、自主。可以说，罗蒂为"私人领域"提供的建设性方案，与尼采和福柯是一脉相承的审美主义。既非向神灵的祈求祷告，亦非中国古代的"慎独"，更非以公共事务的重要性贬低个人生活的意义，而是以审美赋予个体的人生以意义。

罗蒂主张自我创造的人生。至于怎样的人生才是自我创造的人生？罗蒂的思路是尼采、萨特、加缪式的存在主义，是无神论的，是张扬个人主体性，是不同于他人的独特体验。并非只有以语言艺术为职业的人才有自我创造之可能，而是每个人都有独特的感悟体验，即使没有诉诸语言表达。罗蒂的思路是，以克罗齐表现主义来解释是行得通的，即每个人都有做艺术家的可能性，每个生命个体都是独一无二的"这一个"，都有独特的来路和归途，都有独特的人生"装载单"。普鲁斯特以他的点滴人生细节织就皇皇巨著，我们每个普通也应在生命中尽量丰富审美经验或在日记中编织自己的人生华章，不至于虚度一生。对于大多数人而言，于人生的终点回首来路，更多是穆旦《冥想》一诗中的无奈"这才知道我的全部努力，不过完成了普通的生活"。罗蒂的意义在于，虽然看到每个个体努力的徒劳无功，就像加缪将"用尽全部心力而一事无成"的西西弗斯视为存在主义英雄一样，罗蒂依然对于自我创造的个体以"英雄"之礼赞。

可以说伟大作家和艺术家的感受力、洞察力、理解力远甚于常人，因而阅读和聆听经典是普通读者获得内心深度的方式。犹记得某个深夜，笔者第一次听马常胜古琴曲《无量心》的感受。琴声初起

---

① ［美］罗蒂：《后形而上学希望》，张国清译，上海译文出版社 2009 年版，第 382页。

的刹那，似初春时节萌芽的一抹新绿，若有若无；似暮色四合时山谷里一缕烟雾，朦胧飘忽；继而，不是可见可感的事物，而是事物内在的灵魂，是"花魂鸟魂总难留"里万物的灵魂，似悲似喜；尔后，音乐的极致之处显露，慈、悲、喜、舍的无边际、无人我之分的境界。琴曲使我感悟到，艺术与自然并不矛盾，真正伟大的艺术像是自然中生长出的植物，符合自然之道；真正伟大的艺术家不是以技巧取胜的匠人，也不是自我表现的天才，而是有宗教情怀的人，他好似宇宙敏感的琴弦感应着宇宙的音响，多的是敬畏之心和悲悯之心。即使作为后现代的哲学家，罗蒂理应赞同形而上倾向的美学家的主张，即此类审美经验是人生的"福分"和上天给人的"恩赐"，是个体生命的最终慰藉。

结　语

　　罗蒂在《偶然、反讽与团结》导言中说明此书要建构的是"自由主义乌托邦的诗性文化"（the poeticized culture of my liberal utopia），将"想象力"视为文化进步的"刀刃"。罗蒂解构了宗教和形而上学，并未走向怀疑论、悲观主义和虚无主义，也未一劳永逸地解构乌托邦，而是依然建构着乌托邦。然而后现代主义立场和审美主义倾向，使其乌托邦具有鲜明的"后现代"和"诗性"特质。

　　乌托邦一词由于莫尔《乌托邦》一书而广为人知，乌托邦思想的源头则被西方学界上溯到柏拉图《理想国》和希伯来文献。莫尔之后的西方学界有大量的乌托邦著述和研究著作出版，并将其《乌托邦》作为效仿的典范。由于《乌托邦》中"乌托邦"兼有"理想社会"和"乌有之乡"的双重含义，"乌托邦"一词也被后世赋予"空想""幻想"之意。

　　由于认识到人类历史上各种乌托邦想象的空想性质或其极权主义倾向，当代学者们解构着乌托邦并将当今时代称为"反乌托邦时代"（the anti-utopian age）。一批著名学者如法兰克福学派的阿多尔诺、美国政治哲学家阿伦特都批判乌托邦，甚至将乌托邦与极权主义和种族主义相关联。扎米亚京《我们》、奥威尔《1984》以及赫胥黎《美丽新世界》"反乌托邦小说三部曲"的巨大影响，更使得"乌托邦"

一词不仅意味着"空想"而且作为"荒诞"和"专制"的代名词。

按照美国哈佛大学政治学教授史珂拉《乌托邦有什么用?》一文的观点,"乌托邦"和"乌托邦式"早在18世纪70年代的文献中就被发现成为贬义词,指"不仅只是一种荒诞的幻想而且必定将以彻底的失败而告终"的方案。史珂拉反对这种理解,认为乌托邦象征着"社会希望",肯定了乌托邦能够激发"政治活力"和"灵感"。作为后现代学者,罗蒂理应质疑"乌托邦"之类设计,将其作为利奥塔德意义上的"宏大叙事"予以解构,罗蒂清楚人类理性文化的缺陷,也分析过奥威尔《1984》这一著名的"反乌托邦小说",然而罗蒂尽管看到人类乌托邦设计在实践层面的失败,却没有完全否定乌托邦,而是呼应着史珂拉和哈贝马斯对于乌托邦的重构。他在对现实深表忧虑之时怀有希望,即希冀每个个体在致力于个人完美之时,能够对于社会完善尽微薄之力。

美国加州大学历史学教授雅各比《不完美的图像:反乌托邦时代的乌托邦思想》一书在当代"反乌托邦"语境中探讨乌托邦的意义。他区分了两种乌托邦传统:蓝图派的乌托邦主义传统(the blue print tradition)和反偶像崇拜的乌托邦传统(the iconoclastic tradition)①,前者是对未来的乌托邦以细节刻画,后者却并未提供细节,而是依据未来人类想象力的力量,可谓对于罗蒂思想的发展。雅各比在中译本序中说明此书"与其说是要竭力从乌托邦思想导致了极权主义这一指控中拯救它,不如说是在竭力拯救乌托邦思想本身"②。如果说前者确实有不切实际的空想一面的话,或者说已经被时代精神超越的话,那么后者则以其热情想象而开启了面向未来的无限可能性。按照这一区分,罗蒂应该被归结到"反偶像崇拜的乌托邦传统"

---

① 〔美〕雅各比:《不完美的图像:反乌托邦时代的乌托邦思想》,姚建彬等译,新星出版社2007年版,前言第8页。

② 同上书,中文版序第4页。

之列。

　　未来乌托邦意义上的想象，诗人、作家提供了很多例子，富有自由精神的音乐家也发出了呼吁。比如披头士乐队的约翰·列侬创作演唱的歌曲《想象》（*Imagination*）就想象着一个乌托邦，这个乌托邦没有天堂和地狱、只有现世的天空、只有当下的生活；这个乌托邦没有国家，也没有对财富的贪婪，也就没有利益之争；因此他设想着和平的乐土（imagine all the people, living life in peace），后宗教的博爱精神（a brotherhood of man）。这首歌曲自 20 世纪 70 年代诞生之日起，就撼动影响了无数的听众。列侬作为艺术家，其想象如同飞鸟自由翱翔于海面，不会设想从纷扰混乱的现实如何抵达自由的乌托邦。如何穿越中间地带，罗蒂新实用主义给我们以启示，即渐进地改革，不断地减少残酷侮辱、不断地扩大人类团结意识。后现代的反基础主义和反本质主义，并不意味着怀疑论、悲观主义、虚无主义和相对主义，依然可能提供着建设性方案。如果说前人的乌托邦要么穿越到了时间上的未来世界、要么设定了空间上的遥远异邦、要么虚构了远离尘世的桃花源、要么依托着经济上的财产公有，而不回答如何从当下现实抵达这一美好所在的话，那么罗蒂的乌托邦则放弃了对于细节的刻画，立足于现实，把希望给予了人类想象力，进行渐进式改良。

　　20 世纪以来的西方学界，不仅有对乌托邦的反思批判，还有对乌托邦的重构。值得关注的至少有这样几种重构，一是具有马克思主义倾向的马尔库塞、哈贝马斯和詹姆逊的乌托邦建构，二是具有宗教倾向的学者比如德国学者布洛赫的乌托邦建构，三是后现代思想家比如罗蒂的乌托邦建构。尤其值得注意的是第三种倾向即后现代主义，不再依据于形而上学、宗教和马克思主义，那么乌托邦建构何以可能？这一建构的依据是什么、乌托邦前景又是怎样的呢？

　　罗蒂"自由主义的乌托邦"寻求的是尽可能多的描述，而不是

"唯一正确的描述"（the one right description）①。由于人类的想象力是没有止境的，因而罗蒂"诗性文化"建构也是无止境的乌托邦想象，"但我们现在不可能，并且永远都不可能说小说、诗歌和戏剧应该服务什么目标。因为这种作品不断地重新规定我们的目标"②。人是什么？什么样的人生才是有意义的人生？怎样的社会才是理想的社会？不同的时代、不同的理论派别有不同的规定。未来的社会将怎样理解人、社会之类概念，也是无法预测无法规定的。然而相比传统理论，罗蒂弱化了"想象"虚幻的一面而强化了其现实维度，即从美学意义的想象转向了政治、伦理意义的想象。罗蒂赋予想象力以太重要的地位，却对启蒙精神以忽视；相应地，太过重视作家和批评家，而对公共知识分子以忽视。原因在于后现代哲学的反基础主义，使得启蒙之类宏大叙事以及"公共知识分子"的身份变得可疑。

就罗蒂乌托邦建构的"后现代"特质而言，罗蒂的"诗性文化"是反讽主义的文化。罗蒂对于"反讽主义"的界定是后现代的解构精神，即"对自己目前使用的终极语汇，抱持着彻底的、持续不断的质疑"。既然承认自我的偶然和语汇的偶然，就能够随时自我调整，能够避免使乌托邦想象演变成极权主义。罗蒂的乌托邦建构能够吸取历史上一切合理的思想资源，能够沟通过去的乌托邦思想和未来的乌托邦想象，使其处于不断自我修复、更新、重构中。由于后现代乌托邦的自我修复性质，"反乌托邦""后乌托邦"等概念也就不成立。

就罗蒂乌托邦建构的"诗性"特质而言，罗蒂寄希望于"强力诗人和乌托邦革命家"的"想象力"来不断完善自由主义社会。就

---

① Richard Rorty, *Contingency, Irony, and Solidarity*, Cambridge University Press, 1989, p. 40.

② ［美］罗蒂：《哲学的场景》，王俊、陆月宏译，上海译文出版社 2009 年版，第 76 页。

罗蒂乌托邦建构而言，其现实关怀有余、终极关怀不足；罗蒂对诗与哲学相通的肯定，前提是否定哲学的真理性，仅存其教化功能；也忽略了艺术的真理性，归于个人的审美创造。

就罗蒂乌托邦建构的理论价值而言，罗蒂"诗性文化"作为后宗教、后哲学、后一形而上学的文化，使得其自由主义是最低限度的，即罗蒂认同史珂拉的"残酷为首恶"的观点。具体而言，肉体的疼痛和心灵的屈辱，是应该被每个公民关注的自由主义底线。罗蒂主张"放弃理论，转向叙事"（against theory and toward narrative），主张通过阅读文学作品，个体能够变得越来越有灵敏度和同情心，不断扩大"我们"意识。所以从当下现实到美好乐土的可行性，是立足于当下、进行温和的渐进的改变。罗蒂主张从马克思的《共产党宣言》吸取对于未来的乐观想象、对于资本主义社会的深刻批判，甚至主张从基督教教义中吸取博爱精神，这并非罗蒂的自相矛盾，而是充分吸取人类历史上一切合理的思想。

就罗蒂乌托邦建构的实践价值而言，罗蒂代表的后现代思想家的乌托邦想象，对于今天的中国亦有启迪意义。罗蒂推崇的想象力概念，不仅止于个人审美体验，而是期望文学成为政治力量以改善社会现状，罗蒂所言的经由想象力达至对陌生人的同情和团结，对于今天的我们非常重要。就中国当代文坛而言，多的是揭露黑暗的文学作品，然而揭露黑暗却不能被黑暗吞噬，需要有感受光明、传递光明的能力，我们不仅需要现实主义作家的社会批判，我们还需要浪漫主义诗人的美好想象！

参考文献

中文部分

［美］罗蒂：《筑就我们的国家》，黄宗英译，生活·读书·新知三联
　　书店 2006 年版。

［美］罗蒂：《哲学和自然之镜》，李幼蒸译，商务印书馆 2012 年版。

［美］罗蒂：《后哲学文化》，黄勇译，上海译文出版社 2009 年版。

［美］罗蒂：《实用主义哲学》，林南译，上海译文出版社 2009 年版。

［美］罗蒂：《后形而上学希望》，张国清译，上海译文出版社 2009
　　年版。

［美］罗蒂：《哲学、文学和政治》，黄宗英译，上海译文出版社
　　2009 年版。

［美］罗蒂：《哲学的场景》，王俊、陆月宏译，上海译文出版社
　　2009 年版。

［美］罗蒂：《偶然、反讽与团结》，徐文瑞译，商务印书馆 2003
　　年版。

［美］罗蒂：《文化政治哲学》，张国清译，北京大学出版社 2011
　　年版。。

［美］罗尔斯：《正义论》，何怀宏、何包钢、廖申白译，中国社会科

学出版社 2015 年版。

［美］詹姆士：《实用主义》，李步楼译，商务印书馆 2012 年版。

［丹麦］克尔凯郭尔：《论反讽概念》，汤晨溪译，中国社会科学出版
　　社 2005 年版。

［美］杜威：《经验与自然》，傅统先译，江苏教育出版社 2005 年版。

［美］杜威：《艺术即经验》，高建平译，商务印书馆 2005 年版。

［德］尼采：《权力意志》，孙周兴译，商务印书馆 2007 年版。

［德］尼采：《悲剧的诞生》，孙周兴译，商务印书馆 2012 年版。

［德］海德格尔：《尼采》，孙周兴译，商务印书馆 2002 年版。

［德］海德格尔：《海德格尔选集》，孙周兴编选，上海三联书店
　　1996 年版。

［法］福柯：《规训与惩罚》，刘北成、杨远婴译，生活·读书·新知
　　三联书店 1999 年版。

［法］福柯：《疯癫与文明》，刘北成、杨远婴译，生活·读书·新知
　　三联书店 1999 年版。

［法］傅柯：《性意识史》第一卷，尚衡译，台湾九大、桂冠联合出
　　版 1990 年版。

［法］利奥塔尔：《后现代状态：关于知识的报告》，车槿山译，生
　　活·读书·新知三联书店 1997 年版。

［德］F. 施莱格尔：《雅典娜神殿断片集》，李伯杰译，生活·读
　　书·新知三联书店 2003 年版。

［意大利］维柯：《新科学》，朱光潜译，人民文学出版社 1997 年版。

［英］斯诺：《两种文化》，纪树立译，生活·读书·新知三联书店
　　1994 年版。

［美］保罗·德曼：《解构之图》，李自修等译，中国社会科学出版社
　　1998 年版。

［英］马克·爱德蒙森：《文学对抗哲学——从柏拉图到德里达》，王

柏华、马晓冬译，中央编译出版社 2000 年版。

［美］罗森：《诗与哲学之争》，张辉译，华夏出版社 2004 年版。

［美］沃林：《文化批评的观念》，张国清译，商务印书馆 2000 年版。

［法］马舍雷：《文学在思考什么?》，张璐、张新木译，译林出版社
2011 年版。

［美］内格尔：《理性的权威》，蔡仲、郑玮译，上海译文出版社
2013 年版。

［美］伊格尔顿：《如何读诗》，陈太胜译，北京大学出版社 2016
年版。

［美］布鲁姆：《影响的剖析：文学作为生活方式》，金雯译，译林出
版社 2016 年版。

涂纪亮：《从古典实用主义到新实用主义》，人民出版社 2006 年版。

赵毅衡：《反讽时代：形式论与文化批评》，复旦大学出版社 2011
年版。

英文部分

Richard Rorty, *Contingency, Irony, and Solidarity*, Cambridge University
Press, 1989.

Richard Rorty, *Essays on Heidegger and Others: Philosophical Papers Ⅱ*,
Cambridge University Press, 1991.

Judith N. Shklar, *Ordinary vices*, The Belknap Press of Harvard University Press, 1984.

Donald W. Shriver, *In An Ethic for Enemies*, Oxford University
Press, 1998.

Alan Megill, *Prophets of Extremity*, Berkeley: University of California
Press, 1985.

Judith N. Shklar, *After Utopia: The Decline of Political Faith* (1957).

Neil Gascoigne, *Richard Rorty: Liberlism, Irony, and the Ends of Philosophy*, Cambridge: Polity Press, 2008.

Charles Guignon, David R. Hiley (ed.), *Richard Rorty*, New York: Cambridge University Press, 2003.

Honi Fern Haber, *Beyond Postmodern Politics: Lyotard, Rorty, Foucault*, New York: Routledge, 1994.

David L. Hall, *Richard Rorty: Prophet and Poet of the New Pragmatism*, State University of New York Press, 1994.

Ronald Alexander Kuipers, *Solidarity and the Stranger: Themes in the Social Philosophy of Richard Rorty*, Institute for Christian Studies, 1997.

Johnson Peter, *Moral Philosophers and the Novel: A Study of Winch, Nussbaum and Rorty*, Palgrave Macmillan, 2004.

Behler Ernst, *Irony and the Discourse of Modernity*, University of Washington Press, 1990.

David Carroll, *Paraesthetics: Foucault, Lyotard, Derrida*, New York: Methuen, 1987.

Ulf. Schulenberg, *Romanticism and Pragmatism: Richard Rorty and the Idea of a Poeticized Culture*, Palgrave Macmillan UK, 2015.

后　记

　　本书的写作初衷，源于对罗蒂"不要残酷"的认同。历史和现实中，充满了无边无际的残酷，以至于我们不是成为被吓坏的孩子，就是成为麻木冷漠的所谓成人。犹记得一个阳光灿烂的早晨，打开微信上一则新闻，残酷消息使我一整个上午体验着索尔·贝娄《更多的人死于心碎》中的"心碎"。面对人对同类的残忍行为，我甚至体验不到悲伤和绝望，而是一种分裂为碎片的虚无。

　　偶尔在凌晨，似醒非醒的刹那，不知今夕何夕，没有物我之分，只有一缕意识游离，似乎穿越了一个地老天荒的悠长梦境，似乎春天里万物由混沌朦胧渐至清洁明净。待到彻底清醒，意识到自己是谁、置身何处，最先浮上心头的就是，什么是此生最有意义的？什么是刻不容缓要去做的？我目前最为认同的答案就是罗蒂的主张，公共领域尽量地减少人对他人的残酷，私人领域成为一个审美主义者。事实上，无论是成为自由主义者还是审美主义者都是有难度的，都是对黑暗现实和平庸人生的挑战，何况二者的结合！

　　阅读文学经典，不仅是获得内心深度的方式，也是参与文明进程的方式。至少现在我还相信，世间多一个人阅读文学，世间就会少一些残酷。罗蒂将纳博科夫作为"个人完美"意义的作家，而纳博科夫何尝限于"个人完美"！阅读《微暗的火》，第一句就是惊骇体验，

"我是那惨遭杀害的连雀的阴影,凶手是窗玻璃那片虚假的晴空"。
这是个充满张力的句子。"我"是谁?"窗玻璃"隐喻什么?窗玻璃
意象就好似阿赫玛托娃《沃罗涅什》中的"冰","整个城市封在冰
里",透明却坚硬的冰,幽闭之中有虚假的自由。

书稿开始写作于 2014 年 9 月初,也是我刚到台湾中研院做一年
访问学者的时候,所以有特别的纪念意义。首先要感谢的是美丽优雅
的林玫仪教授,感谢她给予我的精神引导和生活关切;感谢杨贞德教
授惠赠关于史珂拉的研究论文,生活中她像个温和的姐姐,思想却犀
利独到;感谢胡晓真所长、严志雄教授和蒋宜芳女士给予的帮助,感
谢我在中研院遇到的每一个良善的人。

斯人已逝,音容宛在。余生惟有兢兢业业,以不负恩师陈炎教授
殷切教诲。

感谢厦大繁荣计划基金对此书的资助,感谢父母家人对我工作的
理解支持,感谢文艺学教研室全体同仁的厚爱,感谢本书责任编辑姜
阿平老师的尽责尽心,感谢我的硕士生王歆瑶和王彪帮助校对书稿。

最后,致读者——让我们守护尼采点燃的火炬,"在自己身上克
服这个时代"!

李晓林

2016 年 12 月

241